A DIMENSÃO HUMANA NA FORMAÇÃO PRESBITERAL E RELIGIOSA

Do chamado de Deus à fidelidade vocacional

VAGNER SANAGIOTTO
(Organizador)

A DIMENSÃO HUMANA NA FORMAÇÃO PRESBITERAL E RELIGIOSA

Do chamado de Deus à fidelidade vocacional

Prefácio de William Castilho

EDITORA
SANTUÁRIO

Dados Internacionais de Catalogação na Publicação (CIP) de acordo com ISBD

D582 A dimensão humana na formação presbiteral e religiosa: do chamado de Deus à fidelidade vocacional / organizado por Vagner Sanagiotto. - Aparecida : Editora Santuário, 2024.
232 p. ; 16cm x 23cm.

ISBN 978-65-5527-388-5

1. Religião. 2. Cristianismo. 3. Vocação. 4. Presbítero. I. Sanagiotto, Vagner. II. Título.

CDD 240
2023-3698 CDU 24

Elaborado por Vagner Rodolfo da Silva - CRB-8/9410

Índice para catálogo sistemático:
1. Religião : Cristianismo 240
2. Religião : Cristianismo 24

1ª impressão

Rua Pe. Claro Monteiro, 342 – 12570-045 – Aparecida-SP
Tel.: 12 3104-2000 – Televendas: 0800 0 16 00 04
www.editorasantuario.com.br
vendas@editorasantuario.com.br

Agradecimentos

Aos coautores do presente livro,
que aceitaram o desafio de contribuir com a temática
sobre a formação humana no contexto eclesial brasileiro.

Ao Diácono permanente José Antônio Schweitzer,
pela dedicação e disponibilidade na correção da língua portuguesa.

ABREVIATURAS E SIGLAS

Adj.	Adjetivo
CNBB	Conferência Nacional dos Bispos do Brasil
CIVCSVA	Congregação para os Institutos de Vida Consagrada e as Sociedades de Vida Apostólica
DTMAT	Diccionario Teologico Manual del Antiguo Testamento
Ex.	Exemplo
GS	Gaudium et Spes
Heb	Hebraico
Hif	Hifil
JM	Joüon & Muraoka
LXX	Septuaginta ou Setenta – versão grega do AT
Lit.	Literal
n.	Nota (de rodapé)
OFI	Orientações sobre a Formação nos Institutos Religiosos
OT	Optatam Totius
OUP	Orientações para a utilização das competências psicológicas na admissão e na formação dos candidatos ao sacerdócio
PC	Perfectae Caritatis
PDV	Pastores Dabo Vobis
RAFIS	Ratio Fundamentalis Institutionis Sacerdotalis
ThWAT	Theologisches Wörterbuch zum Alten Testament
v.	Versículo
vv.	Versículos
VC	Vita Consecrata
VFC	A vida fraterna em comunidade

APRESENTAÇÃO

O organizador e autor de vários capítulos deste livro solicitou-me uma apresentação. É possível que esta honra se deva a vínculos afetivos e semelhantes preocupações de reflexões no campo da formação humana presbiteral e religiosa, estabelecidos entre nós recentemente – diálogos e entrevistas – durante seu doutorado na Universidade Pontifícia Salesiana – Roma – Itália.

A deferência talvez seja, também, uma forma de reconhecimento a certa opção de vida que tenho praticado no campo da pesquisa presbiteral, sobretudo, no tema da formação, do adoecimento psíquico, *síndrome de burnout,* de padres diocesanos, religiosos e religiosas.

Desejo expressar, em primeiro lugar, que, após ter lido com profundo apreço o livro, *"A dimensão humana na formação presbiteral e religiosa. Do chamado de Deus à fidelidade vocacional"*, organizado por Vagner Sanagiotto e escrito por demais autores, compreendi que não poderia tomar esta obra apenas pelo viés de um mero apresentador, mas deveria incorporar-me como mais um participante dessas reflexões sobre o processo formativo no mundo contemporâneo. Creio ter sido este o prazer com que Frei Vagner e autores quiseram deleitar-me com esse desafio de prefaciar essa expressiva obra.

Segundo o papa Francisco, "a vocação é um dom de Deus. Trata-se de conservar e desenvolver as vocações, para que produzam frutos maduros. Elas constituem um 'diamante bruto', que deve ser trabalhado com habilidade, respeito pela consciência das pessoas e paciência, para que resplandeçam no meio do povo de Deus".[1]

Neste livro, o leitor não encontrará um manual de autoajuda ou alquimia da alma de transformação de diamante bruto em algo puro e transparente.

[1] FRANCISCO, **Discurso do Papa Francisco à plenária da Congregação para o Clero**, disponível em: <https://www.vatican.va/content/francesco/pt/speeches/2014/october/documents/papa-francesco_20141003_plenaria-congregazione-clero.html>.

Pelo contrário, trata-se de uma reflexão de um grupo que comunga, com Francisco, a perspectiva de entender a formação como um trabalho educativo – relacional. A visão sociorreligiosa é sublinhada sobre o olhar do respeito à consciência das pessoas com paciência histórica e inserida no meio do povo de Deus. A escrita é enriquecida, na perspectiva antropológica, por Rivaldave Paz Torquato, na construção comparativa da formação com a exegese bíblica, entre o criador e formador, que se espelha no oleiro e o vaso. Mira a função paterna – Deus – enquanto pai que educa seus filhos. Alexander Vella faz uma reflexão a partir dos diversos chamados de homens e mulheres do velho e do novo testamento, onde estão sempre presentes, nos vocacionados, a experiência de perplexidade, dúvida, fragilidade e consolação no seguimento de Deus.

A tese fundamental do livro é a perspectiva humana (diamante bruto) que visa a transfiguração do sujeito na pessoa de Cristo. A grande questão que se debate nesse espaço é o limite entre a fragilidade humana e o ideal de santidade. No cotidiano do seminário, do mosteiro, os formadores e formandos vivem um processo humano intenso em busca de comunhão com Deus. Cada dia, essa comunhão com Deus é confrontada com o medo, a vingança, a disputa de poder, dúvidas e incertezas da vocação, saudades de experiências amorosas na infância e juventude, sobretudo, a intolerância entre os colegas. Nesse horizonte, também está presente, a ternura e esperança que permeiam o "diamante bruto".

O cristianismo tem seu epicentro na afirmação, segundo a qual devemos amar a todos igualmente e, consequentemente a Deus. Esse ideal resume o que existe de melhor na civilização humana. Seu cultivo eleva a autoestima do homem através de construções fantásticas e de "concepções possíveis de perfeição". Trata-se de uma relação de espelho onde se contemplam o Criador e a Criatura. Deus e o ser humano. O oleiro e o vaso.

Entretanto, no início de nossa vida, a relação amorosa com a mãe não é altruísta: amo para submeter, para fazer do próximo (a mãe) espelho, coisa minha (coisificação), objeto de meu gozo. Afinal, amar o outro como idêntico anula toda a alteridade. O amor cristão, por sua vez, é constituído da relação entre semelhantes, mas não entre idênticos. Essa é a ética do cristianismo: a liberdade e a alteridade, como dizia o apóstolo Paulo.

Ora, quando não se tem claro esse limite, entre o divino e o humano, podem ocorrer sérios obstáculos à santidade. O primeiro obstáculo à santidade é a santidade. Ou seja, todo aquele que ama a Deus e ao próximo, sem se reconhecer e estabelecer um limite entre o eu e o outro corre sérios riscos de desintegrar-se e de dissolver-se. A santidade é uma relação do sujeito com Deus e pressupõe liberdade e alteridade. São essas duas virtudes que sustentam a ética cristã.

A vivência plena do ideal da santidade pode levar o ser humano a igualar-se a Deus. Tem razão o velho mito do paraíso perdido: a tentação satânica, que a todos nos acossa, é o desejo de "ser como Deus" (Gn 3,5). A vaidade! Carro-chefe dos sete pecados capitais. Há o risco de confundir Deus com os valores ideais da civilização ou de cada cultura – fundamentalismo. A exigência do ser humano de aproximar-se desses ideais não o transformaria em um semideus? Não o levaria a investimentos autoeróticos em busca de uma imagem narcisista? Luxúria do espírito! O ser humano alterar-se-ia em uma espécie de deus "protético", ou seja, um deus substituto artificial de uma parte perdida ou que lhe falta?

Historicamente, o cristianismo tem afirmado que a principal via de santidade é através da experiência de amor entre o sujeito e seu semelhante. Essas experiências acontecem entre os familiares, juntos aos formadores e formandos, entre os presbíteros e com os religiosos entre si. Porém há controvérsias quanto à vivência desse ideal de santidade pela via do amor: "Amarás o Senhor teu Deus de todo o teu coração, e de toda a tua alma, e de todo o teu pensamento. E o segundo, semelhante a este, é: Amarás o teu próximo como a ti mesmo" (Mc 12, 30-31). A despeito disso, quero sinalizar três coisas.

À primeira vista, poderemos expressar um sentimento de estranheza e surpresa diante da proposta de Jesus. Por que deveríamos fazer isso? Em que nos ajudaria? Principalmente, como levar isso a sério? Que recurso psíquico teríamos para viver isso plenamente durante o processo formativo ou na vida presbiteral? Em um primeiro momento, poderíamos pensar assim: ora, nosso amor é algo precioso, que não podemos consumir irresponsavelmente com alguém que não nos ofereça a certeza da reciprocidade. Muitos diriam que se trata de um legado de fé, de um dever, uma ordem ou um ideal cultural, que se me impõe com muito sacrifício. Uns acreditam que o amor deve ser dado a poucos porque, na realidade, a maior parte das pessoas não necessariamente merece amor. Vários afirmam que durante a maior parte de suas vidas foram abandonados e, portanto, o melhor é desqualificar a experiência do amor.

Dito isso, e dado que não é possível, no espaço de prefácio de que dispomos, direcionar essa reflexão apenas para o campo da possibilidade do amor, limito-me a analisar a questão no sentido dos obstáculos, dos bloqueios e das possibilidades à santidade ao qual me refiro. A distância entre a imagem ideal da formação sacerdotal ou religiosa e a real possibilidade humana entre formadores/formandos e presbíteros aumentam proporcionalmente perante regras, leis, imposições, fantasias de perfeição, mas podem diminuir quando se aproximam de experiências humanas de tolerância, de misericórdia e de ternura. Essa é a máxima que percorre todo o texto dos autores desse livro.

A segunda dúvida de meu pensamento neste texto se centra aqui em um questionamento: como viver essa missão do amor universal – experiência de Deus – por seres humanos tão frágeis?

Há educadores que afirmam que o ideal não prevê nenhuma separação entre vida humana e vida com Deus. Exige-se uma fusão total anulando, a todo momento, um ser humano, um presbítero ou um formando. Radicalmente, homens e a instituição Igreja têm uma causa a defender, e só existem porque existe essa missão de "amar o próximo como a si mesmos". Se pensarmos de forma absoluta, diríamos: "se não creem mais, só lhes resta retirar-se, sentir-se profundamente frustrados, ou eternamente culpados".

Ora, os formandos, os presbíteros ou os cristãos vivem tensionados diante desse ideal e da realidade do cotidiano. São pessoas que fizeram a escolha de dedicar a própria vida para ajudar o próximo e, geralmente, iniciam com muita coragem esse sonho. Em certa altura de sua experiência, encontram-se esvaziados de energia amorosa, incapazes de renovar as motivações e esperanças que tinham no começo. Assim, sucumbem diante do ideal de santidade, perdem o ânimo, mostram-se abatidos em extremos. Terminam desanimados, desalentados e deprimidos. Só lhes resta a exclusão.

Pesquisas realizadas por nós constatam essa cisão.[2] Quando questionamos seminaristas, padres, religiosos sobre quais foram as motivações ou os desejos que os levaram a procurar a vida presbiteral, o primeiro conjunto de respostas concentrou-se em desejos de comunhão com Deus ou o sagrado, vinculadas às imagens do amor ao próximo por excelência. As motivações também versaram em torno do desejo da mãe e do pai, do altar, da cerimônia litúrgica, dos cantos, dos ritos e da construção de igreja, diferentes maneiras de viver a piedade popular através das festas dos santos e de modelos de padres midiáticos.

A força imaginária de vínculos entre Deus, o amor ao próximo e a forte carga emocional de devoções aos santos e aos ritos litúrgicos, aqui, estabelece forte ressonância com a vocação presbiteral e a santidade. Eis o risco! Há mais entusiasmo vocacional do que conversão a Jesus Cristo. Inflaciona o ideal de santidade e esvazia-se a busca humana de Deus.

Os autores deste livro conclamam os leitores a refletirem essas dicotomias, por exemplo: na origem da vocação, tem mais importância a representação que a pessoa faz de si como algo que merece aplauso, atraente e muito valioso do que sua representação humana: dificuldades intelectuais, fragilidades afetivas/sexuais, frustrações, ressentimentos e mania de grandeza de poder? Certa idealização da vocação vem precisamente da força de tal imaginário, que

---

[2] PEREIRA, William Cesar Castilho, **Sofrimento psíquico dos presbíteros: dor institucional**, Petrópolis: Vozes, 2012.

reinava onde as vocações se despertaram? Ali o sagrado se impunha fortemente. Trata-se do desejo de ajudar a comunidade, de fazer o bem e de servir ao próximo, aliado à identificação com os párocos, como se eles representassem uma possibilidade ou um caminho para estar mais próximo de Deus e levar sua palavra ao povo.

Contraditoriamente, quando escutamos os formandos sobre suas maiores decepções ou dificuldades, em relação à vida formativa, presbiteral e ao ideal de santidade, as respostas tiveram um caminho inverso. Ou seja, observa-se um declínio acentuado do ideal para a frustração. Os relatos recaem sobre dificuldades de relacionamento, principalmente entre os colegas formandos, presbíteros, que não se entrosam, são desunidos e têm dificuldades psicoafetivas: insegurança, autoritarismo, competição, isolamento e decepção com os irmãos.

Os dramas da vida humana mostram sinais de agressividade, disputas avarentas e frustrações. O ideal de santidade desmorona proporcionalmente como um prédio de vinte andares. Qual é a realidade que se esconde atrás disso que as pessoas gostam de negar? Ora, o ser humano não é uma criatura completa e é ávida de amor. Mas, predominantemente, constitui-se de fantasias infantis e pueris. Há, entre seus dotes de bondade, um forte sentimento de ira, de agressividade[3]. Assim, consequentemente, o próximo não pode ser visto ingenuamente, apenas como um ideal colaborador ou objeto de profundo amor. Há também um amigo íntimo convivendo com um rival perigoso.

Infelizmente, o próximo é também objeto de rivalidade, competição, humilhação, tortura e exploração erótica. A existência dessa inclinação à agressão, que podemos sentir em nós mesmos, é fator que perturba nossa relação com o próximo e desencadeia quadros de profunda depressão, desilusão e sofrimento psíquico.

---

[3] Vale a pena consultar a Suma Teológica de Tomás de Aquino – Questões 1-70. Nesse texto, o autor analisa se a ira é uma paixão especial; se é objeto do bem ou do mal; se ela coexiste com a razão; a diferença entre a ira e o ódio, e, finalmente, se são capazes de ira só os seres capazes de justiça. (Tomás de Aquino – Suma Teológica. 2ª Edição. Porto Alegre. 1980.)

Não conhecer essa ambivalência dificulta tremendamente a experiência sadia com Deus.

Evidentemente não é fácil para os seres humanos, principalmente os formadores e formandos, renunciarem à gratificação de sua inclinação à agressividade. Por isso as instituições recorrem a tudo para pôr limites aos desejos agressivos entre os seres humanos. Há limites coercitivos, autoritários, militares, despóticos e hierárquicos. Há também propostas de estimular as pessoas a estabelecerem identificações e relações amorosas de um ideal de amar ao próximo como a si mesmo, visando camuflar nossos sete pecados capitais[4].

Uma terceira colocação para essa apresentação é a origem da motivação da busca de Deus. Várias pessoas procuram Deus, frequentemente, com diversas conflitividades: dificuldades econômicas, baixa estima, crises de angústia e abandono, questões de caráter, crises quanto à identidade sexual, ambição de poder e prestígio. No início da experiência de Deus, as pessoas não percebem tais motivações. Recalcam e reprimem seus impulsos. Pretendem escapar deles mediante uma nova identidade de ideal de santidade. Anulam a si mesmos em busca de um novo propósito de vida que, sem dúvida, é alcançado com êxito no início da experiência. Com o tempo, o retorno dos impulsos inconscientes vem à tona e revela tudo aquilo que foi silenciado e rejeitado.

Ou, como sinaliza Morano:

> Quando Deus se faz necessário, Ele se converte num objeto de consumo, e daí, portanto, num objeto de destruição. O Deus necessário, o Deus evidente e óbvio é um Deus confundido com suas mediações, assim como o bebê confunde sua mãe com o peito que o alimenta. Por outro lado, o Deus que brota não da necessidade, mas do desejo, não se deixa encerrar em nenhum tempo, em nenhum templo, em nenhum tipo de saber.[5]

---

[4] PEREIRA, William Cesar Castilho. *"Os sete pecados capitais à luz da psicanálise"*. Editora VOZES. Petrópolis. 2021. 2ª Edição.

[5] MORANO, Carlos Dominguez, **Crer depois de Freud**, São Paulo: Loyola, 2003, p. 108.

A experiência da vocação presbiteral/religiosa, entretanto, não é pura – é um diamante bruto. O sujeito orante pode arrastar, como contrabando, uma paixão amorosa, avassaladora, pela figura de Deus, enclausurando-a em torno de si mesmo, de forma regressiva e narcisista. Em nome de Deus podemos gerar a vida ou enormes equívocos e confusões. Talvez, não exista relação mais ambivalente que a relação entre o crente e Deus. Em seu nome também se cometem terríveis atrocidades, atos perversos e atitudes doentes. Há amores destrutivos, que infantilizam e que se constituem em tampões para evitar o enfrentamento da realidade. Ou, pelo contrário, o desejo de Deus pode se constituir em um elemento propulsor fundamental, visando a transformação do sujeito e seu contexto histórico.

É verdade que, até agora, esse empenho absoluto de ideal divino não vem alcançando resultados extraordinários de humanização/santidade. Provavelmente, esses ideais transformaram-se em fortes sistemas hierárquicos de poder e de dominação entre os humanos. Frei Vagner e seus colegas enfatizam que os formadores e os presbíteros se esqueceram de que sua posição no mundo deve ser apenas um referencial ético, uma proposta humana de se viver. Não seria isso a proposta da formação presbiteral e religiosa? Dessa forma, concordamos com o teólogo espanhol Castillo:[6]

> O plano de Deus não pode ser concretizado no projeto religioso ou sagrado de divinização, mas um projeto profano e laico de humanização. Deus não se encarnou no sagrado e seus privilégios, nem no religioso e seus poderes. Deus se mesclou com o humano. Portanto, encontramos Deus, sobretudo, no profano, no laico, no secular, no que é comum a todos os humanos, sejam quais forem suas crenças e suas tradições religiosas. Porque o determinante, para encontrar Deus, não é a fé, mas a ética, que se traduz em respeito, tolerância, estima e misericórdia.

Os textos analisados neste livro mostram que, em alguns momentos, a formação presbiteral da Igreja transformou a incompletude do

[6] O presente texto é um extrato do discurso lido por José Maria Castillo, na solenidade em que recebeu o Doutorado Honoris Causa da **Universidade de Granada**, da Espanha. 2011.

ser humano em uma "prótese divina" ao anular a condição humana. Essa atitude de tamponar a condição humana tem produzido desencanto e desilusão no exercício do ministério presbiteral – síndrome de burnout. A anulação da condição humana desenvolveu-se a partir de forte repressão das relações de afeto entre os formadores/formandos, presbíteros e leigos cristãos. Sobre os grandes ideais elevaram-se fortes exigências morais. Ou seja, o mandamento "ama teu próximo como a ti mesmo", quando é elevado a uma forte exigência, é a mais forte defesa contra as manifestações humanas e um belo modelo divino contra qualquer incompletude humana. Assim, temos uma formidável inflação de amor diante da uma miséria humana.

Frei Vagner e colegas refletem que o ideal de santidade para Deus é um ser humano vivo. Não uma pessoa torturada, nem masoquista, que afunda a alegria de viver no pessimismo e na autopunição; ou em um derrotismo vivencial, que pretende oferecer a um deus sádico seus "sacrifícios", suas mortificações, seus ideais de perfeição, a progressiva destruição da própria vida. Inflacionamos a moral e diminuímos a ética e o amor. Novamente, recorremos a Castillo:

> Quando a teologia afirma que Jesus é a encarnação de Deus, o que na realidade está dizendo é que Jesus é a humanização de Deus. Por isso, o "Senhor da Glória", assim como se humanizou em Jesus, pôde dizer e deixou como sentença a afirmação decisiva: "O que fizestes a um destes, foi a mim que fizestes" (Mt 25,31-46). Nessa sentença definitiva, já não se levará em conta nem a fé, nem a religião. Só ficará em pé o humano, o que cada ser humano tiver feito com os outros seres humanos.[7]

O ideal de santidade na Igreja tem em si elementos de provocações éticas importantes para todos os presbíteros protagonistas da relação humana: cuidar do outro pressupõe o dever de cuidar de si mesmo e da organização, na qual a relação e o cuidado pastoral se expressam. O fato de sermos "chamados a amar os outros como

[7] CASTILLO, José, **A humanidade de Jesus**, Petrópolis: Vozes, 2011, p. 10.

a nós mesmos" exige um apelo para cuidar dos outros e também para ter cuidado de si. Ocorre, no entanto, que poderosa exigência interna faz com que frequentemente o cuidado com o outro exceda o cuidado de si. Assim, grande parte das frustações advém do objetivo não alcançado, do sentimento de insuficiência ou incompletude diante daquilo que projetamos ser atormentados por uma infinidade de limitações. Somente terá sentido o ideal de santidade se ele for capaz de trazer algum sentido à vida humana. Assim ele potencializará a melhor resposta que podemos dar a nossos desejos de humanidade. Que contemple e respeite as necessidades temporais, sem encorajar projeções descabidas e irrealizáveis. Quero dizer que seus desejos devem buscar uma forma de vida que, por ser mais plenamente humana, seja também mais plenamente feliz.

Entretanto, no mundo contemporâneo, há um risco de descartarmos os ideais e sonhos. Ou, simplesmente, de afirmarmos que as utopias são totalitárias e fora de moda. O ser humano é fundamentalmente regido por ideais. Anteriormente, analisamos que é um perigo o ideal de sobrepor o humano. Entretanto, gradativamente, os sonhos estão sendo esvaziados e perversamente deslocados para os produtos de mercado. Ao emanciparmo-nos das verdadeiras utopias, colocamos lenha na fogueira do desencanto. A cratera do vazio amplia-se. Só é possível ressignificar esse vazio pela dimensão estética, filosófica e da ética cristã. Um possível re-encantamento do desejo em direção aos projetos da formação presbiteral e religiosa, hoje, significa recuperar a grandeza mística, direcionada pela profecia, denominada, contemporaneamente, de dimensão política, humana e da ética.

A opção à vida presbiteral e à vida consagrada pode ser um *locus* da busca de sentido da existência, para o ser humano que está sempre tentando ampliar o domínio simbólico sobre o real do corpo, da morte, de Deus. Essa busca de produção de sentido não é individual – seu alcance simbólico reside justamente no fato de ser coletiva, e seus efeitos podem ser alcançados na ética, que se traduz em respeito, tolerância, no trato adequado da agressividade[8], estima e misericórdia.

Por outro lado, os discursos utópicos de mercado consistem em formas individualistas e em cadeias metafóricas muito pobres, estéreis, curtas, que vão do objeto ao sujeito (e não o contrário), e encerram-se quando promovem a ilusão de um pseudoencontro entre os dois, o puro Gozo, ou seja, um prazer fracassado.

No clamor da cultura atual, observa-se imperativamente que todos devem gozar. Sempre e intensamente. Não importa como. O discurso capitalista pós-moderno faz crer que o gozo, reduzido ao máximo de prazer possível, não deve ser interditado. Deve ser vivido "*além do princípio do prazer*", mesmo que promova uma satisfação alucinatória, estranha e paradoxal. Pois o destino do gozo puro é sempre sustentado pela cultura de morte. É a transcendência efêmera: rápida, imediata, pragmática e fluida.

Já a dimensão ética e humana da formação presbiteral e religiosa oferece possibilidades para o escoamento do gozo. A interdição do "*mais além do gozo*" marca o limite, acentuando o prazer como sinônimo de desejo. O desejo é o prazer possível. Uma realização substitutiva para a satisfação alucinatória do gozo. O desejo é uma potencialidade encarnada na cultura de vida, da espiritualidade, da ética e da alteridade. O outro é o limite para que se visibilize o desejo.

É como um ovo de pássaro, repleto de provisão de alimento, ao qual a mãe apenas transmite o calor. Haverá um momento em que ocorrerá um movimento do mundo externo, que significará, exatamente, viver. Tal movimento são as dimensões culturais da ética, da estética e da mística que, somadas às substâncias contidas no ovo, geram a potencialidade do desejo – a cultura de vida.

---

[8] Segundo Pereira, agressividade pode ser no sentido "destrutivo como, também, estar a serviço da vida e da construtividade. A etimologia pode nos ajudar a compreender melhor essa última afirmativa. A palavra 'agredir' é composta pelos étimos latinos 'ad' ("para a frente") e 'gradior' ('um movimento'). Portanto, normalmente, agressividade, é um movimento sadio que nos movimenta para a frente e nos protege contra os predadores externos. No caso de uma patologia de revolução psíquica, o agredir transforma-se em agressão destrutiva, podendo atingir os graus máximos de violência e crueldade de si ou do outro" (PEREIRA, William, 2002, p. 307).

A vida à santidade é uma organização que sinaliza (sacramento) o mistério do amor de Deus e anuncia a transparência escatológica de seu Reino. "Nós não temos aqui nossa pátria definitiva, mas buscamos a pátria futura" (Hb 13,14). Essa é a intenção dos autores deste livro: a dimensão utópica, transcendental, que deve ser acoplada a seu complemento, o da práxis humana, com todas as suas dificuldades, seus obstáculos e suas impossibilidades: *homens em busca de Deus.*

Frei Vagner e demais colegas não fizeram apenas essa proposta. Seria muito difícil sintetizar todas as suas reflexões em um único pensamento. Arrisco dizer que a narrativa aqui contida é **humanizar a formação religiosa.**

As angústias, as crises de ansiedade, as decepções, os desânimos não são sofrimentos inúteis, escolhas ou asceses sacrificantes. Os sintomas podem ser vividos enquanto ascese emancipatória, fecundidade da solidão, no silêncio da oração, na comunicação indizível com Deus, através da palavra – O Verbo se fez Carne.

Resta-me somente fazer votos para que todos e todas, presbíteros, religiosos e religiosas, formandos e formandas, amantes da vida, da amizade, consigam extrair do texto o mesmo entusiasmo que provocou em mim. Suas ideias fazem parte da vida, das infinitas formas humanas e das utopias ativas que nos encorajam. A proposta do livro faz parte desse todo vivente que sempre renascerá das cinzas: **o mistério da encarnação.**

William Cesar Castilho Pereira
Doutor pela UFRJ e Psicólogo clínico

INTRODUÇÃO

A vocação à Vida Religiosa Consagrada e Presbiteral é um chamado feito por Deus que se desenvolve na condição humana. Nos últimos anos, a formação humana se tornou uma necessidade nos diversos contextos eclesiais. Em uma perspectiva histórica, nos documentos do Magistério eclesial, é possível identificar um percurso que, aos poucos, reconheceu que a dimensão humana dos futuros presbíteros e religiosos consagrados precisa ser formada, desenvolvida, cuidada. A descoberta do humano como pedagogia formativa se fortaleceu principalmente no contexto do Concílio Vaticano II, consolidando-se nos documentos subsequentes do Magistério eclesial.

O papa Francisco, no discurso em ocasião dos cinquenta anos dos decretos *Optatam Totius* e do *Presbyterorum Ordinis*, dizia aos participantes que o "sacerdote nasce em um determinado contexto humano".[1] Sem dúvida, poderíamos dizer que toda a vocação à Vida Religiosa Consagrada e Presbiteral nasce e se desenvolve em um contexto humano. É sobre isso que tratamos nas páginas deste livro: que a humanidade constitui a base na qual desenvolvemos nosso chamado vocacional. De fato, continua o Papa, "um bom sacerdote é, antes de tudo, um homem dotado da própria humanidade, que conhece sua história, com suas riquezas e suas feridas, e que aprendeu a fazer as pazes com ela, alcançando a serenidade de fundo, própria do discípulo do Senhor".[2]

---

[1] FRANCISCO, **Discurso do Papa Francisco aos participantes no Congresso promovido pela Congregação para o Clero, por ocasião do cinquentenário dos decretos conciliares "Optatam Totius" e "Presbyterorum Ordinis"**, Vatican, disponível em: <https://www.vatican.va/content/francesco/pt/speeches/2015/november/documents/papa-francesco_20151120_formazione-sacerdoti.html>.

[2] *Ibid.*

Talvez, a pergunta que poderíamos fazer seja: como formar a humanidade de nossos seminaristas e religiosos consagrados? Nossa experiência nos indica que, em grande parte, a formação humana, em nossos contextos formativos, tem enfatizado a transmissão de conteúdo. Na prática, a formação humana acaba se reduzindo a gestão dos conflitos e das problemáticas que surgem, concentrando-se, assim, mais nos aspectos problemáticos que nos aspectos educativos/formativos. Ao longo dos capítulos, apresentamos um percurso para a formação humana nos contextos formativos à Vida Religiosa Consagrada e Presbiteral, que vai do chamado de Deus à fidelidade vocacional.

A estrutura do livro visa oferecer aos formadores e formandos algumas temáticas que ajudam a dinamizar a formação humana presente em cada vocação. Nosso ponto de partida são os documentos do Magistério eclesial, com os quais demonstramos o lugar da formação humana no contexto formativo. Nosso objetivo é compreender a evolução teórico/conceitual, quando o assunto é a formação humana dentro do contexto eclesial.

Na sequência, os capítulos abordam diversas temáticas, conexas pelo fio condutor da formação humana. Partimos dos aspectos bíblicos. Na Bíblia, a natureza humana, recebida como um dom de Deus, é incompleta. O ser humano é chamado a ser continuador da obra divina, sendo essa, em permanente transformação. A vocação, ouvimos muitas vezes, é um tesouro que carregamos em um vaso de argila. Mesmo com as tantas fragilidades que trazemos, Deus prefere pessoas “normais”, simples, que têm suas limitações, que não são perfeitas. As limitações, se vividas com humildade e sinceridade, não atrapalham a obra de Deus, mas destacam ainda mais que sua obra é bem-sucedida, não porque somos capazes, mas porque nos colocamos em suas mãos, deixando-nos moldar. Na perspectiva do Novo Testamento, a formação oferecida por Jesus a seus discípulos envolve três elementos entrelaçados entre si: o chamado, a comunidade e a missão.

Como não poderia ser diferente, o chamado de Deus e a resposta do ser humano se realizam em uma história de vida. Quando narramos os eventos mais importantes que marcam nosso percurso existencial, na realidade, como vocacionados, interpretamos tais eventos à luz do chamado de Deus. Porém o mais importante fator pedagógico na narrativa da história vocacional é que tomamos consciência de nossa identidade vocacional. De fato, é a partir de tais eventos históricos que fazemos "os discernimentos vocacionais," entendidos como um percurso vocacional direcionado a um projeto de vida.

Enfim, mais do que nunca, em tempos atuais se torna fundamental abordar, nos contextos formativos, a temática da perseverança vocacional. Mais cedo ou mais tarde, os religiosos consagrados ou os seminaristas passarão pelo crivo das crises existenciais ou vocacionais. Orientar tais momentos para uma decisão (discernimento) madura, é formar na arte de enfrentar as adversidades que surgem na caminhada formativa.

Todo o presente livro foi pensado para ser usado como um subsídio, voltado para a formação humana nos diversos contextos formativos. Com o conteúdo oferecido pelos autores, formandos e formadores, poderão, criativamente, orientarem-se em um projeto que tenha como objetivo aprofundar a formação humana, partindo do chamado à perseverança vocacional. Ao longo dos capítulos, propomos "janelas interativas" como um instrumento pedagógico para aprofundar as temáticas abordadas.

De certo modo, o livro foi pensado para ser usado como uma síntese pessoal, um "diário de bordo", que o religioso consagrado ou o seminarista poderá retomar no futuro. Daí a importância das janelas interativas, em que, a partir do conteúdo tratado no capítulo, o leitor poderá expressar-se, anotar as principais ideias que surgem no momento exato em que se reflete sobre a vocação. Quem sabe, no futuro, tais anotações se tornem instrumentos de avaliação e recordação do percurso vocacional. Desejamos a você, leitor, um bom percurso de reflexão sobre a vida e a vocação, tendo diante dos olhos nossa humanidade.

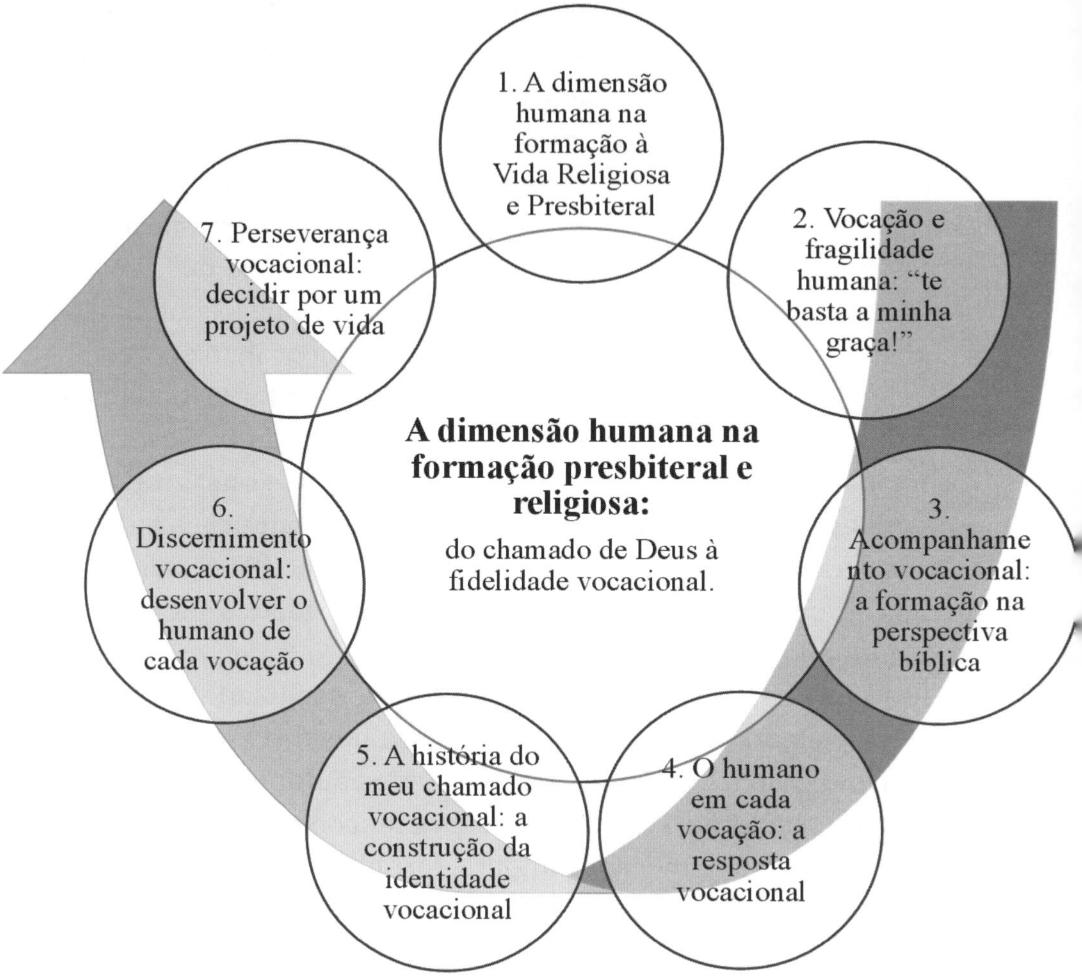
1. A dimensão humana na formação à Vida Religiosa e Presbiteral
2. Vocação e fragilidade humana: "te basta a minha graça!"
3. Acompanhamento vocacional: a formação na perspectiva bíblica
4. O humano em cada vocação: a resposta vocacional
5. A história do meu chamado vocacional: a construção da identidade vocacional
6. Discernimento vocacional: desenvolver o humano de cada vocação
7. Perseverança vocacional: decidir por um projeto de vida
A dimensão humana na formação presbiteral e religiosa:
do chamado de Deus à fidelidade vocacional.

Janela interativa 1 – Aspectos introdutórios

Este livro tem uma proposta interativa, em que serão solicitadas algumas informações sobre você e seu percurso vocacional. Por isso queremos, já nas primeiras páginas deste, sinalizar a quem pertencem tais informações. Talvez, no futuro, tais informações sejam importantes para rever seu percurso vocacional. Então, vamos lá?

Eu tenho _______ anos de idade. Entrei no convento ou no seminário quando tinha _______ anos de idade. Lembro-me que a pessoa que me inspirou a dar esse importante passo foi ____.

Durante meu discernimento vocacional, fui orientado por ______________ ______________________. De minha escolha vocacional (ser seminarista ou religioso consagrado) diria que o que me chamou atenção e influenciou minha escolha vocacional foi ____

____

____

____

____.

Um dos símbolos mais importantes que marcaram minha decisão vocacional foi _______________________________________. A frase que me inspira vocacionalmente é ____

____

____.

Atualmente me encontro na etapa da formação chamada ______________

____

____.

I

A DIMENSÃO HUMANA NA FORMAÇÃO À VIDA RELIGIOSA CONSAGRADA E PRESBITERAL

Pe. José San José Prisco
Frei Vagner Sanagiotto, O. Carm.

> "Sem uma oportuna formação humana, toda a formação sacerdotal ficaria privada do seu necessário fundamento. Esta afirmação dos Padres sinodais exprime não apenas um dado, quotidianamente sugerido pela razão e confirmado pela experiência, mas também uma exigência que encontra sua motivação mais profunda e específica na própria natureza do presbítero e de seu ministério."[1]

É um fato, como disse o papa João Paulo II, sugerido pela razão e comprovado pela experiência: a formação humana é essencial para a formação integral do futuro religioso consagrado ou presbítero. A ideia não é nova, já os papas Pio XII[2] e Paulo VI,[3] ao discutirem o tema da formação, lembraram-nos que, para sustentar adequadamente a vocação, é necessário atender às qualidades presentes na natureza humana, de maneira que a formação se construa sobre a base sólida da humanidade trazida por cada um. O edifício da vocação só pode ser construído sobre as virtudes naturais (humanas), a ponto que "em concreto a vocação divina manifesta-se em um indivíduo determinado, dotado de estrutura pessoal própria que a graça não costuma violentar".[4]

---

[1] JOÃO PAULO II, **Pastores Dabo Vobis: sobre a formação dos sacerdotes**, São Paulo: Paulinas, 1992, n. 43.

[2] PIO XII, Ferviente exhortacion del Sumo Pontifice a los Carmelitas Descalzos, **Ecclesia**, v. X, p. 408-409, 1951.

[3] PAOLO VI, Sacerdotalis Caelibatus, *in:* **Enchiridion Vaticanum**, Bologna: EDB, 1967, v. 2 (1981), p. 1186-1257.

[4] *Ibid.*, n. 62.

Recentemente, o papa Francisco, em um discurso aos formadores do seminário arquidiocesano de Milão, dizia que "cada pessoa é um imenso mistério e traz consigo sua própria história familiar, pessoal, humana, espiritual (...). Todo o processo [formativo] deve ativar processos destinados a formar sacerdotes e religiosos consagrados maduros, *especialistas em humanidade e proximidade* (...)".[5]

Por isso, é imprescindível, na formação dos futuros religiosos consagrados e presbíteros, estar atento à dimensão humana que evitará que surjam problemas futuros, como por exemplo: conturbada relação com o povo de Deus, problemas de relacionamento com o clero ou a comunidade religiosa, problema no desenvolvimento pastoral, dificuldade de adaptação às circunstâncias, respostas incoerentes com as necessidades de cada época e, em casos mais graves, o abandono vocacional por não conseguir lidar com questões humanas e, até mesmo, os escândalos de ordem moral.

Mesmo que as experiências vividas nas Congregações Religiosas e Dioceses demonstrem que a formação humana é importante para se viver plenamente o chamado de Deus, no âmbito da pesquisa, já há alguns anos que se vem alertando para a necessidade de formar a humanidade presente em cada vocação.[6] Hoje, mais do que nunca, é necessária uma formação baseada nos valores e nas virtudes humanas, já que no contexto sociocultural e na realidade de onde nascem as vocações, tais reflexões e vivências nem sempre são favorecidas.

Para entendermos como nasce essa preocupação, faremos um breve percurso histórico entre os principais documentos do Magistério eclesial que indicam a importância da formação humana dos candidatos à Vida Religiosa Consagrada e Presbiteral. Nosso estudo se concentrará em três partes: (a) a descoberta do humano como pedagogia formativa; (b) a dimensão humana no Concílio Vaticano II; (c) a formação humana em perspectiva da formação permanente.

---

[5] FRANCESCO, **Udienza ai formatori del Seminario Arcivescovile di Milano nel 150° anniversario della rivista "La Scuola Cattolica"**, Vatican News, disponível em: <https://press.vatican.va/content/salastampa/it/bollettino/pubblico/2022/06/17/0465/00956.pdf>, n. 2.

[6] COLAGIOVANNI, Emilio, **Crisi vere e false nel ruolo del prete oggi: studio sociologico a livello mondiale**, Roma: Città nuova, 1973.

1. O humano como pedagogia formativa

A formação à Vida Religiosa Consagrada e Presbiteral, em seu aspecto mais amplo, não é um processo estático, mas uma realidade viva e dinâmica, que tem como desafio ser um sinal profético para os homens e mulheres de cada época. Por isso o seminário ou as casas de formação, que se configuraram como estrutura formativa ordinária, desde o Concílio de Trento, foram adquirindo gradativamente certa unidade de estilo que, ao interno da Igreja, se concretizaram de acordo com as diferentes necessidades históricas e socioculturais. Além disso, desde o princípio, ficou claro que, para formar o clero e os religiosos consagrados, era necessária uma formação própria constituída de uma teologia específica, que, por muito tempo, foi identificada em seu aspecto ritualista e externo. Basicamente, a formação consistia mais no controle das ações que na internalização dos valores, como parte de uma humanidade que se transforma à imagem de Jesus Cristo na medida em que responde ao chamado de Deus a uma vocação específica.

A formação da dimensão humana até meados do século XX limitava-se exclusivamente ao aspecto disciplinar: árida e carregada de prescrições. A excessiva exteriorização estereotipada do ser presbítero ou religioso consagrado, abafava a personalidade dos formandos, provocando atitudes alheias ao humano presente em cada vocação.

O Magistério da Igreja no século XX começou a apropriar-se de alguns conceitos diferentes sobre a formação, que culminou com as profundas mudanças no contexto do Concílio Vaticano II. É evidente que toda e qualquer mudança traz consigo aspectos que conduzem a um aprimoramento interpretativo e vivencial, outros, porém, pontos considerados mais polêmicos, tendem a se concentrar em aspectos teóricos que não alcançaram um satisfatório patamar interpretativo. A mudança na formação presbiteral e religiosa nos últimos 70 anos foi realmente importante. Não compreenderíamos a formação humana nos contextos formativos sem nos referirmos ao Magistério do século XX, que abriu a novas possibilidades interpretativas, principalmente no que se refere à formação humana.

1.1. O início de uma grande revolução: a Exortação Apostólica *Menti Nostrae* (1950)

A exortação *Menti Nostrae*,[7] do papa Pio XII, considerada desde o primeiro momento como referência essencial e documento de grande importância para a organização da vida nos seminários, provocou uma verdadeira revolução no campo da formação, mais especificamente na dimensão humana, visto que expôs, de maneira clara e sistemática, as qualidades humanas fundamentais, que deveriam ser aprofundadas nos seminários, para preparar os formandos para o exercício do ministério presbiteral.

Entre os temas referentes à formação abordados na exortação *Menti Nostrae*, destacamos a importância dada à promoção vocacional e à necessidade de uma seleção adequada e prudente dos candidatos. Para tanto, Pio XII especifica as qualidades e as atitudes a serem cultivadas nos seminaristas. No ponto de partida dessa nova compreensão está a necessidade de indicar com clareza os princípios norteadores do discernimento vocacional. Devemos ter presente que Pio XII, já no exercício de cardeal responsável pela Secretaria do Estado Vaticano, havia proposto um estudo para aprofundar a possibilidade de introduzir no contexto formativo a psiquiatria para ajudar a discernir as vocações.[8] Enfim, a exortação *Menti Nostrae* faz duas afirmações essenciais em referimento às qualidades necessárias para o ministério sacerdotal:[9] (a) a primeira se refere aos "dotes necessários, dotes morais e físicos",[10] sem os quais não se poderia falar propriamente de uma vocação; (b) a segunda indica um critério de compreensão que não pode ser usado: "o que falta em um, não pode ser suprido pela abundância de outro,

[7] PIO XII, Menti Nostrae: esortazione al clero del mondo cattolico, *in*: **Discorsi e radiomessaggi di Sua Santità Pio XII**, Città del Vaticano: Tipografia Poliglotta Vaticana, 1950, v. XII, p. 529-567.

[8] SEGRETERIA DI STATO DEL VATICANO, Affari Ecclesiastici Straordinari in Francia.

[9] PIO XII, Menti Nostrae, n. 75.

[10] *Ibid.*, n. 77.

e quando uma falta convida a duvidar da veracidade de outros que estão intrinsecamente ligados".[11]

Com esses preâmbulos, a exortação passa a propor um ideal de seminarista e indica, entre outros, os aspectos que afetam diretamente na formação humana. Um ponto fundamental foi o pedido para a averiguação da adequação física e mental dos candidatos, recorrendo, se necessário, ao julgamento de um médico prudente,[12] através de estudos biotipológicos dos formandos e da colaboração de profissionais especializados,[13] recomendando uma avaliação no início de cada ano da condição física de cada seminarista.

Além dos aspectos físico e mental dos formandos, a exortação promove a formação do caráter de cada um dos formandos, não mais passivamente, mas de forma ativa, promovendo o cultivo das virtudes humanas, tais como: austeridade e abnegação;[14] integridade de vida e sinceridade;[15] responsabilidade e maturidade de julgamento, fomentando o hábito da reflexão;[16] a capacidade de tomar decisões livres e conscientes; [17] o espírito de obediência de uma liberdade interna e madura;[18] e, enfim, a avaliação positiva da castidade e do celibato.[19]

---

[11] FRANZI, Francesco, La vocazione ecclesiastica, *in*: **Sacra Congregatio de Seminariis et Studiorum Universitatibus, L'esortazione «Menti nostrae» e i seminari**, Città del Vaticano: Typis Polyglottis Vaticanis, 1955, p. 15-16.

[12] PIO XII, Menti Nostrae, n. 78.

[13] LABOR, Marcello, Qualità fisiche e psichiche dei candidati al sacerdozio, *in*: **L'esortazione "Menti Nostrae" e i seminari: relazioni tenute nel III Convegno dei superiori e professori dei seminari regionali e maggiori d'Italia**, Tipografia Poliglotta Vaticana. Città del Vaticano: [s.n.], 1952, p. 80-83.

[14] MIMMI, Un'accusa al clero giovane: smodato desiderio di lucro, *in*: **Sacra Congregatio de Seminariis et Studiorum Universitatibus, L'esortazione "Menti nostrae" e i seminari**, Città del Vaticano: Typis Polyglottis Vaticanis, 1955, p. 62.

[15] PIO XII, Menti Nostrae, n. 59.

[16] *Ibid.*

[17] *Ibid.*, p. 85.

[18] URSI, La formazione all'umiltà e all'uddidienzia, *in*: **L'esortazione "Menti nostrae" e i seminari**, Città del Vaticano: Typis Polyglottis Vaticanis, 1955, p. 51-53.

[19] TOMASSINI, Castità, requisito essenziale, *in*: **L'esortazione "Menti nostrae" e i seminari**, Città del Vaticano: Typis Polyglottis Vaticanis, 1955, p. 34-35.

Para atingir estes objetivos, a pedagogia formativa no seminário precisou se adaptar para promover um estilo de vida comum e "normal" (adaptado à idade e temperamento dos formandos considerados pessoas únicas e irrepetíveis) que possibilite um ambiente familiar de confiança, acolhida e liberdade, aberto às realidades de cada tempo, para que não haja lacuna entre a formação recebida e a missão para a qual devem ser enviados como pastores.[20]

Muitas vezes, um conjunto de hábitos tipicamente "sacerdotais" foi cultivado nos contextos formativos sem se preocupar, de forma proporcional, em ter uma base humana que pudesse ser assumida e transformada, segundo os critérios e desafios formativos.[21] Por isso que o ministério de Pio XII representa uma virada histórica no que se refere à pedagogia formativa, visto que, desde o magistério tridentino, se propunha um mesmo modelo formativo, considerando as características externas que cada vocacionado deveria apresentar ao final do percurso formativo. Isso se manteve em diversos aspectos, mas foi acrescentado um elemento fundamental que foi enfatizado nos magistérios posteriores, isto é, o aspecto humano.

Para entendermos melhor a confirmação da formação humana dentro dos contextos formativos, faremos uma incursão nas principais ideias nascidas no Concílio Vaticano II, mais especificamente abordaremos o Decreto conciliar *Optatam Totius*, que traz um forte apelo a uma renovação profunda e radical dos contextos formativos e da formação. O Decreto *Optatam Totius* passou por um longo processo de elaboração – de setembro de 1960 a outubro de 1965 –, com um renovado desejo que sempre permanece: o esforço permanente da Igreja, ao longo dos séculos, de promover uma adequada formação aos futuros religiosos consagrados e presbíteros.

Na base de todo esse longo processo, destacamos o objetivo dos padres conciliares de dar uma orientação formativa marcadamente pastoral, por isso foi preciso revisar e inserir os novos

---

[20] PIO XII, Menti Nostrae, n. 76.

[21] LOMBRADI, Lineamenta di una sana pedagogia seminaristica, *in*: **L'esortazione "Menti nostrae" e i seminari**, Città del Vaticano: Typis Polyglottis Vaticanis, 1955, p. 68-69.

métodos de formação humana e espiritual, incorporando as contribuições das ciências humanas. Por isso foi preciso: renovar o plano de estudos acadêmicos, preparar os seminaristas nas funções próprias do ministério, assegurar uma formação contínua e abrangente. O resultado é um Decreto que lança um excelente fundamento para uma formação presbiteral, adaptada às exigências da atualidade.

1.2. A formação no Concílio Vaticano II: o Decreto conciliar *Optatam Totius* (1965)

O Decreto conciliar *Optatam Totius*[22] foi um forte apelo a uma renovação profunda e radical dos seminários, reorganizando o conjunto de normas da formação, a partir de uma orientação marcadamente pastoral, de uma nova compreensão do ministério presbiteral, recuperando seu carácter espiritual, afastando-se de uma formação meramente funcional. Um importante detalhe acrescentado, ao rever os métodos de formação, foi a incorporação das contribuições das ciências humanas.[23]

O Decreto *Optatam Totius* foi organizado para estabelecer os princípios gerais orientativos dos contextos formativos e não pretende dar solução concreta, para os problemas complexos. Diante da grande riqueza de sugestões acumuladas ao longo dos anos a respeito da formação dos futuros presbíteros, o Concílio Vaticano II quis evitar a dispersão e retomar um conjunto de linhas gerais pelas quais, a partir da unidade, deve passar o futuro das casas de formação. Por um lado, ele confirma aquelas normas que foram solidamente comprovadas na continuidade da tradição dos seminários, por outro lado, introduz as novidades fundamentais no que se refere à metodologia formativa, em sintonia com as diretrizes do Concílio Vaticano II.

---

[22] CONCILIO ECUMÊNICO VATICANO II, Decreto Optatam Totius, *in*: **Documentos do Concílio Vaticano II: constituições, decretos, declarações**, Petrópolis: Vozes, 1966.

[23] SANAGIOTTO, Vagner, O debate teológico do século XX e o ingresso da psicologia no contexto formativo, **Stella Maris**, v. 1, n. 1, p. 25-35, 2020.

As orientações do Decreto *Optatam Totius* tiveram grande influência com a aprovação da *Lumen Gentium*[24] , em que se estipula o triplo *múnus* presbiteral: ensinar, santificar e governar. Estes estão no cerne do Decreto: a formação intelectual, espiritual e pastoral são os três núcleos fundamentais de um esquema que estão intimamente ligados entre si.

O conceito de vocação que aparece no Decreto expressa a intenção do Concílio de evitar uma definição doutrinal da vocação e, como consequência, a obrigação de segui-la (objetos de debate no magistério precedente). Por isso introduz indiretamente, no número dedicado à promoção vocacional, os elementos fundamentais que constituem a *vocatio* divina, de forma simplesmente descritiva,[25] dos quais destacamos a importância da gratuidade da vocação, de que essa é de iniciativa divina, que cabe a cada um responder a esse chamado. A definição indica que na vocação existe: (a) o chamado de Deus, único e irrepetível, o qual cada um enriquece com as qualidades necessárias para perseverar em tal chamado (elemento subjetivo); (b) o apelo da Igreja, que tem o dever de verificar a existência das qualidades necessárias indicativas da existência de uma vocação (elemento objetivo).[26]

No texto do Decreto *Optatam Totius*, as características humanas da vocação são indicadas com clareza: a reta intenção, a plena liberdade e idoneidade, entendida como o conjunto das qualidades morais e físicas, psíquicas, intelectuais e humanas. A falta desses sinais positivos ou a presença de sinais contrários mostram que sem uma base humana, a vocação não se sustenta e, como consequência, aumentarão os desafios para se perseverar na vocação à Vida Religiosa Consagrada ou Presbiteral.

---

[24] CONCÍLIO VATICANO II, **Lumen Gentium**, São Paulo: Paulinas, 2021.

[25] CONCILIO ECUMÊNICO VATICANO II, Decreto Optatam Totius, n. 2b.

[26] Essa definição orienta e define uma ampla discussão do período pré-Concílio Vaticano II, na qual se pressupunham duas abordagens: 1) pressupunha que a essência da vocação sacerdotal está nas inclinações e disposições do candidato; se esse dizia ser chamado por Deus, a Igreja deveria aceitar essa vocação como divina (L. Branchereau, *De la Vocation Sacerdotale*, Paris, Vic et Amat, 1896); 2) pressupunha que para a vocação não basta apenas um chamado de Deus, mas um reconhecimento externo por parte da Igreja (J. Lahitton, *La vocation sacerdotal: traité théorique et practique*, Paris, Gabriel Beauchesne, 1909).

A função da Igreja, isto é, o aspecto objetivo, consiste em conhecer, verificar, julgar a idoneidade da vocação, visto que é um ministério público e social que se exerce em seu nome. Só assim a Igreja pode garantir a dignidade e a eficácia do serviço que deseja prestar à humanidade. Por isso o Concílio chama a atenção para a seleção e formação dos formadores,[27] pedindo que tenham uma sólida preparação doutrinal, uma experiência pastoral adequada, uma formação espiritual peculiar, uma preparação pedagógica e uma capacidade de trabalho em equipe. Para tudo isso, o Concílio recomenda três meios: institutos especializados, cursos de formação periódica ou encontros periódicos de superiores de seminário.

Quanto aos sinais de vocação,[28] a investigação da história de vida pregressa[29] (qualidades e conduta dos candidatos à ordenação presbiteral) – considerada fundamental pelos documentos do magistério –, é recolhidos de forma clara e sintética. O escrutínio deve abranger os aspectos elencados no documento – reta intenção, liberdade, idoneidade espiritual, moral e intelectual e saúde física e mental – e não deve se limitar somente ao momento anterior à ordenação presbiteral, mas deve estar presente durante toda a formação, considerando cada etapa da vida e a evolução particular de cada formando. O tema da vocação, como abordado no Decreto, indica-nos que o contexto formativo é o lugar que permite discernir a existência da vocação divina.

Alguns padres conciliares manifestaram o desejo de que a saúde psicológica dos candidatos fosse verificada durante o período de formação inicial, recomendando para isso o exame psicológico ou psiquiátrico. Especial atenção foi requerida nos casos em que houvesse sinais claros de comportamentos desadaptativos ou algum tipo de tendência psicopatológica, sem perder de vista a história da família e as possíveis cargas hereditárias que o formando pode trazer.[30]

---

[27] CONCILIO ECUMÊNICO VATICANO II, Decreto Optatam Totius, n. 5.

[28] *Ibid.*, n. 6.

[29] PIO XII, Menti Nostrae.

[30] SANAGIOTTO, O debate teológico do século XX e o ingresso da psicologia no contexto formativo.

A temática se conclui com uma citação: Deus não permitirá que em sua Igreja falta ministros, se apenas os dignos forem aceitos. Por isso se pede uma especial firmeza de espírito: em caso de dúvida, é necessário optar por não aceitar o candidato. A isto, os padres conciliares acrescentam, também para suavizar o texto, a recomendação pastoral de que aqueles que não foram considerados idôneos sejam paternalmente orientados para o apostolado secular. O Concílio recomenda firmeza, não severidade ou frouxidão, mesmo quando há falta de padres, pois não pode ser considerado um mal menor aceitar o impróprio.[31]

Para que esta formação ocorra de maneira adequada, o Concílio recorda a possibilidade de estabelecer seminários interdiocesanos, regionais ou nacionais e que se dê uma formação personalizada aos formandos, estabelecendo pequenos grupos nos seminários onde há muitos formandos, mas sem perder a unidade da formação.[32] Trata-se de formar com espírito de família, evitando todo tipo de gregarismo e desintegração da formação, por meio de uma necessária unidade pedagógica.

Na sequência, o Decreto trata da formação estritamente espiritual.[33] Uma leitura atenta do decreto revela a confirmação dos elementos tradicionais: a via trinitária e a via sacramental, o gosto pela Escritura e o amor à Virgem Maria, a aceitação alegre do celibato e a obediência. Mas um ponto fundamental se destaca: o caminho cristocêntrico, a busca de Cristo em todas as coisas, na liturgia, na oração e nos mais pobres. É a configuração do futuro sacerdote com o mistério pascal pelo qual deve viver e no qual deve conduzir seu rebanho. A liturgia, especialmente a Eucaristia, é o lugar onde se fortalece para seguir a caminhada.

Neste contexto, a figura do diretor espiritual aparece como aquele que insere o formando nas práticas ou nos exercícios

[31] PIO XI, Ad Catholici Sacerdotii, *in*: **Enchiridion delle Encicliche**, Bologna: EDB, 1995, v. 5 (1922-1939), p. 960-1045, n. 41.

[32] CONCILIO ECUMÊNICO VATICANO II, Decreto Optatam Totius, n. 7.

[33] *Ibid.*, n. 8-10.

de piedade, que têm um valor indiscutível, mas não podem ser absolutizados. Precisa orientar no sentido de adesão à Igreja. É importante que os formandos conheçam o significado do compromisso sacerdotal, os fardos que esse comporta, mas, também, a afirmação do celibato sacerdotal como um valor efetivo que deve ser integrado com as características de personalidade. Mais do que simplesmente novas orientações espirituais formativas, o convite feito aos contextos formativos é de apresentar aos formandos, com honestidade, as reais dificuldades da vida presbiteral, mas com delicadeza e discrição, para que os formandos não criem uma visão negativa e parcial da vida presbiteral.

No que se refere ao celibato,[34] o decreto dá algumas diretrizes fundamentais, sem tratar das origens espirituais ou históricas. O Concílio deixa clara sua dimensão positiva, mas ao mesmo tempo a acompanha com bastante realismo: a continência perfeita é uma renúncia, mas é acompanhada de outros valores que a tornam valiosa. Embora o celibato não faça parte da própria natureza do sacerdócio, está intimamente relacionado a ele.[35]

Quanto à maturidade e às virtudes humanas,[36] o Concílio quis recolher aqui o recente magistério de Pio XII que já analisávamos anteriormente. A maturidade humana não pode ser ignorada em favor de certo "angelicalismo", que põe demasiada ênfase nos elementos sobrenaturais e no desprezo pelo mundo, posições espiritualistas, alimentadas por uma pedagogia ilusória, desenraizada do contato com a vida real. O esquecimento e o desprezo das qualidades humanas, nas tendências formativas do passado, manifestavam certa arrogância de casta que nada tinha a ver com a antropologia cristã.

---

[34] *Ibid.*, n. 10.

[35] CONCILIO ECUMÊNICO VATICANO II, **Presbyterorum Ordinis**, São Paulo: Paulinas, 1966, n. 16b.

[36] CONCILIO ECUMÊNICO VATICANO II, Decreto Optatam Totius, n. 11a.

A origem do número 11 da *Optatam Totius* está nos nove números da disciplina, que eram indicados na elaboração do decreto, no qual foi acrescentado um parágrafo sobre as virtudes humanas. Diante das tantas mudanças que aconteceram na elaboração do Decreto, se essas permaneceram no texto promulgado, é porque a dimensão humana da formação sacerdotal foi considerada pelo Concílio Vaticano II como fundamental: a ordenação não transforma magicamente a personalidade dos formandos; a graça entra na natureza humana e depende dela para seu exercício. Portanto, é evidente que antes que alguém possa se tornar um bom sacerdote ou um bom religioso consagrado, ele deve primeiro ser um bom ser humano e um bom cristão.[37]

Nesse mesmo sentido das mudanças propostas pelos padres conciliares, não é surpreendente que, ao abordar o tema da formação espiritual, os padres conciliares incluíram este número dedicado à formação humana, considerando-a o fundamento necessário para ela. A formação humana constitui o suporte seguro para se tornar um cristão que necessita (e completa) os valores inscritos na natureza humana. Para dar conta de tudo isso, o decreto apresenta o desenvolvimento do tema da formação humana sustentada em três pilares:

- a formação do seminário, seguindo as diretrizes da Igreja no que se refere à formação cristã,[38] incorporando as contribuições da psicologia e da pedagogia, evitando métodos indiscriminados de terapias psicanalíticas generalizadas[39]. O tratamento dos casos particulares que apresentam suspeita de instabilidade funcional ou imaturidade, devem ser confiados a psicólogos ou psicoterapeutas. Não é aconselhável deixar isso para o "bom senso" dos formadores, mas, em se tratando de saúde mental, é preciso do auxílio profissional;

---

[37] LAPLANTE, A, **La formation des prêtres. Genèse et commentaire du décret conciliaire Optatam Totius**, Paris: Lethielleux, 1969, p. 127.

[38] PAULO VI, **Gravissimun Educationis**, São Paulo: Paulinas, 1966.

[39] SACRA CONGREGATIO S. OFFICII, Monitum, **AAS 53**, v. III, n. 10-11, p. 571, 1961.

- o cultivo da maturidade humana, necessária para o bom exercício do ministério, considerada a partir de três critérios: (a) estabilidade mental, afetiva, emocional e moderação do próprio temperamento; (b) capacidade de tomar decisões responsáveis; (c) uma maneira justa de julgar pessoas e eventos;[40]

- as virtudes humanas fundamentais que devem adornar o sacerdote, como carta de apresentação aos homens de nosso tempo, reflexo ao mesmo tempo da bondade humana de Jesus: força e domínio de si; sinceridade e autenticidade; preocupação constante com a justiça; fidelidade nas promessas e no cumprimento da palavra proferida; educação e boas maneiras; modéstia unida à caridade e prudência no falar.

Assim, podemos concluir que a formação para o desenvolvimento humano, que passa por diferentes ações ao longo das etapas da vida, é simultânea ao progresso na construção da personalidade sacerdotal. A formação humana deve acompanhar a formação do sacerdote. O amadurecimento é alcançado a partir da tensão permanente, da transformação pessoal e da conversão.

Por fim, destacamos a questão da disciplina,[41] que apareceu desde o início do Concílio com numerosas vozes exigindo-a. Durante a elaboração do texto, a temática foi submetida a múltiplas vicissitudes: desde a retumbante afirmação da disciplina e a condenação das perigosas modas pedagógicas – falsa liberdade, naturalismo, autoeducação e laxismo – até o quase total desaparecimento dessas referências; desde a posição de alguns padres conciliares exigindo o restabelecimento de uma disciplina mais severa, àqueles que defendiam a reforma dos métodos e a abertura ao que as ciências pedagógicas poderiam contribuir para a formação do seminário.

No final, o texto satisfaz amplamente todos os requisitos levantados, preservando as três ideias fundamentais que estiveram na origem: (a) reconhece a validade e a importância da disciplina

---

[40] LAPLANTE, **La formation des prêtres. Genèse et commentaire du décret conciliaire Optatam Totius**, p. 128.

[41] CONCILIO ECUMÊNICO VATICANO II, Decreto Optatam Totius, n. 11b.

como elemento necessário à formação; (b) não é como mero cumprimento de normas externas, e sim como atitude interior que deve ser cultivada nos formandos; (c) e isso, gradualmente, de acordo com as diferentes etapas do ciclo evolutivo. Este número sobre a formação humana termina referindo-se à piedade, ao silêncio e à solicitude pela ajuda mútua como meios para uma iniciação ao que será a vida sacerdotal. A secção da formação espiritual completa-se com algumas indicações sobre a conveniência de um período de espiritualidade, a interrupção dos estudos ou o adiamento da idade exigida por lei para as ordens, a fim de ajudar a um melhor amadurecimento dos formandos e garantir sua perseverança no futuro.[42]

O Decreto conclui com as orientações para a revisão dos estudos eclesiásticos,[43] as propostas de formação estritamente pastoral[44] e sobre formação permanente.[45] Concluindo, os padres conciliares dirigem-se aos formadores dos seminários e aos professores, requerendo que coloquem em prática a renovação desejada pelo Concílio, e aos seminaristas que aproveitem a oportunidade de formação que a Igreja lhes oferece. Não há dúvida de que esta confiança manifestada pelo Concílio deve verificar-se, também, na renovação profunda desta particular função ministerial de formação, em que está em causa a iniciação ao ministério.

2. A dimensão humana nos documentos pós-Concílio Vaticano II

Como procuramos abordar nos tópicos anteriores, o Concílio Vaticano II optou por não elaborar um documento sobre a formação que abarcasse todas as dificuldades presentes nos contextos formativos, oferecendo soluções que universalmente deveriam ser seguidas em toda a Igreja. Em vez disso, indicou linhas gerais orientativas para a

[42] *Ibid.*, n. 12.

[43] *Ibid.*, n. 13-18.

[44] *Ibid.*, n. 19-21.

[45] *Ibid.*, n. 22.

elaboração das diretrizes formativas contidas na *Ratio Fundamentalis Institutionis Sacerdotalis* (RAFIS) e, na sequência, a práxis nos contextos formativos de cada Diocese ou Congregação religiosa.

Desse modo, foram fundamentais as *Rationes*, pedidas expressamente pelos Bispos no Sínodo de 1967, para indicar claramente os caminhos formativos, pedagógicos e educacionais, para serem seguidos nos contextos formativos. Abordaremos, a seguir, a passagem feita das diretrizes do Concílio Vaticano II para as diretrizes práticas indicadas na *Ratio*. Estaremos atentos ao tema que nos propomos aprofundar neste capítulo, isto é, a formação humana na formação do futuro presbítero ou religioso consagrado.

Tanto no Decreto *Optatam Totius* quanto nas *Rationes* de 1970[46] e 1985[47], é possível distinguir claramente três áreas da formação no seminário: espiritual, intelectual e pastoral. Em 1992, porém, a exortação apostólica *Pastores Dabo Vobis* acrescentou uma quarta área, a humana, definindo-a como fundamento de toda a formação sacerdotal.[48] Obviamente, a dimensão humana não esteve ausente em documentos anteriores, onde aparece explicitamente em vários pontos e, em particular, no que se refere à formação espiritual.[49] Além disso, existem numerosos estudos anteriores ou contemporâneos à primeira *Ratio* em que esse aspecto é explicitamente estudado.[50]

A novidade presente na *Pastores Dabo Vobis* é considerar a formação humana em si mesma, como uma dimensão com um conteúdo próprio que antecede, como fundamento, o crescimento nas outras três dimensões. Desde a exortação apostólica, este quarto

---

46 CONGREGAZIONE PER L'EDUCAZIONE CATTOLICA, Ratio Fundamentalis Institutionis Sacerdotalis, *in*: **Enchiridion Vaticanum**, Bologna: EDB, 1970, v. 3 (1977), p. 1103-1217.

47 CONGREGAZIONE PER L'EDUCAZIONE CATTOLICA, Ratio Fundamentalis Institutionis Sacerdotalis, *in*: **Enchiridion Vaticanum (Supplementum)**, Bologna: EDB, 1985, v. 1 (1990), p. 840-975.

48 JOÃO PAULO II, **Pastores Dabo Vobis: sobre a formação dos sacerdotes**, n. 43.

49 CONGREGAZIONE PER L'EDUCAZIONE CATTOLICA, Ratio Fundamentalis Institutionis Sacerdotalis, n. 51; JOÃO PAULO II, **Código de Direito Canônico**, São Paulo: Loyola, 1983, p. c. 245, § 1.

50 DEZZA, Paolo, Formazione umana e vocazione, **Seminarium**, v. 19, n. 1, p. 84-97, 1967; WRIGHT, John, Priestly maturity, **Seminarium**, v. 22, n. 3, p. 811-830, 1970.

aspecto foi incluído nos vários programas de formação sacerdotal, tanto que hoje se aceita universalmente que as áreas formativas dos candidatos ao sacerdócio são quatro: humana, espiritual, intelectual e pastoral.

A *Ratio* de 2016 continuou nessa mesma perspectiva, afirmando que "a falta de uma personalidade bem estruturada e equilibrada representa um obstáculo sério e objetivo à continuação da formação para o sacerdócio".[51] Essa condição não é de forma alguma nova, pois já foi mencionada de várias maneiras no Código de Direito Canônico.[52]

Como ponto de referência para o discernimento das indicações do Concílio Vaticano II, optamos por abordar a *Ratio Fundamentalis Institutionis Sacerdotalis.*[53] Essa se caracteriza como o ponto de contato entre a *Optatam Totius* e a formação subsequente; o Código de Direito Canônico[54] que, de algum modo, aborda as diferentes dimensões da formação humana; por fim, a *Pastores Dabo Vobis*,[55] em que a dimensão humana aparece pela primeira vez como uma dimensão a ser enfatizada nos contextos formativos.

2.1. A *Ratio Fundamentalis Institutionis Sacerdotalis* (1970)

Em 6 de janeiro de 1970, a Congregação para a Educação Católica, a pedido expresso do Sínodo dos Bispos de 1967, preparou um documento publicado sob o título *Ratio Fundamentalis Institutionis Sacerdotalis*. Dois anos de trabalho com um objetivo claro: dar as diretrizes de alcance universal que regeriam o futuro da formação sacerdotal, de modo que as várias Conferências Episcopais pudessem revisar ou elaborar, se não tivessem feito ainda, suas *Ratio* de acordo com as novas diretrizes vindas do Concílio Vaticano II.

---

[51] CONGREGAÇÃO PARA O CLERO, **O dom da vocação Presbiteral**, São Paulo: Paulinas, 2017, n. 63.

[52] JOÃO PAULO II, **CIC**, p. c. 1031, §1.

[53] CONGREGAZIONE PER L'EDUCAZIONE CATTOLICA, Ratio Fundamentalis Institutionis Sacerdotalis.

[54] JOÃO PAULO II, **CIC**.

[55] JOÃO PAULO II, **Pastores Dabo Vobis: sobre a formação dos sacerdotes**.

Seguindo as indicações conciliares, a RAFIS preparou um itinerário formativo que fosse aberto ao diálogo com o mundo, atento aos sinais dos tempos, que integrasse o seminário na vida da diocese, acentuando o contato com os leigos, com uma espiritualidade com marcado cunho pastoral, dando suficiente importância à formação humana, ao crescimento da pessoa, formanda no sentido da responsabilidade.

A intenção da RAFIS não era tanto contribuir com elementos novos – podemos constatá-lo se analisarmos o abundante aparato de notas –, mas sim sistematizar e estruturar o que o Magistério da Igreja dizia sobre a formação sacerdotal. De fato, a dimensão humana da formação reflete praticamente o que já tinha sido dito na *Optatam Totius*, e, em linha de continuidade, o título VIII sobre a formação espiritual inclui a referência à formação humana que, como aconteceu durante o Concílio Vaticano II, não foi pensado como um tópico separado, com um tratamento especial.[56]

2.2. O reordenamento da disciplina no Código de Direito Canônico (1983)

O Código de Direito Canônico, promulgado por João Paulo II, em 1983,[57] é herdeiro de toda a história do Concílio Vaticano II. Substancialmente, não acrescenta nada de novo ao que já foi dito sobre a dimensão humana da formação, embora reordene um pouco a disciplina. No Código atual, no Livro II sobre a formação do clero, o legislador expõe as diferentes dimensões da formação. A dimensão humana não ocupa um lugar de referência, mas está inserida nos cânones da formação espiritual; especificamente cânon 244: "no seminário, a formação espiritual e a instrução doutrinal dos alunos harmonizem-se e orientem-se de tal modo que eles, segundo a índole de cada um, juntamente com a maturidade humana, adquiram o espírito do Evangelho e a união íntima com Cristo".[58]

[56] Na RAFIS de 1985, no que se refere à questão da formação humana, não encontramos nenhuma diferença substancial com o texto de 1970.

[57] JOÃO PAULO II, **CIC**.

[58] *Ibid.*, p. c. 244.

O cânone afirma que, entre os objetivos da formação, está o alcance da maturidade humana que possibilite um crescimento espiritual adequado. No entanto nenhum meio específico é proposto e nenhum aspecto particular é destacado sobre os requisitos ou a forma de cultivo dessa maturidade.

Em todo o caso, surge o interesse do legislador em procurar a harmonia entre os vários objetivos da formação, a pedido do Concílio Vaticano II. Citando *Optatam Totius* n. 8 e n. 11 e a *Presbyterorum Ordinis* n. 3, n. 8 e n. 9, o cânon 245 §1-2 recorda a importância do cultivo das virtudes mais apreciadas na convivência humana, para que os alunos (formandos) possam conciliar adequadamente os bens humanos e sobrenaturais.

A formação espiritual deve abranger todo o homem – porque a graça não destrói, mas eleva a natureza –, alcançando uma conciliação harmoniosa entre os valores humanos e sobrenaturais. O candidato ao presbiterato ou à vida consagrada deve cultivar profundamente suas qualidades naturais, aprendendo a se relacionar com os outros.[59] O último aspecto indicado pela *Ratio* também aparece no cânone que quer destacar a importância da formação para a vida comum.[60] A vida comunitária dos formandos não é apenas a vida litúrgica, mas também um lugar privilegiado para o avanço da fraternidade sacerdotal. A obrigação dos sacerdotes, de cooperar entre si na edificação do corpo de Cristo e de buscar certa vida comum, exige o cuidado dessa dimensão na vida do seminário.[61]

Seguindo a tendência do Magistério pós-conciliar, o Código indica a experiência do sacerdote, a partir de sua vocação e espiritualidade, dos conselhos evangélicos. A aceitação de uma vida conduzida pelo estilo de vida de Jesus tem claras repercussões no plano humano que não podem passar despercebidas na tarefa formativa. Assim, o Código recorda a importância da formação para o celibato,[62] que deve levar os

---

[59] CONGREGAZIONE PER L'EDUCAZIONE CATTOLICA, Ratio Fundamentalis Institutionis Sacerdotalis, n. 51.

[60] JOÃO PAULO II, **CIC**, p. c. 245 §2.

[61] *Ibid.*, p. c. 280.

[62] *Ibid.*, p. c. 247 §1.

formandos a tomarem plena consciência dos deveres e responsabilidades, bem como das dificuldades que assumem. O motivo fundamental para abraçar o celibato não pode ser diferente do amor a Cristo, que é a única raiz desse compromisso e não deve ser entendido como um "fardo". E, uma vez que o chamado ao sacerdócio não pode ser separado de qualquer forma do modo como a Igreja chama, interpretando a voz do Espírito, não faz sentido nos referir ao chamado à ordenação sacerdotal aquele que sente que o celibato é uma obrigação.

Cita-se também a formação na obediência,[63] cujo fundamento é o de estar mais intimamente ligado à missão de Cristo e o dever de formar para o espírito de pobreza, necessário para cumprir a obrigação de simplicidade de vida proposta pela legislação.[64] Por fim, o aspecto da adequada formação intelectual e doutrinal dos formandos,[65] que tem um duplo objetivo: fortalecer a própria fé e formar os seminaristas para anunciá-la aos homens de hoje.

2.3. A reviravolta da Exortação Apostólica *Pastores Dabo Vobis* (1992)

É um vasto documento, com um acento claramente pós-sinodal, pois reúne 82 citações literais das Proposições Sinodais e muitas referências implícitas, em consonância com o Concílio Vaticano II (mais de 60 citações de textos conciliares) e os Magistérios pós-conciliares; é como uma *summa* que engloba todos os aspectos importantes da formação sacerdotal, uma atualização, depois de trinta anos, das contribuições do Concílio, enriquecida com as reflexões do Sínodo. Por isso, a exortação deve ser lida e aplicada em continuidade com os textos conciliares.

A novidade mais importante para o tema da formação humana é que o documento distingue claramente quatro áreas ou dimensões de intervenção formativa, em que a dimensão humana ocupa,

[63] *Ibid.*, p. c. 245 §2; c. 273.

[64] *Ibid.*, p. c. 282 §1.

[65] *Ibid.*, p. cc. 248-254.

pela primeira vez, um lugar próprio como fundamento de toda a formação.[66] Essas quatro dimensões não podem ser consideradas de forma alguma independentes umas das outras, cada uma deve interagir simultaneamente uma com as outras.

Compreendendo assim a formação, o seminário não é um lugar físico, um edifício com melhores ou piores condições materiais. A formação se torna um caminho formativo, baseada em um clima de crescimento e confiança, onde o candidato pode amadurecer a primeira opção de seguir Jesus e se configurar com ele no dia a dia.

Em dois números (n. 43-44) e em poucas páginas, a Exortação dá uma visão clara e sintética dos elementos que constituem a formação humana. João Paulo II parte de um pressuposto importante: *sem uma formação humana adequada, toda a formação sacerdotal seria privada de seu necessário fundamento*. Essa afirmação exprime não só um dado sugerido quotidianamente pela razão e verificado pela experiência, mas uma exigência que encontra seus motivos mais profundos e específicos na própria natureza do sacerdote e em seu ministério.

Cristo é proposto como modelo de plena humanidade.[67] A qualidade humana incide diretamente no serviço pastoral, pois o sacerdote deve ser uma ponte e não um obstáculo ao encontro com Jesus Cristo; deve ser adornado com aquelas qualidades que o mostram aos outros como companheiro de caminho e servidor de todos. A formação humana é, portanto, necessária não só para a realização pessoal, mas para poder evangelizar em diálogo autêntico com o ser humano.

A Igreja sempre indicou alguns critérios fundamentais que o próprio Pontífice inclui na exortação (n. 43), tomada em grande parte da *Optatam Totius* (número 11) e das proposições dos Padres

---

[66] As outras dimensões são: **espiritual**, em comunhão com Deus e no encontro com Cristo; **intelectual**, a inteligência da fé; e **pastoral**, para comunicar a caridade de Cristo Bom Pastor. A divisão é pedagogicamente clara, precisa e frequentemente usada nas diferentes *Rationes* e no *Instrumentum Laboris* do Sínodo em 1990. Essa divisão possibilita enfrentar os problemas da formação de forma organicamente completa.

[67] JOÃO PAULO II, **Pastores Dabo Vobis: sobre a formação dos sacerdotes**, n. 43.

no Sínodo: qualidades humanas preferenciais; capacidades sociais para se relacionar com os outros e criar comunhão; maturidade afetiva, educação para o amor verdadeiro e responsável;[68] educação para a liberdade; e a educação da consciência moral diante do presenteísmo ou subjetivismo. Para os jovens que ainda não fizeram um verdadeiro caminho vocacional e estão em uma fase inicial dessa busca, a Exortação pede um período de preparação, um caminho formativo de um ano com configuração própria diferente do seminário menor.[69]

O documento também recorda a importante interação que existe entre a formação humana e a comunidade: a formação para a vida comunitária requer pessoas bem fundamentadas, pois as atitudes de cada um dos membros da comunidade influenciam o funcionamento da comunidade; mas, ao mesmo tempo, a atração pelos mesmos valores faz da comunidade um elemento fundamental para conduzir a pessoa a um verdadeiro amadurecimento.

3. A dimensão humana e as etapas formativas: a vocação como dom (2016)

Depois de realizar este breve percurso pelos documentos mais relevantes do Magistério sobre a formação sacerdotal do século passado, podemos compreender melhor a proposta da nova *Ratio* (2016) para a formação sacerdotal a qual, recolhendo a experiência do passado, procurou responder aos novos desafios do tempo presente. Mais de quarenta anos após a primeira *Ratio* (1970) e das contribuições subsequentes, foi necessária uma atualização.[70]

Para ler esse documento, a primeira coisa que temos de observar é a grande quantidade de notas de rodapé. Isso nos indica que a RAFIS procurou recolher e sistematizar todas as contribuições do Magistério desde o Concílio Vaticano II. Pouco tem a ver com

---

[68] *Ibid.*, n. 44.

[69] *Ibid.*, n. 62.

[70] CONGREGAÇÃO PARA O CLERO, **O dom da vocação Presbiteral**.

a *Ratio* anterior, nem na estrutura sistemática,[71] nem na terminologia utilizada,[72] nem em muitos dos conteúdos totalmente novos,[73] nem no próprio fato de juntar a formação inicial à formação permanente.[74]

As mudanças não são acidentais: procuram refletir o processo formativo como um verdadeiro caminho de iniciação discipular para dar uma resposta às novas situações, entendendo a formação de forma unitária, progressiva e integral,[75] uma formação que começa no seminário e continua ao longo da vida, ou seja, uma formação permanente.

A "gradualidade" é uma parte fundamental da pedagogia formativa. Pode-se falar da gradualidade das etapas, em que cada etapa pode ser especificada, traçando um caminho formativo com meios e materiais concretos, mas ainda é possível falar da gradualidade de cada pessoa e de cada grupo, que amadurecem de acordo com suas características e possibilidades.

No que concerne a nosso assunto, é evidente que o cultivo da dimensão humana deve ocorrer em todas as fases e em cada uma das etapas, pois a pessoa é um ser em construção, em via, nunca perfeitamente acabado, que deve ser integrado à história e à própria realidade humana de forma permanente na vida espiritual, para não cair em abstrações, mas colocando todos os recursos à disposição, buscando sempre a autenticidade.[76]

---

[71] A *Ratio* de 1970 foi dividida em 18 partes, dedicando grande parte delas à formação intelectual: introdução, normas gerais, pastoral vocacional, seminários menores e outras instituições erigidas para o mesmo fim, seminários maiores, superiores, professores, alunos, formação espiritual, a formação intelectual em geral, os estudos literários e científicos, o estudo da filosofia e ciências afins, os estudos teológicos, os estudos de especialização, o ensino doutrinal, os métodos de ensino, a própria formação pastoral, a formação permanente. A nova *Ratio* está dividida em 8 partes: normas gerais, vocações sacerdotais, fundamentos da formação, formação inicial e permanente, dimensões da formação, agentes formadores, organização dos estudos, critérios e normas.

[72] Já não falamos de superiores, mas de formadores; os candidatos não são estudantes, mas seminaristas; as etapas são até renomeadas: estudos discipulares ou filosóficos, estudos teológicos e síntese vocacional ou pastoral.

[73] São tratadas de forma específica as questões da vocação dos adultos, dos migrantes, do discernimento e do acompanhamento dos candidatos, da homossexualidade ou da proteção dos menores.

[74] CONGREGAÇÃO PARA O CLERO, **O dom da vocação Presbiteral**, n. 56.

[75] *Ibid.*, n. 92.

[76] *Ibid.*, n. 43.

3.1. A dimensão humana nas diferentes etapas da formação

A primeira etapa é a fase propedêutica cujo propósito, em âmbito humano, é facilitar um primeiro conhecimento de si, para que o seminarista se dê conta de suas principais virtudes e defeitos, faça um "mapa" da própria personalidade e tome consciência daqueles pontos de dificuldade que devem ser enfrentados e daqueles pontos fortes que devem ser expandidos e aprofundados. Como o documento aponta mais tarde, seria um momento muito oportuno para realizar as primeiras análises físico-médicas e psicológicas, pelo menos com um estudo da personalidade dos candidatos.[77] Como afirma o documento, essa etapa "se apresenta como necessária e obrigatória" e tem como objetivo discernir a conveniência de continuar a formação sacerdotal "ou, ao invés, da decisão de trilhar outro caminho de vida".[78]

A segunda etapa, a experiência e a dinâmica do discipulado, ou etapa dos estudos filosóficos, tem como objetivo principal "educar o homem" de maneira rigorosa e sistemática,[79] já que "jamais se pode insistir demais sobre a importância da formação humana. De fato, é nessa que se insere a santidade do presbítero, a qual depende, em grande parte, da genuinidade e da maturidade de sua humanidade. A falta de uma personalidade bem estruturada e equilibrada representa um impedimento sério e objetivo à continuidade da formação ao sacerdócio".[80]

Por esse motivo, é incentivada uma formação sistemática sobre a personalidade, enfrentando em profundidade, através do diálogo sincero e transparente com os formadores, os principais defeitos e desenvolvendo os principais pontos fortes. Se necessário, especialistas da área da psicologia serão chamados para auxiliar nesse discernimento. A palavra-chave para esta etapa é, portanto,

[77] *Ibid.*, n. 190-192.

[78] *Ibid.*, n. 59.

[79] *Ibid.*, n. 62.

[80] *Ibid.*, n. 63.

"formação sistemática", e o resultado esperado é um homem mais livre e um cristão mais autêntico, capaz de se dedicar intensa e generosamente à própria formação sacerdotal.[81]

Na etapa da formação ou dos estudos teológicos, o trabalho realizado sobre a própria personalidade adquire um sentido pastoral, fazendo com que o seminarista, consciente de suas virtudes e seus defeitos, torne-se uma ponte e não um obstáculo entre Jesus Cristo e os homens e as mulheres a quem se destina a evangelização. Neste momento da formação, o seminarista coloca tudo o que é e o que possui a serviço do Evangelho, aprofundando-se na experiência dos conselhos evangélicos (pobreza, celibato e obediência), ao estilo do sacerdote diocesano.[82]

Por fim, no que se refere à etapa da formação permanente,[83] apontam-se novos desafios, que surgem da experiência da vida pastoral: a experiência da própria fraqueza, o isolamento e a solidão, a dificuldade de adaptação gradual às mudanças sociais e circunstâncias culturais, decepções e conflitos, possível regressão afetiva ou doença e decadência física típica da idade. Existem também algumas formas de ajuda possíveis: acompanhamento na esfera espiritual e/ou psicológica, atualização intelectual, assistência médica na doença, acompanhamento de padres idosos e enfermos.

3.2. A dimensão humana considerada em si mesma

Para fazer uma análise e um aprofundamento mais sistemáticos, estamos seguindo uma pedagogia sistemática e uma metodologia que considere a formação humana em seu aspecto diferenciado, mas não podemos considerá-la independente das outras áreas de formação. O presbítero não será fruto de tarefas parciais e isoladas que preparam primeiro o homem, depois a fé e por último o padre. Todas as dimensões são chamadas a se integrarem e a crescerem

---

[81] *Ibid.*

[82] *Ibid.*, n. 69.

[83] *Ibid.*, n. 84.

juntas, todas dependem umas das outras internamente, como mostra a própria *Ratio*.[84]

A Igreja foi gradualmente tomando consciência de que a formação humana adequada é condição para a vida cristã e, portanto, para a opção vocacional. A vocação é sempre a forma humana de autorrealização pessoal, mas, ao mesmo tempo, de autotranscendência.[85] Uma verdadeira realização pessoal não é possível sem transcender a si mesmo, assim como não é possível falar de uma vocação autêntica independentemente da humanidade daquele que foi chamado.[86] Por isso é importante sublinhar a tradicional afirmação de que a graça, força dinâmica que nos permite realizar a plenitude do humano, supõe a natureza.[87]

Por isso a mesma *Ratio* destaca o papel fundamental que as ciências humanas (especialmente a psicologia e a pedagogia) desempenham na formação: sua ajuda aproxima-nos de um conhecimento mais apurado dos candidatos, permite-nos ajudá-los melhor, porque nos proporcionam elementos objetivos para o discernimento da vocação:

> "(...) uma sadia pedagogia não pode negligenciar a atenção a prestar às experiências e às dinâmicas de grupo nas quais o seminarista está inserido" (PDV, n. 50); "(...) no âmbito psicológico, tal contribuição é preciosa, seja para os formadores, seja para os seminaristas, principalmente em dois momentos: na avaliação da personalidade, exprimindo um parecer sobre a saúde psíquica do candidato, e no acompanhamento terapêutico, para trazer à luz eventuais problemáticas e ajudar no crescimento da maturidade humana" (PDV, n. 147); "(...) devida atenção será dada às ciências humanas, como a sociologia, a pedagogia e a psicologia, nos aspectos considerados mais adequados ao percurso formativo com vista ao ministério sacerdotal, a fim de fazer crescer nos seminaristas a capacidade de conhecer o âmago humano, com suas riquezas e fragilidades, e de facilitar a formulação de juízos serenos e equilibrados sobre pessoas e situações" (PDV, n. 163).

---

[84] *Ibid.*, p. 92.

[85] SANAGIOTTO, Vagner; PACCIOLLA, Aureliano (Orgs.), **A autotranscendência na logoterapia de Viktor Frankl**, Petrópolis: Vozes, 2022.

[86] CONGREGAÇÃO PARA O CLERO, **O dom da vocação Presbiteral**, n. 93a.

[87] *Ibid.*, n. 93b.

Esses meios não podem ser dispensados, mas devem ser utilizados de forma adequada com o devido respeito pela privacidade dos candidatos.

3.3. Avanços do documento

Certamente, um dos aspectos mais positivos, e que se reflete até na sistemática do documento, como já apontamos, é a compreensão da formação dos presbíteros como continuação de um único "caminho discipular" que dura a vida toda, um itinerário progressivo de crescimento integral, pessoal e comunitário, com abertura missionária; juntamente com a especificação das quatro importantes áreas de formação, entre as quais a dimensão humana assume um papel especial.

Tanto é que a mesma *Ratio* prevê a criação do cargo de "coordenador da dimensão humana", introduzindo assim uma novidade absoluta entre os cargos contemplados na legislação do seminário. Sua função seria promover "um clima comunitário propício para o processo de amadurecimento humano dos seminaristas em colaboração com outras pessoas competentes (no âmbito psicológico, desportivo, médico etc.)".[88]

O tratamento da questão da liberdade necessária para ser presbítero, que tradicionalmente tem sido considerada um pré-requisito para uma verdadeira decisão humana, foi melhorada muito. Para além da ausência de medos graves incapacitantes, esta liberdade identifica-se com a capacidade de autodeterminação, autodomínio e autonomia que se manifesta em uma ação que se responsabiliza pelas próprias escolhas.[89] Uma referência a *debitas libertas* nesta linha encontra-se em vários números: quando se trata de verificá-la na etapa do seminário menor,[90] na etapa dos estudos filosóficos ou

[88] *Ibid.*, n. 137.
[89] *Ibid.*, p. 96.
[90] *Ibid.*, n. 22.

discipulares[91] e na etapa pastoral,[92] ou quando estiverem estabelecidas as condições para uma avaliação psicológica.[93]

Além disso, o documento alude em várias ocasiões à "liberdade interior", em sua orientação moral, como uma disposição favorável para realizar o desígnio de Deus,[94] para obedecer por convicção e não por mera aparência,[95] para utilizá-lo adequadamente,[96] como controle voluntário do desejo de posse,[97] ou como condição para viver o apostolado como serviço.[98]

A maturidade afetiva e sexual também é amplamente discutida como elemento fundamental para o bom funcionamento da personalidade, entendida como a capacidade de amar, que afeta e envolve toda a pessoa.[99] A integração da sexualidade, plenamente aceita no amor, possibilita a opção pelo celibato como entrega total da pessoa ao Senhor e ao serviço do Reino, entendida não como um fardo, mas como um dom que transforma o sacerdote em pessoa para os outros, ao mesmo tempo que produz um amor eficaz e maduro que, procedendo de Deus e acolhido pelo homem, envolve toda a vida e o ministério pastoral.[100] Só nesta perspectiva o celibato pode ser compreendido.[101]

Trata-se de um crescimento progressivo que deve estar presente, adaptado às diferentes idades, desde a entrada no seminário

---

[91] *Ibid.*, n. 67.

[92] *Ibid.*, n. 74.

[93] *Ibid.*, n. 194.

[94] *Ibid.*, n. 18.

[95] *Ibid.*, n. 41.

[96] *Ibid.*, n. 63.

[97] *Ibid.*, n. 111.

[98] *Ibid.*, n. 119.

[99] *Ibid.*, n. 94.

[100] *Ibid.*, n. 41.

[101] *Ibid.*, n. 110.

menor,[102] na fase dos estudos filosóficos[103] ou na formação permanente.[104] De fato, a *Ratio* afirma que seria gravemente imprudente admitir ao sacramento da Ordem presbiteral um seminarista que não tivesse amadurecido uma afetividade serena e livre, fiel na castidade celibatária, pelo exercício das virtudes humanas e sacerdotais, entendida como abertura à ação da graça e não apenas como um esforço da vontade.[105]

Precisamente o exercício destas virtudes humanas e sacerdotais é o que a doutrina tradicional chamou "dons humanos-morais", que foram identificados com aquelas virtudes estimadas pelos homens e necessárias para o exercício ministerial, reflexo da plena humanidade de Jesus,[106] que devem ser cultivadas, especialmente, nos anos de filosofia, e que, na etapa posterior, se unirão às virtudes teológicas e à experiência dos conselhos evangélicos.[107]

Entre as virtudes humano-morais, algumas têm especial relevância, considerando sua influência no desempenho do ministério pastoral, e é assim que a *Ratio* as enumera: fidelidade, coerência, sabedoria, aceitação de todos, afabilidade, firmeza doutrinal no essencial, liberdade de pontos de vista subjetivos, desprendimento pessoal, paciência, gosto pela tarefa diária, a confiança no trabalho escondido da graça, da humildade e da misericórdia.[108]

Outra contribuição importante do documento se refere à saúde física dos candidatos, questão pouco discutida desde os anos 50 do século passado, excluindo alguns casos particulares, como a doença celíaca ou o alcoolismo para os quais o recente Magistério deu oportunidade orientações. O mais notável é que a *Ratio* lhe dedica uma seção própria. Obviamente, não se trata de resolver problemas específicos, mas antes de estabelecer critérios gerais,

---

[102] *Ibid.*, n. 20; 23.

[103] *Ibid.*, n. 63.

[104] *Ibid.*, n. 84; 88.

[105] *Ibid.*, n. 110.

[106] *Ibid.*, n. 63.

[107] *Ibid.*, n. 69.

[108] *Ibid.*, n. 115.

cabendo às Conferências Episcopais especificar "outras situações de saúde que possam prevenir o exercício do ministério".[109]

Devemos entender por saúde física como o grau de bem-estar e resistência física necessária para o exercício normal do ministério. O mínimo que deve ser exigido é uma normalidade de acordo com a idade do candidato: desenvolvimento anátomo-fisiológico adequado, saúde suficientemente boa e ausência de doenças crônicas ou predisposições congênitas familiares. Essas condições básicas devem permanecer e podem ser verificadas durante todo o período da formação.[110]

No que diz respeito à saúde mental, a posição da *Ratio* é clara: "será, por norma, de evitar a admissão no Seminário de quantos sofram de qualquer patologia, manifesta ou latente (por ex., esquizofrenia, paranoia, distúrbio bipolar, parafilias etc.), que seja capaz de minar a discrição de juízo da pessoa e, por consequência, sua capacidade de assumir os compromissos e empenhos da vocação e do ministério".[111] A formação específica dos formadores e principalmente do diretor espiritual neste campo, permitirá que o acompanhamento dos formandos seja mais adequado e realista.[112] Nos casos mais comuns, essa formação evitará visitas frequentes a especialistas, prática que deve ser reservada para casos mais complexos.

Se é verdade que a contribuição da psicologia representa uma ajuda valiosa para os formadores, não é menos verdade que os psicólogos não fazem parte da equipe de formação, nem têm a tarefa de discernimento vocacional.[113] A *Ratio*, retomando o documento da Congregação para a Educação Católica de 2008,[114] oferece indicações sobre como proceder na seleção dos especialistas[115] e

---

[109] *Ibid.*, p. 190.

[110] *Ibid.*, n. 190.

[111] *Ibid.*, n. 191.

[112] JOÃO PAULO II, **CIC**, p. cc. 239 §2 e 246 §4.

[113] CONGREGAÇÃO PARA O CLERO, **O dom da vocação Presbiteral**, n. 192.

[114] CONGREGAÇÃO PARA EDUCAÇÃO CATÓLICA, Orientações para a utilização das competências psicológicas na admissão e na formação dos candidatos ao sacerdócio, **SEDOC**, v. 41, n. 332, p. 356-370, 2008.

[115] CONGREGAÇÃO PARA O CLERO, **O dom da vocação Presbiteral**, n. 192.

a liberdade que o candidato tem a esse respeito;[116] recomenda a realização de uma avaliação psicológica, tanto no momento da admissão ao Seminário como quando parecer útil aos formadores;[117] e limita as pessoas que podem ter acesso aos relatórios[118] – bispo, reitor e diretor espiritual – e o tempo que devem ser mantidos no arquivo do seminarista, cuidando sempre da observância das leis civis.[119]

Seguindo a sugestão da *Pastores Dabo Vobis*,[120] a *Ratio* introduz um capítulo sobre o papel da mulher e a importância do "feminino" durante o período da formação, porque sua presença e sua relação com ela afetam o seminarista, não apenas no âmbito de sua vida (é um contributo decisivo para seu processo de desenvolvimento integral), mas, principalmente, na perspectiva de sua futura atividade paroquial, onde as mulheres desempenham um papel protagonista nas várias esferas da pastoral, ou em contato com a presença testemunhal da vida consagrada.[121]

Importante é o fato de a *Ratio* ter dado espaço à era digital e às redes sociais, que tanto influenciam a vida dos jovens e que são, já no presente, um excelente meio de evangelização, uma nova ágora, na qual os futuros padres não podem estar ausentes. A formação neste campo é parte integrante do desenvolvimento da personalidade do seminarista e deve ser fortalecida.[122] Do lado oposto, estão os múltiplos riscos a que o candidato está exposto a uma realidade tão plural e aberta, e às possíveis dependências que podem ser criadas com os meios de comunicação,[123] algumas já classificadas como verdadeiras patologias, pelo que é recomendado um uso vigilante, sereno e positivo.[124]

---

[116] *Ibid.*, n. 194.

[117] *Ibid.*, n. 192.

[118] *Ibid.*, n. 195.

[119] *Ibid.*, p. 196.

[120] JOÃO PAULO II, **Pastores Dabo Vobis: sobre a formação dos sacerdotes**, n. 66.

[121] CONGREGAÇÃO PARA O CLERO, **O dom da vocação Presbiteral**, n. 95.

[122] *Ibid.*, n. 97-98.

[123] *Ibid.*, n. 99.

[124] *Ibid.*, n. 100.

Outra novidade, infelizmente atual, incluída no documento, é a violência contra menores e pessoas vulneráveis. Muito oportunamente, a *Ratio* aborda este problema para alertar sobre duas coisas: por um lado, para garantir que quem pede para entrar no seminário não tenha cometido nenhum crime ou conduta deste tipo; por outro lado, se foram vítimas, garanta-lhes um acompanhamento adequado à sua situação.[125]

Em outras palavras, a *Ratio* afirma que quem não atingiu uma condição humana madura e estruturalmente equilibrada, não deve ser aceito ao presbiterato. A tarefa de discernir a idoneidade para o sacerdócio começará, portanto, com a avaliação do grau de maturidade. Obviamente, não será um julgamento simplesmente de "tudo ou nada", mas tentará estabelecer se a devida maturidade foi alcançada, ou seja, uma maturidade necessária para assumir e exercer corretamente as obrigações do estado clerical.

Mas não se trata apenas de cumprir adequadamente certas obrigações. A maturidade humana também é considerada necessária para adquirir uma espiritualidade reta e harmoniosa[126], afirmação que é sustentada por duas citações de Santo Tomás de Aquino: "a graça pressupõe a natureza" e "a graça não elimina a natureza, mas a aperfeiçoa". A *Ratio* também recorda os critérios de idoneidade dos ministros ordenados, muitos deles também humanos, que aconselharam São Pedro e São Paulo em suas cartas, por exemplo.[127]

[125] *Ibid.*, n. 202.

[126] *Ibid.*, n. 93.

[127] 1Pd 5,1-4; Tt 1, 5-9.

II
VOCAÇÃO E FRAGILIDADE HUMANA: "BASTA-TE MINHA GRAÇA!"

Frei Alexander Vella, O. Carm.

No capítulo anterior, abordamos a temática da formação humana a partir dos documentos do Magistério eclesial. Sublinhamos o percurso que conduziu à "recente" descoberta e ao acréscimo de uma outra dimensão formativa específica, além da pastoral, intelectual e espiritual: a dimensão humana. De fato, a RAFIS diz que "sem uma oportuna formação humana, toda a formação sacerdotal ficaria privada de seu necessário fundamento". Neste capítulo, abordaremos a relação entre a vocação à Vida Religiosa Consagrada e Presbiteral e a fragilidade humana. Procuraremos responder perguntas como: o que acontece com nossa humanidade, quando somos chamados por Deus? E nossa fragilidade, como entendê-la diante da grandeza da vocação?

A Bíblia é a história das intervenções de Deus na história de um povo e da humanidade. Com efeito, Deus, embora seja Santo, o inatingível, revela-se aos homens, estabelecendo com eles uma relação. Geralmente, tanto no Antigo quanto no Novo Testamento, Deus fala e age por meio das pessoas que Ele escolhe como seus colaboradores, mantendo-se, ele mesmo, o protagonista. Ser colaborador de Deus em seu plano de salvação não é uma questão trivial. Esperar-se-ia que Deus escolhesse as pessoas mais capazes e preparadas. No entanto, folheando as páginas da Bíblia, percebe-se imediatamente que é exatamente o oposto. Parece que Deus prefere pessoas "normais", simples, que têm suas limitações e imperfeições. Deus confia neles e eles, se confiam Nele, fazem um caminho maravilhoso, no qual percebem sua insuficiência e suas limitações, que, se vividas com humildade e sinceridade, não atrapalham a obra de Deus, mas destacam ainda mais o protagonismo daquele que chama. O sucesso da missão não depende unicamente daqueles que foram chamados. Eles são apenas ferramentas, mas, se se colocarem nas mãos de Deus, deixando-se moldar, Ele é capaz de fazer maravilhas, apesar de suas fragilidades.

1. O chamado vocacional: a livre iniciativa de Deus

Não se escolhe ser colaborador de Deus. É Ele quem escolhe e chama quem quer. A Bíblia está repleta de histórias vocacionais, das quais citamos alguns exemplos: Moisés (Ex 3-4), Gideão (Jz 6,11-24), Samuel (1Sm 3), Davi (1Sm 16,1-13), Isaías (Is 6), Jeremias (Jr 1), Ezequiel (Ez 1–3), Amós (Am 7,14-15), Simão, André, Tiago e João (Mt 4,18-22 e paralelos), Mateus (Mt 9,9 e paralelos, onde Levi é chamado), Filipe (Jo 1,43), Paulo (At 9,1-9; 22,6-10; 26,12-18). Todas essas histórias destacam a iniciativa divina. A escolha faz parte de um plano divino para uma determinada pessoa. Na vocação de Jeremias, por exemplo, tal realidade é expressa nas seguintes palavras: "antes mesmo de te formar no ventre materno, eu te conheci e te consagrei. Eu te constituí profeta para as nações" (Jr 1,5).

O objeto do chamado nunca é o sujeito em si mesmo; o objeto é sempre o povo de Deus. O chamado é para uma missão. Este é um tema central que une as diversas narrativas vocacionais. Mas isso não significa que aquele que é chamado seja simplesmente "usado". Não, o chamado de Deus dignifica quem é vocacionado. Quando Maria, aceitando sua vocação, responde ao anjo Gabriel "eis-me aqui, a serva do Senhor: faça-se em mim segundo tua palavra" (Lc 1,38), não se resigna a ser escrava do Senhor como se fosse um instrumento passivo. Pelo contrário, Maria oferece sua colaboração ativa para que o desígnio de Deus se cumpra por intermédio dela. Na expressão "serva do Senhor", o termo "serva" é um título honorífico que a Bíblia dá aos colaboradores de Deus na história da salvação, por exemplo: Moisés, Josué, os profetas, o Servo Sofredor do livro de Isaías.

Às vezes, esses relatos parecem indicar que Deus, de alguma forma, preparou a pessoa escolhida ou levou em consideração certas disposições naturais, que ele considerou necessárias ou pelo menos úteis, para que essa realizasse a missão que lhe foi confiada. Assim, por exemplo, Moisés, a quem Deus escolheu para ser o grande libertador de Israel da escravidão egípcia, líder e guia de seu povo, já havia interferido, quando jovem, para salvar um de seus irmãos hebreus a quem um egípcio estava agredindo, e demonstrou qualidades de líder com os seus (Ex 2,11-13). A Gideão, o anjo, enviado por Deus para transmitir o chamado, saúda-o como um "valente guerreiro", do qual Senhor lhe diz: "vai com a força que te anima, e salvarás Israel (...)" (Jz 6,12.14).

2. A reação da pessoa chamada

Ainda que Deus prepare o eleito com disposições naturais para a missão que quer confiar, o chamado é tomado pela surpresa e fica perplexo. Citemos alguns exemplos. Samuel nem entende que é o Senhor que o está chamando e corre para Eli, pensando que era o sacerdote que o estava chamando. Com grande perspicácia, mas, também, com humildade e desapego, Eli, verdadeiro modelo de formador e orientador espiritual, orienta o jovem a reconhecer a voz de Deus e a responder a ela (1Sm 3,1-10). Amós ficou tão surpreso que, referindo-se a seu chamado, disse: "não sou um profeta, nem filho de profeta; eu sou um pastor e cultivador de sicômoro. Mas o Senhor tirou-me junto do rebanho e me disse: 'Vai, profetiza a meu povo Israel'" (Am 7,14-15). Com a saudação do anjo Gabriel, Maria "ficou muito perturbada" (Lc 1,29). Saulo estava a caminho de Damasco, com a autorização do sumo sacerdote para conduzir presos a Jerusalém, todos os hebreus que tinham se tornado discípulos de Jesus. Ele não pensava em outra coisa. De repente, foi envolvido por uma luz vinda do céu e ouviu a voz de Jesus. A partir desse momento, completamente inesperado, seu zelo tomou o caminho oposto e, de perseguidor, tornou-se o grande anunciador de Jesus (At 9,1-7).

Diante da experiência pessoal e profunda de Deus, que constitui a base das vocações bíblicas, a primeira reação do chamado é a consciência do abismo entre ser criatura e a absoluta alteridade de Deus, seu próprio pecado e a santidade de Deus. Nas primeiras palavras que Deus dirigiu a Moisés, por exemplo, ele "cobriu o rosto, porque temia o olhar para Deus" (Ex 3,6). A vocação de Isaías surge da experiência da santidade de Deus que o afeta tão profundamente que, em seu livro, ele muitas vezes se refere a Deus como "o Santo de Israel". Perante esta santidade, sente-se perdido, porque se sente impuro (Is 6,1-5). Envolto na luz de Cristo ressuscitado que o chama, Paulo cai por terra e fica cego por três dias (At 9,3.8-9).

Os relatos bíblicos de vocação também destacam outro aspecto: aqueles que são chamados relutam em aceitar porque não se sentem à altura da tarefa que Deus lhes quer confiar. Na primeira reação de Moisés à ordem de Deus, de tirar seu povo do Egito, ele responde: "quem sou eu?" (Ex 3,11). Em seguida, ele dirige a Deus uma série de desculpas para recusar a missão: os israelitas me pedirão seu nome (Ex 3,13); "não vão acreditar em mim" (Ex 4,1); "eu não sou um bom orador" (Ex 4,10). Quando não encontra mais desculpas, porque Deus tem uma solução para todas elas, Moisés diz: "perdão, Senhor, envia o intermediário que quiseres!" (Ex 4,13), ou seja, como se quisesse dizer: "escolhe outra pessoa, porque não me apetece aceitar esta missão". Gideão protesta: "como vou salvar Israel? Minha família é a mais pobre de Manassés, e eu sou o mais novo na casa de meu pai" (Jz 6,15). Ao chamado de Deus, Jeremias responde: "Ah, Senhor Deus! Eu não sei falar, porque sou ainda uma criança" (Jr 1,6).

Às perplexidades vindas da parte dos chamados, Deus responde a essas dúvidas e reticências, prometendo sua ajuda: "eu estarei contigo" (Ex 3,11; Jz 6,16). A Isaías, que se sente "homem de lábios impuros", Deus envia um serafim que toca seus lábios com uma brasa retirada do altar do céu para purificá-lo do pecado (Is 6,6-7).

A Jeremias, amedrontado, Deus diz: "Eis que te coloco, hoje, como uma cidade fortificada, uma coluna de ferro e um muro de bronze (...). Eles lutarão contra ti, mas nada poderão contra ti, porque eu estou contigo para te libertar" (Jr 1,18-19). Destes textos fica claro que o medo e o sentimento de inadequação, que tantos vocacionados demonstram, não constituem um obstáculo para Deus. Muito pelo contrário, é a atitude mais adequada para quem é chamado a se tornar um humilde colaborador, que não confia em seus próprios recursos, mas, confiando-se a Deus, abre-se a sua ação para que Ele fale e trabalhe por meio dele, porém, sem ser o protagonista.

Geralmente, nas histórias vocacionais do Novo Testamento, não encontramos a mesma relutância em aceitar a missão no momento do chamado. Parece que se quer sublinhar que a presença corporal de Jesus exerceu um encanto irresistível e tranquilizador, que fez com que as pessoas chamadas abandonassem imediatamente tudo para segui-lo (Mt 4,19-20.21-22; 9,9; Mc 1,17-18.20; 2,14). Podemos dizer que tem uma "exceção", no Evangelho de Lucas, que nos oferece uma versão do chamado dos primeiros quatro discípulos, que, apesar de ter muitos elementos em comum com os textos paralelos de Mateus e Marcos, contém o elemento de medo que encontramos nas narrativas do Antigo Testamento.

Citemos um exemplo. Jesus pediu a Simão para usar seu barco para falar com as pessoas reunidas na praia. Tendo terminado de falar, Jesus ordena a Simão que lance as redes para a pesca. Simão parece ter sido cativado pelas palavras de Jesus e respondeu que tinha trabalhado a noite toda sem pescar nada,

> "mas, porque mandas, lançarei as redes. Fizeram isso e apanharam tamanha quantidade de peixes que as suas redes se rompiam (...). Ao ver isso, Simão Pedro atirou-se aos pés de Jesus, dizendo: afasta-se de mim, Senhor, porque sou um pecador. O espanto, com efeito, apoderou-se dele e de todos os que estavam em sua companhia, por causa da pesca que haviam acabado de fazer (...). Jesus, porém, disse a Simão: não tenhas medo! Doravante serás pescador de homens. Então, reconduzindo a barca à terra e deixando tudo, eles o seguiram" (Lc 5,4-11).

É um texto maravilhoso. Há o espanto de Simão e seus companheiros diante de Jesus. Há a consciência de Simão de seu próprio pecado diante da santidade de Jesus. Há a relação entre a profissão de pescador que Simão exercia e o chamado para ser pescador de homens. Mas há, também, outro aspecto muito importante. Nos Evangelhos, Simão Pedro aparece como um tipo empreendedor, impetuoso, às vezes, até presunçoso. Mesmo antes de chamá-lo, Jesus tenta fazê-lo entender que ele não pode fazer nada sozinho. Deve aprender a confiar em Jesus, a confiar-se a sua palavra. Parece que o que atrapalha a obra de Deus não é a consciência da própria insuficiência, mas o sentimento exasperado de autossuficiência!

Este é precisamente o mérito de Ester. Sua história é muito particular. Deus não intervém diretamente em sua vida. Ele não a chamou pessoalmente para a missão que lhe queria confiar. Seu chamado vem através das circunstâncias da vida. É uma história muito parecida com a da maioria de nós. Ester era uma mulher pobre que, de repente, se viu ocupando a posição de rainha. Isso é interpretado como uma escolha divina: Deus escolheu Ester para se tornar rainha, para que ela pudesse interceder junto ao rei, seu marido, por seu povo, no momento em que um alto funcionário do império tinha convencido o rei a destruir todos os judeus (Est 4,14). A tarefa era árdua e as circunstâncias eram contrárias a sua missão. Ester tem medo, mas, no final, ela concorda em falar com o rei, mesmo que devesse morrer (Est 4,10-14). Ela jejua, ora e pede a seus parentes e seu povo que orem e jejuem com e por ela. Então, "tomada de angústia mortal, a rainha Ester também procurou refúgio no Senhor. Meu Senhor, nosso Rei, tu és o Único! Protege-me, porque estou só e não tenho outro defensor além de ti, pois vou arriscar minha vida" (Est 4,17j.17l). Ansiosa, consciente de seu medo e do risco que corria, Ester teve a coragem de enfrentar o rei e pedir-lhe graça para seu povo, agarrando-se apenas a sua fé e confiança no Senhor.

Voltando aos doze apóstolos, ainda que os Evangelhos destaquem a resposta imediata e entusiástica ao chamado do Senhor, deve-se ter em mente que a história do chamado deles é um pouco particular, porque, na realidade, sua missão só começa depois de Pentecostes. O tempo entre a vocação e a execução de sua missão pode ser considerado como um tempo de aprendizagem, ainda que, como deve ser em qualquer aprendizagem, durante este tempo, Jesus não deixou de envolvê-los em sua missão. Jesus foi um pedagogo muito atento a eles, que, com sabedoria e amor, procuravam enfrentar suas fragilidades e incoerências... que não eram poucas.

Pedro, que foi o primeiro dos doze a reconhecer Jesus pelo que ele é, o Messias (Mt 16,16; Mc 8,29; Lc 9,20), não compreendia o que significava ser o Messias. Assim que Jesus falou de sua paixão, Pedro ficou chocado e tentou dissuadir Jesus de prosseguir tal caminho (Mt 16,22; Mc 8,32). Durante a Última Ceia, Pedro insistiu que jamais trairia Jesus, mesmo que morresse com ele (Mt 26,35; Mc 14,29; Lc 22,33; Jo 13,37). Mas, no momento da provação, quando Jesus foi preso e julgado, ele o traiu três vezes (Mt 26,69-74; Mc 14,66-71; Lc 22,55-60; Jo 18,15-27). O que nos impressiona é que, mesmo sendo uma falta muito grave, fruto do medo e da fragilidade, Jesus não colocou Pedro à parte, não o tirou da missão que lhe havia confiado. Pelo contrário, ainda antes, quando predisse que o trairia, confirmou-o, assegurando-lhe sua oração por ele e confiando-lhe uma nova tarefa: "e você, quando tiver voltado para mim, fortaleça seus irmãos" (Lc 22,32). Tendo experimentado e percebido seu pecado, e tendo se arrependido, Pedro teve de fazer com que seus irmãos usufruíssem de sua experiência de fragilidade. No Evangelho de João, após a ressurreição, Jesus toma a iniciativa de restabelecer a relação que Pedro havia rompido com sua tripla renúncia. Ele pediu que ele confirmasse seu amor por Ele três vezes. Depois, deu-lhe a missão de apascentar seu rebanho (Jo 22,15-17). Jesus continuou a confiar em Pedro, apesar de sua fragilidade e seu pecado.

A fragilidade dos outros apóstolos não é menos evidente do que a de Pedro. Basta pensar em como eles reagiram nos momentos em que Jesus lhes anunciou sua paixão. Os evangelistas reiteram que os discípulos não entenderam o que Jesus disse (Mc 9,32; Lc 9,45; 18,34). Não somente isso. Eles foram incapazes de entrar no mundo espiritual de Jesus, de compartilhar sua atitude de aceitação da vontade do Pai, de doação de si mesmo. Enquanto Jesus lhes falava sobre seu sofrimento, no segundo anúncio da paixão, os discípulos discutiam entre si quem seria o maior (Mc 9,33-34; Lc 9,46). O terceiro anúncio da paixão é imediatamente seguido pelo pedido de Tiago e João para sentarem-se um a sua direita e outro a sua esquerda em sua glória (Mc 10,37; Mt 20,20-21, onde o pedido é feito pela mãe). Enquanto Jesus está pronto para beber (até o fundo) o cálice do sofrimento, para servir e dar a sua vida em resgate pela multidão (Mt 20,22.28; Mc 10,38.45), os dois irmãos pensam na glória, e os outros discípulos mostram-se invejosos (Mt 20,24; Mc 10,41; Lc 9,46). Todas as vezes que sucediam situações símiles, Jesus aproveitou para demonstrar a incapacidade deles em entrar na dinâmica espiritual, para continuar a formá-los (Mc 8,34-38; 9,33-37; Mt 20,22-28; 10,41-45; Lc 9,47-48). Jesus, poderíamos dizer, não desistiu diante da fragilidade de seus discípulos, mas continuou a confiar neles. Precisamente a estes discípulos, que, no momento da prova, abandonaram-no (Mt 26,56; Mc 14,50), que mesmo quando o viram ressuscitado, continuavam a duvidar (Mt 28,17), confiou a missão de anunciar a Boa-Nova em todo o mundo (Mt 28,16-20; Mc 18,15-18).

3. Fragilidade no cumprimento da missão

Comentando o "chamado" de Ester, já começamos a falar sobre a fragilidade, enfatizando que essa é vivida não tanto no momento do chamado, mas no cumprimento da missão. É um tema recorrente na Bíblia.

A história do povo eleito começou com o chamado de Deus a Abraão, convidando a sair de sua terra para uma terra que Deus lhe mostraria (Gn 12,1). Abraão obedeceu imediatamente (Gn 12,4). Foi um tremendo ato de fé (Hb 11,8) que mereceu a Abraão ser chamado "pai" de todos os crentes (Rm 4,11-12.16; Gl 3,6). No entanto, mesmo Abraão teve seus momentos de hesitação, momentos em que ele não confiava em Deus e não se mantinha fiel. Deus lhe havia mostrado a terra que lhe seria dada em herança. É verdade, Abraão entrou na terra prometida, mas, assim que apareceu o primeiro obstáculo, a fome, foi para o Egito (Gn 12,10). Lá, para salvar sua vida, ele fingiu que Sara era sua irmã e não sua esposa, e deu a mulher de quem Deus lhe havia prometido uma descendência ao faraó (Gn 12,11-20). Ele o fez novamente quando estava em Gerara (Gn 20,1-13). Mais uma vez, em vez de aguardar com esperança o cumprimento da promessa divina, de tornar-se pai de uma multidão de povos do filho que teria com Sara, ele acolheu a sugestão de sua esposa de ter um filho com sua escrava (Gn 16,1-4). O filho pertenceria legalmente a Sara, mas não foi isso que o Senhor quis dizer quando lhes prometeu um filho. Essa decisão deles foi um ato de desconfiança e desobediência em Deus. O texto bíblico nos informa que Abraão tinha 86 anos quando Ismael lhe nasceu de Agar, escrava de Sara (Gn 16,15) e, logo depois, diz-nos que Deus lhe apareceu novamente quando ele tinha 99 anos (Gn 17,1). Este longo silêncio de Deus indica claramente sua desaprovação.

No entanto Deus continuou a envolver Abraão e Sara em seu plano. Após esses anos de silêncio, Deus renovou seu chamado e suas promessas a Abraão. Insistiu que era de Sara que Abraão teria o filho da promessa (Gn 17,15-19). Mas, dada sua idade, nem Abraão nem Sara o levaram a sério, e ambos riram (Gn 17,17; 18,12). Eles não confiaram em Deus, eles não acreditaram. Chamado para ser o pai de todos os crentes, Abraão mostrou muita fraqueza em crer. Sua jornada de fé foi longa e cansativa. Somente no final ele provou ser digno de seu chamado, quando Deus lhe pediu que lhe oferecesse o filho prometido, Isaque, como sacrifício. Abraão já tinha muitas provas da grandeza de Deus e de sua fidelidade a suas promessas e agora confiava totalmente nele (Hb 11,17-19). Ele obedeceu e se preparou para sacrificar seu filho, mas Deus só queria provar sua fé (Gn 22,1-18).

Moisés, o grande herói do êxodo, não demorou muito para experimentar o quão difícil seria sua missão. Após seu primeiro encontro com o faraó, ele não apenas não permitiu que os hebreus saíssem do Egito, mas agravou sua situação de escravidão. Moisés queixou-se a Deus: "Senhor, por que maltratas este povo? Por que me enviaste? Desde que me apresentei ao Faraó para falar em teu nome, o povo é maltratado, e tu não libertaste o teu povo" (Ex 5,22-23). Moisés experimentou o fracasso de sua missão. Ele se sentiu desencorajado, frustrado, desapontado, fracassado. Seu lamento representa a falta de fé e de confiança em Deus, sentimentos que se repetem na vida desse grande herói da história bíblica. Sempre que não havia água nem comida, o povo murmurava contra Moisés (ver, por exemplo, Ex 15,24; 16,2; 17,2-4). Moisés sentia o peso de sua missão, desanimava-se e queixava-se ao Senhor (Ex 17,4). Em uma dessas ocasiões, veio dizer-lhe: "eu sozinho não consigo carregar este povo, pois supera minhas forças! Se é assim que me pretendes tratar, prefiro a morte! Concede-me esse favor, e eu não terei de passar por essa desgraça!" (Nm 11,14-15). Mesmo naquele momento, Moisés mostrou certa falta de fé e confiança no Senhor (Nm 11,21-23). No entanto o Senhor respondeu a sua queixa, de não poder fazer isso sozinho, ordenando que ele escolhesse setenta homens, a quem o Senhor concedeu o dom de participar do Espírito que ele havia dado a Moisés, para levar o fardo do povo junto com ele (Nm 11,16-17.24-25).

Houve, outra vez, que Moisés mostrou falta de fé e confiança no Senhor, mas, desta vez, seu pecado foi muito maior porque ele expressou sua falta de fé diante do povo. O povo se rebelou, mais uma vez, contra Moisés e Arão pela dureza da vida no deserto, e o Senhor mandou-lhes que ordenassem à rocha, com o poder que ele havia delegado a eles, que tirasse água. Moisés, em vez de dar ordem à rocha, feriu-a duas vezes e, entre a ira e a falta de fé, disse ao povo: "ouçam, rebeldes! Vocês acreditam que poderemos tirar água desta rocha?" (Nm 20,10). Deus tirou água da rocha, mas castigou Moisés e Arão: "já que vocês não acreditaram em mim e não reconheceram minha santidade na presença dos filhos de Israel, vocês não farão esta comunidade entrar na terra que eu vou dar a eles" (Nm 20,12). No entanto isso não impediu que o Senhor continuasse a se revelar a Moisés, a falar aos israelitas e agir em seu favor por meio dele.

Elias, o profeta de fogo, que se declarou "cheio de zelo pelo Senhor, Deus dos Exércitos" (1Rs 19,10.14), também teve seu momento de fragilidade e de crise. Ele havia obtido a conversão do povo no Monte Carmelo (1Rs 18,20-40). Mas, quando a rainha Jezabel ameaçou matá-lo para se vingar, o profeta entrou em uma grande crise. Sentiu-se fracassado, quis retirar-se de sua missão, sentiu-se tão desanimado que pediu a Deus que o matasse (1Rs 19,1-5a). Deus não desanima diante do desânimo do profeta. Em vez de abandoná-lo e encontrar alguém mais forte, mais corajoso, acompanhou Elias pacientemente, tirando-o de seu estado depressivo, convidando-o a partir novamente em uma jornada para um novo encontro com Deus, destinado a transformar sua imagem de Deus e de si mesmo.

De fato, a verdadeira fragilidade de Elias não foi o momento de crise em si mesmo, mas a imagem errada que ele construiu de Deus e de si mesmo. A ameaça de Jezabel simplesmente expôs sua fragilidade oculta sob seu grande zelo. Elias havia criado um deus a sua própria imagem, poderoso e intransigente, e acreditava ser seu defensor, seu herói. Dera-se demasiada importância e acreditava-se insubstituível, o único que permaneceu fiel, em cuja existência estava apostado o futuro de Israel como povo de Deus (1Rs 19,10.14). Elias teve de enfrentar sua fragilidade e abraçá-la. No deserto externo e no deserto interno de sua crise e depressão, Deus derrubou esses dois ídolos, a imagem errada de Deus que ele havia criado e o ídolo que ele havia feito de si mesmo. Na teofania do monte Horeb, Deus se revelou a ele como um Deus diferente, que não se revela na força da natureza, mas no silêncio "grávido" de sua ausência, que é o auge de sua presença. Também o fez entender que, embora seja um instrumento válido nas mãos de Deus, ele não é um deus, e Deus pode viver sem ele. Sim, deu-lhe novas atribuições, mas uma delas, ungindo Eliseu como profeta "em seu lugar" (1Rs 19,16), teve de fazê-lo entender que sua missão estava caminhando para o fim, e Deus continuaria trabalhando na história de Israel por intermédio de outros. Ele também lhe disse que havia outros setenta mil que permaneceram fiéis. Assim, Elias não foi o único que permaneceu fiel, nem muito menos indispensável e insubstituível (1Rs 19,18).

Não há dúvida de que Jeremias é um dos maiores profetas. No entanto, seu ministério foi fortemente marcado pela fragilidade. Sua missão não foi fácil: teve de anunciar a destruição do reino de Judá devido à tenaz desobediência do povo (Jr 1,13-16). O Senhor prometeu estar com ele para fortalecê-lo (Jr 1,18-19; 15,20-21). Jeremias estava totalmente dedicado a sua missão, mas teve de enfrentar não só o fracasso, mas também a hostilidade de seu povo, que mais de uma vez tentou matá-lo (por exemplo, Jr 11,18-19; 18,18.22-23; 26,7-11). Em suas chamadas "confissões" (Jr 11,18 – 12,5; 15,10-21; 17,14-18; 18,18-23; 20,7-18), o profeta expressa toda a amargura de sua experiência. Estas emanações do profeta, dirigidas com mais frequência a Deus, refletem seus muitos momentos de frustração, desânimo e até crise (Jr 20,9), que o profeta nem sempre viveu com serenidade. Sim, às vezes, ele se entrega com confiança nas mãos de Deus (Jr 12,3; 15,15; 17,14) e intercede por seus perseguidores (Jr 15,11; 18,20). Mas, em várias ocasiões, Jeremias reclamou de seu destino e da maneira como o Senhor o tratava (Jr 15,17-18; 20,7-8). Chegou mesmo a pedir vingança a seus inimigos (Jr 11,20; 12,4; 15,15; 17,18; 18,21-23; 20,11-12). Em dois momentos particulares, sua crise vocacional é tal que o Senhor teve de censurá-lo (Jr 12,5; 15,19).

Apesar de todas as dificuldades e fragilidades vividas, Jeremias permaneceu fiel até o fim, fiel a Deus, fiel a sua missão e fiel a seu povo, seguindo-o também na fuga para o Egito, mesmo sabendo que não era a vontade de Deus (Jr 48). Ele tentou abrir os olhos do povo, mas sua missão foi um fracasso completo até o fim. No entanto Deus falou e agiu por meio dele, apesar de sua fragilidade. Não só suas palavras, inspiradas por Deus, falam-nos ainda hoje, para nos advertir, para nos colocar no caminho certo, mas também para anunciar a restauração, a renovação que o Senhor promete (Jr 30–33).

Uma das principais figuras do Novo Testamento foi Paulo de Tarso, o apóstolo dos gentios, um homem de personalidade rica e forte. O próprio Senhor, falando a Ananias em visão, testemunhou que Saulo, que até então tinha sido um feroz perseguidor dos seguidores de Jesus, era "um instrumento que eu escolhi para anunciar meu nome aos pagãos, aos reis e ao povo de Israel" (At 9,15). Tanto as cartas do próprio Paulo, quanto as que levam seu nome, assim como os Atos dos Apóstolos, atestam a grandeza de alma deste homem, que foi cativado por Cristo, permanecendo apaixonado por ele. Paulo é o grande missionário que não tem medo de enfrentar dificuldades de todo tipo para anunciar o Evangelho. O ministério deu muitos frutos, mesmo que tenha sido um ministério muito sofrido, exercido com muito amor e total dedicação, no meio de fragilidades de todo tipo.

Paulo não se envergonhava de falar das fragilidades que acompanhavam seu ministério (1Cor 4,9-13; 2Cor 1,8; 4,8-10; 13,9); escreveu, inclusive, de estar satisfeito de suas fraquezas (2Co 11,30; 12,10). Aos coríntios ele escreveu: "em verdade, desde que chegamos à Macedônia, nossa carne não teve repouso, mas sofremos toda espécie de tribulação: por fora, lutas; por dentro, temores" (2 Cor 7,5). Quando aqui fala de sua "carne", Paulo não se refere apenas à dor física e ao cansaço causados por suas viagens missionárias. A "carne" representa a natureza humana em sua fragilidade e vulnerabilidade. Claro, Paulo fala muitas vezes das dificuldades e dos perigos que ele teve de enfrentar. Na segunda carta aos Coríntios ele faz uma lista impressionante:

> "dos judeus, recebi cinco vezes os quarenta golpes menos um. Três vezes fui flagelado. Uma vez apedrejado. Três vezes naufraguei. Passei um dia e uma noite em alto mar. Fiz numerosas viagens. Sofri perigos nos rios, perigos por parte dos ladrões, perigos por parte de meus irmãos de estirpe, perigo por parte dos gentios, perigos na cidade, perigos no deserto, perigos no mar, perigos por parte dos falsos irmãos! Mais ainda: fadigas e duros trabalhos, numerosas vigílias, fome e sede, múltiplos jejuns, frio e nudez" (2Cor 11,24-37; ver também: Rm 16,7; 1Cor 4,11; 2Cor 6,5; Gl 4,13; Fl 1,13-14; 4,12; Cl 4,10; 1Ts 3,7; Fl 1,23; 2Tm 1,8).

Nesse texto, Paulo também menciona as várias perseguições que teve de sofrer por causa do Evangelho, pelos judeus, pelos cristãos vindos do judaísmo que se opunham à conversão dos pagãos ou queriam impor-lhes todas as obrigações da lei do Antigo Testamento, assim também seria pelos falsos apóstolos e pelos pagãos. Seu ministério foi continuamente impregnado de acusações, calúnias, ultrajes e perseguições (1Cor 9,3; 1Ts 2,2), tanto que Paulo falou de "lutas duras" que teve de suportar para proclamar o evangelho de Deus (Cl 1,29; 1Ts 1,24; 2,2) e pediu aos cristãos que rezassem por ele para que se libertasse "dos homens perversos e maus" (2Ts 3,1-2).

Essas perseguições e lutas não podiam deixar de suscitar angústia em sua alma (2Cor 1,8-9; 6,4; 7,5; 11,23-29). Paulo revela sua fragilidade emocional, sobretudo na segunda carta aos Coríntios. As lutas daquela comunidade e as suspeitas em relação a ele, que alguns irmãos e irmãs nutriam, foram fonte de grande desespero para Paulo, como ele mesmo atesta: "foi em uma grande aflição, com o coração despedaçado e lágrimas nos olhos, que vos escrevi, não com o propósito de vos contristar, mas para vos fazer conhecer o amor todo particular que vos tenho" (2Cor 2,4). E não se envergonhou de pedir aos cristãos de Corinto que lhe abrissem o coração (2Cor 7,2). Outra indicação da fragilidade emocional de Paulo vem quando ele se queixa de que seus colaboradores na missão o deixaram sozinho (2Tm 1,15; 4,10-11.16). No cumprimento de seu ministério, já idoso e em circunstâncias difíceis, Paulo sente o peso da solidão.

Talvez a fragilidade mais íntima que Paulo experimentou em seu ministério seja aquela de que fala em 2Cor 12,7-10. Ele a chama de "um espinho em minha carne" e o considera "um anjo de Satanás para me esbofetear e me livrar do perigo da vaidade" (2Cor 12,7). Este texto gerou muita discussão. Paulo fala em termos muito gerais e enigmáticos. Era uma doença ou um defeito físico que ele considerava que o impedia de desempenhar bem seu ministério? Ou foi talvez alguma dificuldade moral que o impediu de se entregar totalmente ao Senhor e à missão que lhe havia confiado? Talvez fosse uma dificuldade afetiva ou emocional? Seja como for, esse "espinho" fez Paulo sofrer muito.

4. Levamos este tesouro em vasos de barro (2Cor 4,7)

Como devemos viver as fragilidades que carregamos e que sentimos que impedem o desenrolar pacífico de nossa vocação e missão?

Queremos começar a responder a essa pergunta, partindo precisamente da experiência de Paulo. O apóstolo estava muito ciente da grandeza de sua missão, eu diria de cada cristão. Nós, sobre os quais Deus fez "resplandecer" o conhecimento da glória de Deus na face de Cristo" (2Cor 4,6), somos chamados a refletir essa glória como por um espelho (2Cor 3,18). Antes de mais nada, com nossa própria vida, porque com a ação do Espírito Santo, nós mesmos somos transformados em Cristo (2Cor 3,18; 4,10). Mas, precisamos estar cientes de que essa transformação ocorre gradualmente, como aconteceu com Abraão e Sara, com os Doze. Deus, que opera essa transformação em nós, sabe esperar. Somos nós que queremos tudo instantaneamente. Ao nos permitirmos experimentar, mesmo por muito tempo, nossa fragilidade e fraqueza, até mesmo nossa inconsistência e nosso pecado, Deus certamente terá um propósito. Devemos aprender a nos deixar conduzir por Deus ao longo do processo, muitas vezes longo e certamente cansativo, de nossa transformação. Pode acontecer que o processo tenha de se repetir em vários momentos de nossa vida ou em vários níveis.

Tendo acreditado em Cristo e experimentado em si mesmo o poder transformador do encontro com Ele e da ação do Espírito Santo, Paulo e cada cristão com ele não podem deixar de anunciá-lo (2Cor 4,13). Mas Paulo está plenamente consciente de que não podemos fazê-lo com nossa capacidade, "nossa capacidade vem de Deus. Ele é que nos fez aptos para ser ministros da Nova Aliança, não a da letra, e sim a do Espírito. Porque a letra mata, mas o Espírito vivifica" (2Cor 3,5-6). Nossa vocação e nossa missão são um "tesouro" que carregamos nos "vasos de barro" (2Cor 4,7), que somos nós mesmos, frágeis, fracos, muitas vezes incoerentes e pecadores.

Portanto devemos estar conscientes da grandeza de nosso chamado e, ao mesmo tempo, perceber nossa fragilidade. Só com nossa força ou capacidade nunca seremos capazes de corresponder a nosso chamado e à missão que nos foi confiada. Como Moisés, Elias, Jeremias, sentimos o peso de nossa vocação e muitas vezes nos sentimos cansados, desanimados e, talvez, às vezes, até tentados a deixar tudo. Assim como Pedro, nós nos sentimos pecadores e indignos deste chamado. Mas, com todos esses e com os Doze, nós experimentamos continuamente que o Senhor continua a confiar em nós, apesar de nossa fragilidade. Como Ester, sabemos bem que não podemos realizar nossa missão sozinhos e sentimos a necessidade de nos voltarmos para o Senhor e pedir sua ajuda. Como Paulo, muitas vezes pedimos ao Senhor que nos liberte das fragilidades e fraquezas que impedem nossa dedicação total ao Senhor e a nossa missão (2Cor). Às vezes, isso acontece. Muitas vezes não o faz e, no fundo de nosso ser, ouvimo-lo dizer-nos o que disse a Paulo: "Basta-te minha graça, porque é na fraqueza que se revela totalmente minha força" (2Cor 12,9). Paulo entendeu que seu "espinho" tinha até um valor positivo. Carregando-o contínua e conscientemente em sua "carne", ele sabia que não tinha nada do que se gabar. Seu "espinho" controlava seu orgulho (2Cor 12,7), recordava-lhe que se tratava de um vaso de barro e tornava-o, assim, mais capaz de deixar o Senhor trabalhar nele e por meio dele (2Cor 4,7). Ele continuou escrevendo com entusiasmo: "portanto, prefiro gloriar-me de minhas fraquezas, para que habite em mim a força de Cristo. Eis por que sinto alegria nas fraquezas, nas afrontas, nas necessidades, nas perseguições, no profundo desgosto sofrido por amor de Cristo. Porque, quando me sinto fraco, então é que sou forte" (2Cor 12,9-10).

Paulo, portanto, ensina-nos a abraçar nossa fragilidade com a plena consciência de que o Senhor sabe usá-la para nosso bem e daqueles a quem nos envia. Abraçar nossa fragilidade significa vivê-la com certa serenidade, convictos de que a obra do Senhor que nos foi confiada é dele e não nossa; é ele que a realiza, apesar e também através de nossa fragilidade. Abraçar a nossa fragilidade significa confiar-nos totalmente à graça do Senhor, que nos sustenta na fraqueza e que tem o poder de nos transformar. Mas abraçar nossa fragilidade envolve também vigilância e luta interior (Ef 6,10-18; 2Tm 4,7) para permanecermos fiéis, apesar de tudo, à nossa vocação e àquele que nos chamou. Enfim, acolher nossa fragilidade significa que, se às vezes não somos fiéis, devemos ter a coragem de recomeçar como Pedro, porque o Senhor não retira seu chamado, como disse a Jeremias: "se voltares, farei de ti o servo que está a meu serviço. Se apartares o precioso do que é vil serás como minha boca" (Jr 15,19).

Janela interativa 2 – O chamado de Deus e a fragilidade humana

Escolha, entre os personagens bíblicos apresentados ao longo do capítulo, aquele com o qual você mais se identifica, e descreva a relação entre chamado vocacional, a resposta vocacional e a fragilidade humana.

A passagem bíblica escolhida é: ________________________________.

Conte, brevemente, a vida do personagem escolhido: ______________

____

____

____

____

____

Vamos elencar os três aspectos abordados nos tópicos anteriores. Na passagem bíblica escolhida por você, identifique na história vocacional do personagem os seguintes aspectos:

Chamado vocacional	Resposta vocacional	Fragilidade humana

III
ACOMPANHAMENTO VOCACIONAL: A FORMAÇÃO NA PERSPECTIVA BÍBLICA

Frei Rivaldave Paz Torquato, O. Carm.

Cada pessoa recebe a natureza humana de Deus (Gn 1,26-27; 2,7) e dos pais, dos antepassados (Gn 1,28; 4,1-2). Recebe-se, porém, de forma incompleta! Precisa se desenvolver. Assemelha-se a uma semente que carece de cultivo para chegar a ser árvore. Assim, uma pessoa é, simultaneamente, dom de Deus e tarefa. Somos artesões de nós mesmos. Somos protagonistas daquilo que queremos ser, sujeitos de nossa própria formação e desenvolvimento. Isso também é graça. Mas não nos desenvolvemos sozinhos, precisamos de ajuda na sociabilidade, na convivência, na relação *Eu-Tu*.

O tema da formação humana não aparece diretamente *na* Bíblia. Mas este Livro Sagrado é um instrumento basilar para a formação do ser humano. Paulo, em sua segunda carta a Timóteo, referindo-se às sagradas Letras, afirma: "*Toda a Escritura é inspirada por Deus e útil para instruir, para refutar, para corrigir, para educar na justiça, a fim de que a pessoa que é de Deus seja apta, qualificada para toda boa obra*" (2Tm 3,16-17).

Na impossibilidade de perscrutar toda a Bíblia, abordaremos alguns textos e tópicos bíblicos que possam motivar formandos e formadores no processo formativo.[1] Trata-se de uma leitura com o viés da espiritualidade sem a intenção de esgotar a temática, apenas introduzi-la. Aliás, pretende-se fazer uma introdução não exaustiva e sistemática, mas uma partilha, quiçá, saborosa.

[1] Caberia aqui uma visão da situação da Formação no momento atual. Todavia, essa situação é bastante conhecida e vivida por nós. Por isso, apesar de sua importância, preferimos ir direto àquilo que nos anima a olhar para frente, a Palavra.

1. Dois paradigmas antropológicos

A Sagrada Escritura apresenta dois modelos de ser humano, Adão e Jesus.[2] Adão é aquele que se divide entre a vontade de Deus, que diz: "*da árvore do conhecimento do bem e do mal não comerás*" (Gn 2,17), e a própria vontade, pois "*a mulher viu que a árvore era boa ao apetite* e formosa *à vista, e que a árvore era desejável para adquirir discernimento. Tomou-lhe do fruto e comeu. Deu-o também a seu marido...*" (Gn 3,6). Adão e Eva se encontram em um dilema: manter o respeito reverencial a Deus e a comunhão com ele ou "*ser como deuses, versados no bem e no mal*" (Gn 3,5). Deve prevalecer as paixões pessoais ou o que Deus quer? Esta divisão se reflete na convivência básica, aquela com sua parceira. O casal, antes unido em uma só carne (Gn 2,24), agora se divide, uma vez que Adão acusa Eva: "*a mulher... me deu da árvore, e eu comi*" e, de certa forma, responsabiliza também Deus: a mulher "*que puseste junto de mim*" (Gn 3,12). E ambos, Adão e Eva, precisam se *esconder* (Gn 3,8.10), sentem medo (v. 10), camuflam, mascaram, arruinam a relação também com Deus. Está aí a figura do ser humano fragmentado, quebrado, dividido, inseguro, limitado e, na linguagem do salmista, de *duplo coração* (Sl 12,2-3).

Por outro lado, a Escritura apresenta Jesus, não no Jardim, na bonança, mas na hora amarga antes de enfrentar a cruz, quando é tentado a escolher a via mais fácil, ao dizer "*meu Pai, se é possível, que passe de mim este cálice...*", mas que discerne e corrige a tempo... "*contudo, não seja como eu quero, mas como tu queres*" (Mt 26,39). Fazer a vontade do Pai era sua atitude contínua de vida,[3] não podia recuar agora. Realizar o querer do Pai estava acima de qualquer outro fim. O querer do Pai e seu se confundem. Então pode dizer com todas as letras: "*Eu e o Pai somos um*" (Jo 10,30). Jesus é a figura do ser humano único, indiviso, centrado, maduro,

---

[2] O paralelo entre ambos, Adão e Cristo, já é sugerido por Paulo: Rm 5,12-21; 1Cor 15,21-22.45-49.

[3] Veja, por exemplo: Mt 6,10; Jo 4,34; 5,30b; 6,38; Hb 10,7.9.

inteiro. Contudo, o centrado descentra-se na relação *Eu-Tu*. É o modelo ou paradigma completo.

Adão reflete nossa condição presente. Ele está dentro de cada um de nós. Adão personifica o estado em que nos encontramos, o ponto de partida. Ele é *'ăḏāmāh*, a terra a ser cultivada, "*até que alcancemos todos... o estado de ser humano perfeito, a medida da estatura da plenitude de Cristo. Assim, não seremos mais crianças...*" (Ef 4,13-14a). Por conseguinte, o Cristo é o modelo de ser humano que somos chamados a ser. Segundo o apóstolo, "*seremos semelhantes a ele*" (1Jo 3,2). Nele, somos *novas criaturas* (2Cor 5,17). Ele não é apenas princípio (*alfa*), e sim também nossa meta, ponto de chegada (*ômega*).[4]

Importa lembrar que somos imagem e semelhança do Único e para Ele somos inclinados. Comparável a um monge! Esse, mais que um solitário, procura uma coisa única,[5] ou seja, uma vida indivisa, una, unificada, excluindo toda divisão.[6] Ele procura eliminar a *duplicidade de coração* (cf. Sl 12,3b), as paixões desordenadas para alcançar a unidade em Deus e com Deus.[7] E persegue essa meta de modo livre, consciente e contínuo. Todavia, quando o processo é maduro, quanto mais se encontra, mais se alcança a unidade, mais *sai* de si (Gl 2,20). Na verdade, essa não é ou não deveria ser uma meta exclusiva do monge, mas de todo crente[8] e de toda pessoa.

Dentro desse marco, da passagem ou do caminho entre o que somos e o que somos chamados a ser, entra o processo de *formação*, a cujo serviço pode estar a Sagrada Escritura. Vamos perscrutá-la em busca de luzes para o atual processo formativo na Vida Religiosa Consagrada e Presbiteral.

---

[4] Ap 1,8; 21,6; 22,13.

[5] O termo *monge* traduz o latim *monachus*, que, por sua vez, traduz o grego *mónos = um*.

[6] MAGRASSI, La ricerca di Dio, **La Scala,** v. 34, p. 37-42, 1980, p. 37-38; MARTINS, André, **Eis o servo fiel e prudente. A vida de São Bento. Comentário aos II diálogos de São Gregório Magno**, Ponta Grossa: Mosteiro da Ressurreição, 2020, p. 45-47.

[7] Seria aquilo que a tradição monástica chama de *hesequia* (MARTINS, **Eis o servo fiel e prudente. A vida de São Bento. Comentário aos II diálogos de São Gregório Magno**, p. 46, n. 3).

[8] Para o AT, o crente é, sobretudo, aquele que *busca Deus*: Sl 22,27a; 24,6; 34,11; 40,17; 69,7.33; 70,5; 105,3 // 1Cr 16,10; Is 65,10. Todavia, na pergunta de Deus a Adão: "*Onde estás?*" (Gn 3,9) é Ele quem nos procura primeiro. Sua busca precede a busca humana para encontrá-lo. Jesus deixa claro: "*Ninguém pode vir a mim, se o Pai, que me enviou, não o atrair...*" (Jo 6,44).

2. Deus: criador e formador

Deus começa a dar forma ao ser humano, quando o chama à existência. Todavia, não termina aí. Nesta *criação primeira* se inaugura a *criação contínua*, permanente. Deus não abandona a obra criada, antes, assiste-a como um pai que forma seu filho.

2.1. O Oleiro e o vaso

> *Então o Senhor Deus formou/modelou (yāṣar) o homem com a argila do solo, insuflou em suas narinas um hálito de vida e o homem se tornou um ser vivente. O Senhor Deus plantou um jardim em Éden, no oriente, e aí colocou o homem que formara/ modelara (yāṣar)* (Gn 2,7-8).

Deus *forma/modela* (yāṣar) o ser humano, seu coração (Sl 33,15), seu olho (Sl 94,9) e seu espírito (Zc 12,1), mas também o mundo,[9] os animais,[10] a luz e as trevas (Is 45,7) e as estações (Sl 74,17). O verbo *yāṣar* é usado para *esculpir* uma imagem ou *fundir* um metal.[11] Denota as diversas atividades artesanais. Preferencialmente, porém, designa a ação do oleiro com a argila.[12] Portanto, *yāṣar* significa formar, plasmar, modelar, forjar, talhar, dar forma ou trazer artesanalmente à existência uma peça de cerâmica, uma imagem ou uma ferramenta. A forma participial do verbo (*yōṣēr*) é usada como substantivo para designar *oleiro*,[13] aquele que forma, modela, o *formador*.

Ora, essa raiz verbal é usada com frequência, como já indicamos anteriormente, para falar da atividade criadora de Deus.[14] Ele modela o ser humano desde o ventre materno (Jr 1,5), modela o servo (Is

---

[9] Is 45,18; Jr 10,16; 33,2; 51,19; Am 4,13.

[10] Gn 2,19; Sl 104,26; Am 7,1.

[11] Is 44,9-12; 54,17; Hab 2,18.

[12] B. OTZEN. יצר jāṣar. ThWAT, III, 831-2.

[13] Is 29,16; Jr 18,2-6 [6x]; Zc 11,13.

[14] Algumas vezes esta raiz verbal aparece em paralelo a *bārā'* = *criar* (Is 43,1; 45,18 [2x]) e a *'āśāh* = *fazer* (Sl 95,5; Is 44,2.24; 45,9; 46,11; Jr 33,2) ou mesmo os três juntos referidos à criação (Is 43,7; 45,7.18; Am 4,13). Em Gn 1,26.27 aparece em paralelo *'āśāh* e *bārā'*.

49,5.8), modela Israel.[15] Por isso Israel confessa com extraordinária beleza: "*Senhor, tu és nosso pai, nós somos a argila e tu és nosso oleiro* (yōṣēr), *todos nós somos obras de tuas mãos*" (Is 64,7). De fato, assim Deus se comporta desde Gênesis 2,7.8.[16] A raiz verbal serve, pois, tanto para exprimir a atividade artesanal do ser humano, quanto a atividade criadora divina. O oleiro torna-se imagem figurada ou analogia para falar da atividade do Criador. Segundo W. H. Schmidt, "na linguagem comparativa, a atividade do oleiro e sua obra servem de imagem da relação divina".[17] Nessa perspectiva, o Sirácida compara: "*como a argila na mão do oleiro* (yōṣēr), *que a molda a seu bel-prazer, assim são os homens na mão de seu Criador, que lhes retribui segundo seu julgamento*" (Eclo 33,13). Ele lhe dedica total cuidado (Eclo 38,29-30). Tudo isso culmina na clássica parábola de Jeremias:

> Palavra que foi dirigida pelo Senhor a Jeremias: '*Levanta-te e desce à casa do oleiro* (yōṣēr)*: lá te farei ouvir minhas palavras*'. Eu desci à casa do oleiro (yōṣēr), e eis que ele estava trabalhando no torno. E estragou-se o vaso que ele estava fazendo (*'āśāh*), como acontece à argila na mão do oleiro (yōṣēr). Ele fez (*'āśāh*) novamente outro vaso, como pareceu bom aos olhos do oleiro (yōṣēr). Então a palavra do Senhor me foi dirigida nestes termos: '*Não posso eu agir convosco como este oleiro* (yōṣēr)*, ó casa de Israel?, oráculo do Senhor. Eis que, como a argila na mão do oleiro* (yōṣēr)*, assim sereis vós na minha mão, ó casa de Israel*' (Jr 18,1-6).

Por um lado, o texto apresenta o elemento comparativo: assim como o oleiro, age Deus na relação com seu povo. Por outro, fica clara a supremacia do artesão sobre a peça moldada. Ela, na condição de criatura, é passiva, deixa-se trabalhar sem oferecer resistência ao artesão. Para Isaías, seria *perversão...*

> *tratar o oleiro* (yōṣēr) *como a argila. Com efeito, ousará a obra dizer àquele que a fez: 'ele não me fez', e uma coisa formada* (*yāṣar*) *dizer a respeito de seu oleiro* (yōṣēr)*: 'ele nada entende?'* (Is 29,16).

---

[15] Is 27,11; 43,1.7.21; 44,2.24.

[16] Esse evento é retomado com o mesmo verbo em Eclo 33,10.

[17] W. H. SCHMIDT. יצר *yṣr Formar*, p. 1050.

Continua o profeta:

Ai daquele que contende com o que o modelou (yōṣēr), vaso entre os vasos da terra! Por acaso dirá a argila àquele que a molda (yōṣēr): 'Que está fazendo? A tua obra não tem mãos!' (Is 45,9).[18]

Assim, *yāṣar* "descreve figurativamente a relação entre Deus e o homem".[19] Essa relação modeladora ou formativa, expressa com *yāṣar*, começa desde o ventre materno.[20] *Desde o ventre* é um modo de expressar o arco da existência que ali tem seu início, ou seja, "*desde o ventre até o dia de sua morte*" (Jz 5,7b). Dito de outra forma, a relação de Deus com a pessoa a forma durante a vida em um processo contínuo. Portanto *yāṣar* não significa apenas trazer à existência, dar forma, em uma ação pontual (*creatio prima*),[21] antes, o modelar é um trabalho de artesão que se dá ao longo da vida (*creatio continua*). Isso é reforçado pela forma participial do verbo (*yōṣēr*). Trata-se, portanto, de uma relação de estreita proximidade e afinidade que o relato sacerdotal (P) prefere classificar como "*imagem e semelhança*" (Gn 1,26.27).

Por fim, a criação do artesão, o *vaso de oleiro*, lembra, também, a fragilidade da criatura, que se rompe, parte-se, quebra-se.[22] Por que o narrador não preferiu um metal forte e resistente, como o ferro, mas justamente o barro? Isso evoca o pensamento de Paulo: "*o que é fraqueza no mundo, Deus o escolheu para confundir o que é forte*" (1Cor 1,27b).

Note-se que, em toda esta relação sugerida a partir daquela entre o oleiro e o vaso, Deus é o primeiro e o modelo de quem forma, seu protagonismo tem precedência. Quem forma dá continuidade ao trabalho divino, participa do processo da criação de Deus. A formação humana é um processo permanente e sem fórmulas prontas, uma vez que não se trata de produção em série. Cada vaso é único!

---

[18] Este texto é retomado por Paulo em Rm 9,19-21.

[19] W. H. SCHMIDT. יצר yṣr *Formar*, p. 1049.

[20] Expressa com a raiz *yāṣar*: Is 44,2.24; 49,5; Jr 1,5a. Veja ainda II Mc 7,22-23.

[21] O verbo *yāṣar* aparece no imperfeito conversivo (*wayyiqṭōl*), em Gn 2,7, e, no perfeito, em Gn 2,8.

[22] Jó 10,9; 33,6; Sl 2,9; Is 30,14; Jr 18,4; 19,11. Veja ainda Sl 103,14; Sb 15,7-13.

A formação humana tem claramente, portanto, uma dimensão sagrada. Formandos e formadores devem ter consciência, sobretudo, da dimensão espiritual-teológica desse processo.

2.2. Deus: pai que educa

No processo de libertação da casa da escravidão, Deus manda Moisés dizer ao faraó: "assim falou Javé: *o meu filho primogênito é Israel.* [...] Faze partir *o meu filho*, para que me sirva!" (Ex 4,22-23).[23] No deserto, Deus carrega seu povo "*como um homem carrega seu filho*" (Dt 1,31). Por fim, ele afirma: "quando Israel era menino, eu o amei e do Egito *chamei meu filho*" (Os 11,1; Mt 2,15).[24] Deus aparece libertando seu filho, carregando-o, assumindo-o. Todavia, o hagiógrafo dá mais um passo ao dizer a Israel: "reconhece em teu coração que, *como educa/corrige (yāsar) um homem seu filho*, o Senhor teu Deus *te educa/corrige (yāsar)*" (Dt 8,5). O imaginário do pai que educa e se envolve na formação de seu filho torna-se metáfora para falar da relação formadora de Deus com Israel.[25]

Uma terminologia própria corrobora este aspecto educativo. No Pentateuco, aparece, algumas vezes, a raiz hebraica *lāmad* (piel) = *ensinar, tornar algo familiar, experienciar*, tendo Moisés como sujeito,[26] majoritariamente por ordem divina, e o povo como destinatário que, por sua vez, *aprende* (*lāmad* qal).[27] Até mesmo o rei deve *aprender* (Dt 17,19; Sl 132,11-12). Deus *ensina* (*lāmad*)

---

[23] Para esse tópico, veja nosso texto: "*Educação no AT*", pp. 147-161.

[24] A atribuição da paternidade de Israel a Deus aparece ainda em: Nm 11,10-12; Dt 32,6b.18; Jr 3,19b; 31,9b; Is 63,16; 64,7 e da filiação a Israel em Dt 14,1a.

[25] A imagem de Deus como *pedagogo* é apresentada pelo salmista em sua oração: "teus caminhos (*dérek*), ó Senhor, *faz-me conhecer* (*yāda'* hif.), tuas veredas *ensina-me* (*lāmad*). *Conduz-me* (*dārak* hif.) com tua verdade, *ensina-me* (*lāmad*), pois tu és meu Deus salvador" (Sl 25,4-5). O orante atribui-lhe a tarefa de *conduzir* e *ensinar*. O imaginário é retomado no v. 9, especificando o destinatário: os pobres (*'ănāwim*). Ora, o *caminho* (*drk*) que o saltério apresenta é aquele dos *mandamentos* (Sl 119,35). Em Isaías, o próprio Deus se apresenta como *pedagogo*: "Eu sou o Senhor teu Deus, aquele que te *ensina* (*lāmad*) para teu bem, aquele que te *conduz* (*dārak* hif.) pelo *caminho* (*dérek*) que deves trilhar. Se, ao menos, tivesses dado ouvidos a meus *mandamentos*!" (Is 48,17-18a). Veja ainda Pr 4,11.

[26] Dt 4,1.5.14.31; 6,1; 31,19.22.

[27] Dt 4,10; 5,1; 14,23; 31,12.13.

para a guerra (Jz 3,2; 2Sm 22,35; Sl 144,1; 18,35), pois Israel, seu filho, precisa aprender a se defender. Ele *ensina* ao ser humano o conhecimento e o bom senso (Sl 94,10; 119,66), suas sendas (Sl 25,4b), seus testemunhos (Sl 132,12), seu direito (Sl 119,108), aos oprimidos seu caminho (Sl 25,9b), *ensina* para o bem (Is 48,17), a cumprir sua vontade (Sl 143,10).[28] Ele ensina, sobretudo, seus *estatutos* (*ḥuqqîm*).[29] Esse ensinamento divino se dá em um processo, ao longo da vida (Sl 71,17).[30]

Outra ação formativa por parte de Deus vem expressa mediante a raiz *yārāh* (hif.) = *instruir, ensinar, amestrar, indicar uma direção, mostrar o caminho*. Inclusive, Ele aparece na condição de mestre (*môreh* de *yārāh*) (Jó 36,22; Is 30,20).[31] Deus *instrui* Moisés (Ex 4,12.15) no processo de libertação do povo; *instrui* o camponês (Is 28,26); os pecadores (Sl 25,8); ao orante, seu caminho (Sl 27,11; 86,11); o ser humano que teme (Sl 25,12; 32,8; 119,102). Salomão ora a Deus para que *instrua* ao povo o caminho reto a seguir (1Rs 8,36; 2Cr 6,27). Até mesmo os povos afluirão a Sião para que o Deus de Jacó os *instrua* a propósito de seus caminhos (Is 2,3; Mq 4,2).

Desta mesma raiz (*yārāh*) provém o substantivo *tôrāh*.[32] Esse termo tem um aspecto normativo, habitualmente traduzido como *lei, norma, regra*. Tem, todavia, igualmente, um aspecto formativo, significando *instrução, ensino, orientação*.[33] *Tôrāh* é, de forma inseparável e ao mesmo tempo, ambas as coisas. Tomá-la apenas como *lei* pode levar a se cair facilmente no legalismo, perdendo sua dimensão formativa, enquanto se embarca em uma visão negativa da Lei divina. Perde-se o lado humano! Considerar a *tôrāh* apenas

---

[28] O bem e a justiça precisam ser *aprendidos* (*lāmad*) (Is 1,17; 26,9.10).

[29] Sl 119,12.26.64.68.124.135.171.

[30] Essas ocorrências estão construídas com o verbo *lāmad* (piel) = *ensinar*, tendo Deus como sujeito.

[31] A categoria de *discípulo* (*limûd*) aparece em Is 50,4. Os filhos de Jerusalém serão discípulos do Senhor (Is 54,13). Em 1Cr 25,8 aparece o termo *aluno* (*talmîd*).

[32] Seus sinônimos imediatos são *ḥuqqîm* = *estatutos* (normalmente aparece no plural) e *mišpāṭîm* = *decretos* (*direitos*). Ambos aparecem juntos muitas vezes. Veja, por exemplo: Dt 4,1.5.14; 5,1.31; 6,1; 11,32; 12,1; 26,16. Mas uma série de outros termos próximos à *tôrāh* são oferecidos, por exemplo, no Sl 119, como, por exemplo, *miṣwāh* = *mandamento, preceito* (Dt 5,31; 6,1; 28,15.45), *dəḇārîm* = *palavras* (Dt 4,10; 11,19).

[33] Nesta perspectiva, toda a Bíblia é *tôrāh,* isto é, instrução divina, norma de vida.

como *instrução, ensinamento*, significa perder sua dimensão normativa, de modo a cair no laxismo, que não exige nem limita. Só vale o que me realiza, enquanto se dogmatiza a autoajuda e se abole a correção fraterna. Aqui está a base do hedonismo religioso. A polarização empobrece e se afasta do sentido bíblico do termo. Ora, é pela *tôrāh* que o Oleiro divino dá forma ao vaso.

Deus forma também corrigindo, repreendendo, disciplinando. Essa ação é, normalmente, expressa com o verbo hebraico *yāsar* = *instruir, corrigir, repreender, punir*. O substantivo correspondente é *mūsār* = *correção, disciplina*. A LXX traduz, normalmente, tais termos por *paideúō* e *paideia*,[34] respectivamente. Trata-se de uma ação sapiencial e não puramente intelectual. Deus corrige Efraim (Jr 31,18) e o camponês (Is 28,26). Todavia, lamenta que o povo virasse as costas para sua *mūsār*.[35] O salmista transformará essa ação divina em uma *Bem-aventurança*: "Feliz o homem a quem *corriges* (*yāsar*), Senhor..." (Sl 94,12a).

Uma ação gêmea a esta anterior expressa-se com a raiz *yākaḥ* = *corrigir, repreender*. Implica uma educação vinculada à disciplina, à *repreensão* (*tôkēḥāh*). Deus promete ao sucessor da casa de Davi: "*eu serei para ele um pai e ele será para mim um filho. Se ele fizer o mal, repreendê-lo-ei* (*yākaḥ*) *com vara de homem e com açoites de homens*" (2Sm 7,14).[36] Ele *repreende* (*yākaḥ*) reis (1Cr 16,21; Sl 105,14). Não faltam manifestações de desejo de que Deus *repreenda* (*yākaḥ*) quem insulte (2Rs 19,4; Is 37,4) ou engane (1Cr 12,18). Repreende quem é parcial (Jó 13,10) e não por piedade (Jó 22,4). Suas *repreensões* (*tôkāḥôṯ*) ganham proporção universal (Sl 94,10a; 149,7; Ez 25,16), manifestando o caminho da paz (Is 2,4; Mq 4,3).

Algumas vezes, essas ações (*yāsar* e *yākaḥ*), que chamamos de gêmeas, aparecem emparelhadas. O sábio, por exemplo, aconselha: "*meu filho, não desprezes a correção* (*mūsār*) *do Senhor, nem te*

---

[34] O termo será usado na sapiência tardia para designar *educação* (Sir 51,23[32]).

[35] Jr 5,3; 7,28; 32.33; Sf 3,2. Para a *mūsār* do Senhor veja ainda Dt 11,2.

[36] Essa ideia da correção aparece também no Livro da Sabedoria (Sb 12,2; 12,19-22). Mas ele "*tudo dispôs com medida, número e peso*" (Sb 11,20b).

canses com sua repreensão (tôkaḥaṯ), pois o Senhor repreende (yākaḥ) o que ele ama, como um pai ao filho que preza" (Pr 3,11-12). Jó verbaliza isso como um ideal de vida que torna a pessoa feliz: "*feliz o homem ('ĕnôš) a quem Deus repreende* (*yākaḥ*) *e a correção* (*mūsār*) *de Shadday não desprezes*" (Jó 5,17).[37] A LXX traduz *yākaḥ* por *elegchō*. A primeira ação (*paideúō*) acentua a punição física, corporal, enquanto a segunda (*elegchō*), a correção verbal baseada no argumento. Essa combinação deixa transparecer uma formação integral ou holística do ser humano por parte de Deus.[38]

A atuação formadora de Deus vem expressa também, ainda que raramente, com as raízes *yāḏa' (hifil) = ensinar* e *bîn (hifil) = fazer entender, discernir; dar inteligência*. Por exemplo, Deus "fez com que [Israel] sentisse fome... para te *ensinar* (*yāḏa'* hif.*)* que o ser humano (*hā'āḏ*ām) não vive apenas de pão..." (Dt 8,3). O orante suplica a Deus: "*faz-me entender* (*bîn* hif.) e guardar tua Lei" (Sl 119,34).[39]

Não menos importante na formação é o *conselho* ('ēṣāh). O profeta Jeremias diz: "*Deus grande e forte, cujo nome é Senhor dos Exércitos, grande em conselho, poderoso em ações...*" (Jr 32,19). Segundo Jó, "dele é o conselho" (Jó 12,13). O profeta Isaías transforma a função do aconselhar em título messiânico: conselheiro admirável (Is 9,5).

Uma síntese do agir formador de Deus aparece em Siràcida:

> *A misericórdia do homem é para com seu próximo, mas a do Senhor é para com toda carne: admoesta, corrige, ensina, reconduz, como o pastor, seu rebanho. Ele tem piedade dos que aceitam a disciplina...* (Eclo 18,13-14a).

O Decálogo introduz-se pela afirmação divina que diz: "*Eu sou o Senhor que te fez sair do Egito, da casa da escravidão*" (Dt 5,6;

---

[37] Para outras ocorrências de ambas as raízes: Sl 6,2; 38,2; 39,12; 94,10a; Pr 5,12; 6,23; 9,7; 10,17; 12,1; 13,18; 16,5.10.32; Jr 2,19.

[38] Um pai israelita, quando apelava para a vara (Pr 13,24; 22,15; 23,13-14; 29,15), não pretendia rebelar-se contra o "Conselho Tutelar" ou ser violento e sádico, apenas entendia estar oferecendo uma educação integral ao filho, conforme a mentalidade de então.

[39] Ainda: vv. 73.125.[130].144b.169.

Ex 20,1) e, então, seguem-se os mandamentos. Portanto, o nascimento do filho, Israel, aparece vinculado com a Lei que o ajudará a conquistar a meta, mantendo-se livre. Deus primeiro faz, liberta, depois tem exigências para o êxito do próprio filho.

Em Lv 20, a posse da "*Terra que mana leite e mel*" (v. 24a) e a *santidade* (vv. 24b.26),[40] as duas faces da mesma meta, aparecem vinculadas. Essa meta é introduzida pela exortação de observar as normas e os estatutos divinos (vv. 22-23). O paralelo de Lv 22: "Eu, o Senhor, *que vos santifico* (*qdš*). Eu, *que vos faço sair* (*yṣ'*) da terra do Egito" (vv. 32b.33a) é introduzido pela exortação de "*guardar os mandamentos*" (v. 31) e "não profanar o nome divino" (v. 32).

Quando o hagiógrafo afirma que Deus *educa* Israel como um homem a seu filho (Dt 8,5), emoldura sua afirmação com a exortação de observar os mandamentos (vv. 1a.6) e tomar posse da Terra (vv. 1b.7-10).[41]

As ações formadoras de Deus para com o ser humano, vistas anteriormente, apresentam majoritariamente como instrumento a *tôrāh* (= *norma, instrução*), seus sinônimos e termos correlatos. De tal modo que se pode afirmar, com segurança, que a *tôrāh* constitui-se no instrumento pedagógico de Deus na formação de seu filho, Israel. Ecoa já aqui a frase de Paulo aos gálatas: "*a Lei se tornou nosso pedagogo até Cristo*" (Gl 3,24). Se se concebe *tôrāh* como *instrução divina* em sentido amplo, não se limitando ao Pentateuco, então, toda a Sagrada Escritura constitui-se em um manual de formação humana, enquanto mostra a atuação pedagógica de Deus na história salvífica. Por meio dela, o Oleiro celeste modela o ser humano até alcançar a estatura do *novo Adão*, a palavra feita carne. Ora, qual o espaço da Sagrada Escritura em nossas casas de formação? Existe espaço para o protagonismo do formando, do ser humano?

---

[40] Já oferecida por Deus como dom e a ser consumada por Israel em seu cotidiano.

[41] A meta do filho - a *Terra que mana leite e mel* - vinculado à Lei repete-se: Dt 6,1-3; 11,8-9; 27,3; Sl 105,44-45.

3. O ser humano: criado, formando e formador

No tópico precedente abordou-se o papel de Deus como criador e formador. Ora, sendo ele o criador, o ser humano é, consequentemente, criatura e formando. E, também, partícipe de seu próprio processo de formação, ao dar continuidade à dinâmica de formação de Deus.

3.1. Formar-se saindo

Na impossibilidade de abordar todos os casos bíblicos, recorreremos a duas grandes figuras que são paradigmas para qualquer pessoa em estado de formação, Abraão e Moisés.

A Abraão, o pai da *fé*, Deus disse: "*sai (hālaḵ) de tua terra, de tua parentela e da casa de teu pai, para a Terra que te mostrarei.* [...] *Abraão partiu (hālaḵ), como lhe disse o Senhor...*" (Gn 12,1.4; Hb 11,8).[42] Em um claro esquema de ordem-execução, Deus manda, e Abrão obedece sem qualquer hesitação.[43] Esse aspecto acentua-se pelo uso do mesmo verbo que ocorre no esquema. Na verdade, essa *saída* apresenta uma dimensão físico-geográfica, *ir para fora, partir, ir embora,* em uma perspectiva *ad extra*. Todavia, a expressão imperativa hebraica *leḵ-ləḵā* (Gn 12,1; 22,2) significa também "*ir-se*", "*vai para ti*", "*vai a ti* (*mesmo*)".[44] Tem-se aí uma dimensão psico-espiritual, uma perspectiva *ad intra*: ir-se na direção de si mesmo. Não são dimensões contrárias, antes se pressupõem mutuamente, como os dois lados de uma moeda: saindo, encontra-se, e, encontrando-se, sai. Logo, *sair*, para um crente, não se reduz a uma questão de coordenação motora, pois se pressupõe a disposição interior de quem se encontra consigo mesmo, movido por um Deus que chama. A formação humana requer que o formando encontre-se para encontrar.

---

[42] O imaginário do *caminho* (ir, andar, caminhar, partir) funciona, também, como metáfora da vida ética-espiritual. A Bíblia não é um manual de história e geografia, mas faz uma leitura teológica dos eventos históricos e lugares geográficos. Ela os lê à luz da fé. Dito de outra forma, a Escritura coloca a geografia e a história a serviço da teologia, isto é, usa o espaço e o tempo para transmitir sua mensagem.

[43] É o caso também de Isaías (Is 6,1-13) ou mesmo de Ezequiel (Ez 2,1-3,15).

[44] Sintaticamente, trata-se de um *dativus commodi*, que acrescenta uma nuança reflexiva (lit. "*sair-se*") e exprime um efeito positivo para quem realiza o ato (JM § 133d).

A exigência inicial de Deus a Abrão,[45] junto à *saída,* que implica rompimento com a zona de segurança, consiste em: "*sê uma Bênção!*" (Gn 12,2b). Deus promete-lhe: Povo, Bênção (Gn 12,2-3; 15,5; 18,18; 22,17) e Terra (Gn 12,7; 13,15.17; 15,7), e lhe assegura: "*Eu sou teu escudo*" (Gn 15,1b). Em seguida, Deus sela com Abrão uma Aliança (Gn 15,18). Anos mais tarde,[46] Deus se revela a Abrão: "Eu sou El Shaddai, *anda (hālaḵ) na minha presença e sê integro* (tāmîm)" (Gn 17,1b).[47] A exigência dessa nova fase, além de manter o ritmo de saída, é: "*sê reto, íntegro, inteiro, pleno!*" Insiste na Aliança, reafirma as promessas (Gn 17,2-14) e muda o nome de Abrão (Gn 17,5). A reação de Abraão, pondo-se *em saída*, consiste em construir um altar ao Senhor no lugar aonde chega e invocar seu nome (Gn 12,7b.8b; 13,4.18). Todavia, existem limitações a serem superadas, como a idade avançada (Gn 17,17; 18,11-12; 21,7) e a esterilidade da esposa (Gn 11,30; 16,2). A argila deve interagir com o Oleiro em uma relação de aliança! Vão construindo uma cumplicidade de amizade a ponto de o próprio Deus chamá-lo de "*Abraão, meu amigo*" (Is 41,8b; Tg 2,23b) e estar com ele (Gn 21,22), relação *Eu-Tu.*

O projeto de Deus, que implica Abraão, resume-se em três elementos interligados: a) ser *pai* de numerosas nações (Gn 17,4-6.16; Rm 4,16-18), isto é, transformar o mundo em uma família; b) ser portador de *Bênção* às nações,[48] ou seja, inseri-las em uma relação benevolente com Deus, abrindo-lhes as portas da fé e da Aliança (Gn 17,7); c) torná-las herdeiras da *Terra* (Gn 12,7; 17,8), base da vida, da subsistência e da humanização pessoal e coletiva.[49] Ir à

---

[45] Ele tinha 75 anos (Gn 12,4b).

[46] Abrão tem agora 99 anos (Gn 17,1).

[47] O adj. *tāmîm* (do verbo *tāmam*) significa íntegro, (cor)reto, inteiro, completo, pleno, perfeito. Noé é *tāmîm* (Gn 6,9). A obra de Deus é *t*āmîm (Dt 32,4), bem como seus caminhos (2Sm 22,31) e sua Lei (Sl 19,8) são. O substantivo (*tām*) é aplicado a Jó. Ele é íntegro, teme a Deus e se afasta do mal (Jó 1,1.8; 2,3). Também Israel é chamado a sê-lo (Dt 18,13). Aplica-se o substantivo também a Salomão vinculado ao guardar os preceitos e normas divinas, ou seja, ao querer de Deus (1Rs 9,4). O substantivo e o adjetivo aparecem, não raro, vinculados ao binômio *caminho-caminhar* como metáfora para a conduta de vida e caracterizam as relações com Deus e com o semelhante (cf. B. KEDAR-KOPFSTEIN. תמם *tāmam*. ThWAT, VIII, 697-9).

[48] Gn 12,2.3b; 18,18; 22,18.

[49] Para um nômade e sem filho, Deus promete justamente o que lhe falta. Eis a Bênção!

direção de si mesmo, na perspectiva de se encontrar, não significa alimentar o individualismo e o intimismo. A formação, que segue esse caminho, embarca em um psicologismo, biblicamente, equivocado.[50] Quem se encontra, de fato, descobre-se em uma corresponsabilidade comunitária. Enfim, o projeto de Deus, no qual se insere Abraão, tem um alcance universal.

A Moisés, o grande *legislador*, na experiência da sarça, Deus se revela (Ex 3,6), fala da situação de escravidão do povo hebreu e de seu propósito (Ex 3,7-9) e, em seguida, ordena-lhe: "*vai* (*hālak̠*), *pois, eu te enviarei a faraó...*" (Ex 3,10). Moisés, porém, diferentemente de Abraão, hesita e não apenas uma vez (Ex 3,11.13; 4,1.10; 6,30),[51] culminando em uma recusa enfática: "*perdão, meu Senhor, envia o intermediário que quiseres*" (Ex 4,13), ou seja, "menos eu"! Deus, por sua vez, faz uma promessa: "*Eu estarei contigo*" (Ex 3,12). Revela-se a Moisés dizendo: "*Eu sou aquele que é*", "*o Senhor, o Deus de vossos pais, o Deus de Abraão, o Deus de Isaac e o Deus de Jacó*" (Ex 3,14-15) e não desiste de sua ordem: "*vai* (*hālak̠*), *reúne os anciãos de Israel...*" (Ex 3,16). Em seguida: "*vai* (*hālak̠*), *pois, agora...*" (Ex 4,12.19). Só, então, Moisés reage positivamente: "*saindo* (*hālak̠*), *pois, Moisés voltou para Jetro, seu sogro, e lhe disse: 'deixa-me ir* (*hālak̠*) *e voltar a meus irmãos que estão no Egito...'*" (Ex 4,18). Seu "sim" prevalece! Ele rompe com a zona de segurança e parte (Ex 4,20). Ora, também para Moisés existem aquelas dificuldades que o fizeram hesitar e que precisam ser superadas.[52] Ele não é um super-herói, e sim um homem fragilizado, gente como a gente, marcado pela vulnerabilidade desde o nascimento (Ex

[50] A autorrealização a qualquer custo, "só vale o que me realiza", apelando para toda espécie de autoajuda ou o legalismo rigorista que anula o ser humano e o infantiliza, ambas as tendências deformam. São visões idealizadas ou românticas que mascaram a realidade humana. Não raro, essas visões são corroboradas por místicas de vitrine que não coloca o pé no chão.

[51] É, também, o caso de Jeremias, inclusive com a mesma desculpa (Jr 1,6), e de Gideão (Jz 6,12-18). E Deus assegura-lhes: "*estarei contigo*" (Jr 1,8.19; Jz 6,16).

[52] Por exemplo, em Ex 4,10; 6,30, Moisés hesita de ir ao faraó, alegando que não sabe falar. Ora, o livro do Deuteronômio apresenta o(s) discurso(s) de despedida de Moisés no último dia de vida, antes de sua morte. Portanto, o apresenta como homem da palavra, aquele que não sabia falar! Outras dificuldades surgiram no caminho, como, por exemplo, enfrentar as murmurações do povo (Ex 16,2; 17,3). Todavia, ele as supera.

2,1-10). Justamente por ser vulnerável está tão perto de nós e nos serve de modelo. Crescerá, porém, na interação com seu Oleiro: "*o Senhor falava com Moisés face a face, como um homem fala com seu amigo*" (Ex 33,11). Um pouco mais adiante, Deus promete-lhe: "*farei passar diante de ti toda a minha beleza...*" (v. 19; Ct 5,10-16). A amizade se robustece com o encanto, o fascínio. Essa relação de amizade terá Jesus com seus discípulos: "*vós sois meus amigos...*" (Jo 15,14.15). Trata-se da relação *Eu-Tu*.

Qual o projeto divino com o qual Moisés é convidado a colaborar? Primeiramente, "*fazer sair do Egito o meu povo, os israelitas*" (Ex 3,10), conduzi-lo e formá-lo pelo deserto (Ex 15,22 – Nm 22,1), rumo a "*uma Terra boa e vasta, que mana leite e mel*" (Ex 3,8.17; 33,3). Fazer, deste, seu povo (Ex 6,7) na condição de filho primogênito (Ex 4,22-23) e estabelecer com ele uma relação de Aliança (Ex 19,3-8; 24,7-8), oferecendo-lhe uma Lei como guia (Ex 19–23). Este povo, por sua vez, dedicar-se-á ao serviço divino (Ex 4,23a; 7,26b; 8,16; 23,25 etc.) e edificará um santuário (Ex 25–31; 35–40). Deus, de sua parte, assegura-lhe dar a Terra por herança (Ex 6,8; 33,1) e abençoar seu pão e sua água (Ex 23,25).

Enfim, da *saída* do Egito, nasce Israel como um povo. O êxodo torna-se o evento fundador do povo de Deus. Nesse projeto, Moisés, depois de Deus, revela-se como personagem central. Trata-se de um projeto particular, pois diz respeito a um povo específico.

Essas duas figuras, Abraão e Moisés, são paradigmáticas e complementares.[53] Ambos servem para exemplificar o início do êxodo do velho ao novo Adão, em nível individual e coletivo, universal e particular. A inteiração da argila com o Oleiro se dá em um processo perene de *saída*, aberto pelo Oleiro que chama.[54] Ele, por sua vez, serve-se de colaboradores que continuam chamando outros.

Os paradigmas sugerem ver a formação como processo contínuo de *saída* do formando, de si e dos seus, em uma interação

---

[53] Eles fazem lembrar, respectivamente, as figuras de Paulo e de Pedro na Igreja primitiva.

[54] A tradição judaica chama o livro do Levítico de *wayyiqrā'* = *ele chama*, com base em sua frase inicial: "*O Senhor chamou Moisés...*" (Lv 1,1a). Esse título revela um traço permanente de Deus que *chama* o ser humano a (sair de) si, a descentrar-se para ser centrado.

constante de amor e amizade com o Senhor. *Saindo*, emergem-se as limitações a serem trabalhadas. O isolamento é muito perigoso! Quem se isola aborta o processo de crescimento. No entanto, se não sabe aonde vai, nunca chega. A formação deve despertar na pessoa o desejo de lançar-se para fora de si, em um processo de amadurecimento, como anseio por alcançar o que falta para ser pleno. Deve fomentar o encanto, o fascínio, pela beleza daquele que chama e de seu projeto. *Sair* para inserir-se em um projeto para além de si.[55] Somos, por natureza, nômades, caminheiros do Reino.

3.2. A meta de Israel

A meta que Israel procura alcançar com seu Deus se desdobra em duas faces do mesmo rosto. A primeira é a Terra prometida, a segunda, a santidade.

3.2.1. "Terra que mana leite e mel" (Ex 3,8)

Deus faz sair seu povo da casa da escravidão "*para uma Terra boa e vasta, Terra que mana leite e mel*" (Ex 3,8). A ação é definida como *libertar* e o novo espaço é qualificado como "*bom e vasto, leite e mel*". Portanto a meta imediata são a liberdade e as condições para ela, a Terra, e Terra de abundância (*leite e mel*). Trata-se da base sociológica vital. Implica a existência e a subsistência. A importância dessa meta transparece já em sua insistência ao longo da Bíblia, sobretudo, no Pentateuco.[56] Nesse espaço, Israel forjará sua identidade, seu sentido de pertença em uma cumplicidade solidária, em uma vida de comunhão com os outros. Essa vida de relação-comunhão não se sustenta sem outra relação mais profunda,

---

[55] Convém lembrar que o verbo *educar*, do latim *e[x]-ducare, e[x]-ducere*, é formado pelo prefixo *e[x]* = (de dentro) *para fora* e pelo verbo *ducere = conduzir, levar, guiar (para fora), fazer sair*. Portanto, conduzir alguém para fora. Algo que implica também prepará-la para enfrentar a vida, viver no mundo. Educar é também *nutrir, cuidar, criar, fazer crescer, desenvolver o potencial da pessoa em todas as dimensões*. Ora, Deus, que faz sair do Egito, é o educador por excelência.

[56] Ex 3,17; 13,5; Lv 20,24; Nm 13,27; 14,7-8; Dt 6,3; 11,9; 26,8-9.15; 27,3; 31,20; ainda 8,7-9.

aquela da santidade. Os espaços que temos e somos devem assegurar essa base elementar a nossos formandos.

3.2.2. "Sede santos" (Lv 19,2)

Entre as setas, que vão apontando o caminho rumo ao novo Adão, está o já referido título hebraico do livro do Levítico de *wayyiqrā'* = *ele chama*. Ora, chama para quê? Olhando para o conjunto do livro, pode-se dizer: chama para ser santo! Trata-se não de um conselho, mas de uma ordem de Deus: "*sede santos, porque eu, o Senhor vosso Deus, sou santo*" (Lv 19,2). A ideia aparece outras vezes na obra.[57] Deus se apresenta como o modelo e a razão da santidade (Is 6,3). Espelha-se na *imagem* e *semelhança* que somos, a santidade dele.[58] Porém o que é santo no Levítico?

Para a pessoa moderna, santo é o moralmente íntegro, reto, que leva uma vida ilibada, comedida, perfeita, embasada em virtudes, ou seja, no esforço moral do indivíduo. Para o israelita bíblico, santidade não é antônimo do que é imperfeito, e sim do profano, do não sagrado. *Ser santo* é ser separado, consagrado, reservado a Deus e por Deus, para um estilo de vida diferenciado. Deus é o protagonista, que separa da esfera profana, que consagra e insere em sua esfera, eleva-nos a si, coloca-nos em sua presença, na comunhão. Pode-se perguntar se essa vida na comunhão com ele, em sua presença, compactua com uma vivência desregrada, imoral, injusta? É por acaso que a ordem "*sede santos*" aparece vinculada às leis de justiça social, solidariedade, amor e respeito ao semelhante (Lv 19,9-18.32-36)? Não está justamente aí a via da santidade? Se Israel repetir a conduta dos povos, dos quais fora separado, qual seria sua diferença ou para que sua separação (Lv 18,3-4)? Acentua-se, aqui, a necessidade do testemunho de vida, não como causa de santidade, e sim como decorrência de uma

---

[57] Lv 11,44.45; 20,7.26; 21,6.

[58] Somos predestinados a ser conformes à *imagem* do seu Filho (Rm 8,29).

santidade abraçada, de uma consagração acolhida. Dom que se torna tarefa! Por essa via, faz-se da "casa comum" uma "Terra que mana leite e mel".

"*Sou eu, o Senhor, que vos fiz subir da terra do Egito para ser vosso Deus: sereis santos (qḏš), porque eu sou santo*" (Lv 11,45). *Ser santo* aparece vinculado à libertação do Egito. Em 20,24b lê-se: "*Eu, o Senhor vosso Deus, separei-vos* (*bādal*) *desses povos*" e, em seguida, deixa um pouco mais claro: "*sereis consagrados* (*qḏš*) *a mim, pois eu, o Senhor, sou santo e vos separei* (*bādal*) *de todos os povos para serdes meus*" (v. 26).[59] Assim, ao fazer subir da casa de escravidão, Deus separou este povo para si dentre os povos (Dt 7,6; 1Rs 8,53).[60] Todavia, o processo paradoxal de *separação*, em vista da *aproximação*, não para aí. Dentre as tribos, Deus separa a tribo de Levi para o serviço do santuário: "*assim, pois, separarás* (*bādal*) *os levitas do meio dos filhos de Israel, a fim de que me pertençam. Os levitas começarão, pois, a fazer o serviço da Tenda da Reunião*" (Nm 8,14-15).[61] Escolhe ainda uma família para o sacerdócio: "*Aarão ... e os seus filhos com ele, para que sejam meus sacerdotes*" (Ex 28,1; 1Cr 23,13). Na sequência, descreve-se todo um rito de separação, isto é, de consagração sacerdotal que implica incenso, vestes, sacrifício etc. (Ex 29).

Voltando ao Lv 22,32b-33a, encontra-se o seguinte paralelo:

> Eu, o Senhor, *que vos santifico* (*qdš*).
> Eu, _______ , *que vos faço sair* (*yṣ'*) da terra do Egito,
> para ser vosso Deus, eu, o Senhor (Lv 22,32b-33).

---

[59] O verbo *bādal* aparece na criação (Gn 1,4.6.7.14.18), como um princípio organizativo por parte de Deus. Aparece, também, em Esd 6,21; 9,1; 10,11; Ne 9,2; 10,29; 13,3, para falar da *separação* de Israel dentre os povos. Em Esd 8,24; 10,16, *bādal* significa *escolher*.

[60] No Pentateuco, o tema reaparece no livro posterior numa fórmula repetida e invariável, assegurando que Israel é propriedade divina, consagrado a Deus: "*pois povo* (*'am*) *santo* (*qḏš*) *és tu para o Senhor teu Deus*" (Dt 7,6; 14,2.21; 26,19; [28,9 só *povo santo*]).

[61] Veja, também, Nm 16,8-9; Dt 10,8.

O paralelismo apresenta uma clara equivalência de forma[62] e conteúdo. Por conseguinte, transparece aí outro aspecto da santificação. Deus, libertando, santifica e, santificando, liberta. Portanto, santificar corresponde a libertar da casa da escravidão, e libertar implica santificar, isto é, capacitar para viver de modo diferenciado, de tal forma que não se reproduza a casa da escravidão, nem o comportamento dos povos vizinhos (Lv 18,3-4; Dt 12, 29-31). *Ser santo* leva a fazer a diferença, implica testemunho, ser, de fato, homem e mulher de Deus, no mundo dos ídolos, entrar na santidade de Deus, em sua diferença, em sua comunhão. Isso resulta, obviamente, em ser sinal do que se acredita, expressão antecipada do Reino, com consequências na vida prática com os demais. Na linguagem do Evangelho, consiste em ser *sal* e *luz* (Mt 5,13-16) e *fermento* (Mt 13,33). Logo, *separar* nada tem a ver com isolar-se do mundo. E sim não ser do mundo, embora estando nele. O isolamento adoece! Longe de ser algo etéreo e estéril, ou privilégio, revela-se como serviço e missão (Is 42,6; 49,6). Não por acaso, Jesus apresenta esse ideal com termos ainda mais explícitos: "*sede misericordiosos como vosso Pai é misericordioso*" (Lc 6,36).[63] Contudo, as formas participiais, vistas anteriormente (Lv 22,32b.33a), indicam a santificação ou separação como um processo contínuo.

Esse pensamento da santidade foi, de certa forma, antecipado no livro do Êxodo: "*vós sereis para mim um reino de sacerdotes* e *uma nação* (*ḡôy*) *santa* (*qḏš*)" (Ex 19,6). A santidade aparece vinculada ao sacerdócio. Isso sugere não criar muro em vez de ponte. Em seguida, o tema volta: "*sereis para mim homens* (*'ĕnôš*) *santos* (*qḏš*)" (Ex 22,30).

Aliás, importa lembrar que o Cristo mostrou-se ser um sacerdote de outra ordem. Não um sacerdote araônico, e nem podia

[62] Ambos os verbos estão na forma *participial*. Sobre essa equivalência, veja, por exemplo: J.-L. SKA. *Introdução à leitura do Pentateuco*, p. 50 e F. GARCIA LÓPEZ. *O Pentateuco*, p. 183.

[63] J. A. FITZMYER, a propósito da questão se o termo na fonte "Q" seria *teleios* = *perfeito* (cf. Mt 5,48) ou *oiktirmōn* = *misericordioso* (cf. Lc 6,36), afirma: "o que não se admite dúvida é que qualquer uma das duas formulações encerra uma ressonância de Lv 19,2 [...]. A redação de Lucas propõe uma imitação de Deus, e, precisamente, de uma qualidade que, no AT, se atribui frequentemente ao Deus de Israel" (cf. *El Evangelio según Lucas*, II, p. 617).

sê-lo, pois não era de tribo sacerdotal, antes *segundo a ordem de Melquisedec*.[64] Ora, "*se a perfeição tivesse sido atingida pelo sacerdócio levítico [...] que necessidade haveria de outro sacerdócio, segundo a ordem de Melquisedec, e não 'segundo a ordem de Aarão'*?" (Hb 7,11). Qual a diferença? Jesus não ofereceu sacrifícios, em sentido ritual, por se oferecer a si mesmo. Sua vida foi o dom existencial entregue em prol dos outros, como ato solidário, participante no drama humano. Sua consagração sacerdotal não se dá pela *separação*, quando se *assemelha* a nós, até o extremo da condição humana (Hb 2,17-18; 4,15; 5,8). Por isso, pode ser chamado de sumo sacerdote *misericordioso e fiel* (Hb 2,17). Aqui cabe a pergunta: em qual linha (sacerdotal) formamos nossos candidatos à Vida Religiosa Consagrada e ao ministério ordenado? Assusta-nos, quando a formação atual, não raro, orienta-se para o rito, o incenso, as vestes etc. e desenvolve certa "alergia" contra a sorte de nosso povo, particularmente aquela dos vulneráveis.

A santidade deve ser a meta do formando e seremos todos formandos, enquanto essa meta não for atingida. Ora, a meta diz respeito a toda a comunidade. Assim, introduz-se a afirmação do Lv 19: "o Senhor falou a Moisés e disse: 'fala *a toda a comunidade dos filhos de Israel*. Tu lhes dirás: Sede santos, porque eu, o Senhor vosso Deus, sou santo" (vv. 1-2).

O NT repropõe o ideal: "*em Cristo, ele nos escolheu (eklegomai), antes da fundação do mundo, para que sejamos santos e irrepreensíveis sob seu olhar, no amor*" (Ef 1,4). "É esta a vontade de Deus: vossa santificação [...] *sem se deixar levar pelas paixões, como os gentios, que não conhecem a Deus*" (1Ts 4,3.5).

Qual a relevância disso para a formação? Além da meta em si, acentua-se aqui a importância decisiva da *comunidade* (formadora ou eclesial) no processo de formação. Nossas casas e academias de formação, seminários e a Igreja (paroquial ou diocesana) têm um papel decisivo na gestação do formando. A comunidade está para o formando como a água para o peixe. Ora, se a água for poluída, o peixe adoece

[64] A expressão se repete várias vezes: Hb 5,5-6.10; 6,20; 7,17.

e morre. A comunidade não atua como um elemento secundário na formação. Ao revés, está em sua base. Na esteira do NT, a comunidade tem como vocação ser reflexo da Trindade e se nutrir dela. Ninguém atua sozinho na formação; o formador não é um super-herói. Todavia, assim como o formando, a exemplo dos paradigmas Abraão e Moisés, não pode se comportar ou ser considerado um super-humano, tampouco a comunidade formadora. São pessoas de carne e osso que não estão no céu, isentas do penoso processo formativo; são pessoas a caminho. Não tem de ser a comunidade perfeita que está no horizonte, pelo contrário, tem de ser uma comunidade formativa empenhada com todas as suas forças em seu crescimento. A idealização impregnada de hedonismo e psicologismos, de um lado, e o legalismo rigorista e amargo que ignora a fraqueza, do outro, sufocam qualquer processo de humanização e de crescimento. Consequentemente, será difícil que desenvolva qualquer sensibilidade pela sorte alheia, antes promoverá a indiferença e a *separação*, em sentido literal.

3.3. O credo histórico: Dt 6,4-9

> *Ouve, ó Israel: Javé, nosso Deus, Javé (é) um. Portanto, amarás o Senhor teu Deus com todo o teu coração, com toda a tua alma e com toda a tua força. Que estas palavras que hoje te ordeno estejam em teu coração! Tu as inculcarás a teus filhos, e delas falarás sentado em tua casa e andando em teu caminho, deitado e de pé. Tu as atarás também a tua mão como um sinal, e serão como um frontal entre os teus olhos; tu as escreverás nos umbrais de tua casa, e em tuas portas* (Dt 6,4-9).

O credo, normalmente, sintetiza a fé professada. No caso de Israel, Dt 6,4-9 constitui-se a versão mais importante de seu credo. Introduzido por uma forma imperativa, šə*ma'* = *ouve,* destinada a Israel, o texto apresenta a confissão máxima dos filhos de Israel, o núcleo de sua fé: "*Javé, nosso Deus, Javé (é) um*" (v. 4), ou seja, o Único, a unidade, a unicidade de Deus. A unidade de Deus será o espelho para a unidade do povo e do indivíduo. Em seguida, têm-se o mandamento central da fé do povo de Israel:

Amarás o Senhor teu Deus com
todo o teu coração,
toda a tua alma e
toda a tua força (v. 5).

Trata-se de um amor total e sem reservas, como acentuam as três repetições do termo *todo*.[65] O coração, o espaço da interiorização, diz respeito à pessoa toda, desde o mais profundo de seu ser: o ser humano desde dentro. Não se refere a sentimentalismo intimista. O coração abarca o pensar, o querer, o discernir. O semita bíblico atribui ao coração o que o moderno atribui ao cérebro. A alma diz respeito à vida psíquica, à existência terrena concreta, que pressupõe a condição corpórea sem qualquer dualismo, como o dinamismo vital da pessoa. Não se trata da concepção grega, mas semítica. Portanto, a pessoa única, integrada, que ama a Deus com todas as suas forças, que canaliza todas as suas energias na direção de Deus e na recusa radical de qualquer ídolo, uma vez que Deus é único.

Esse verso (v. 5) ecoa mais na frente (Dt 10,12-13; 11,13), acrescentando outros três elementos básicos: temer, servir e observar a Lei. Estas colunas serão retomadas na pregação e atividade de Jesus, particularmente, na Igreja joanina. Os três textos fazem referência ao coração.[66] Essas colunas são valores a serem interiorizados.

Entre outros elementos, o credo responde ainda a duas perguntas: quando e onde? No caminho e na casa, sentado e andando, deitado e de pé (6,7) são expressões polares que exprimem uma totalidade. Em todas as situações, lugares e momentos da vida o crente deve estar integralmente voltado a Deus e a seu projeto. Certamente, o Apóstolo diria ser preciso recuperar o élan inicial de transformar a própria vida em uma oferenda viva e agradável a Deus (Rm 12,1-2).

---

[65] Jesus retoma este credo (Mc 12,29-31), acrescentando um quarto *todo*, "todo entendimento" (v. 30), e vinculando a ele o amor ao próximo (v. 31).

[66] Dt 6,5.6; 10,12; 11,13.

Qual a relevância disso para a formação? O credo apresenta o foco para quem busca a unicidade e a unidade da vida. Aponta caminhos e atitudes a serem assimilados pelo formando. Não raro, encontram-se formandos amargos e ávidos de serem servidos, fazendo dos próprios desejos a norma de si mesmo, uma espécie de hedonismo religioso, sem real reverência respeitosa a Deus, sem *temor*.

3.4. O ser humano continuador da formação divina

Em geral, a Bíblia atribui às pessoas na formação entre si as mesmas atuações divinas na formação humana.[67] A Escritura deixa claro, portanto, a incumbência humana de dar continuidade ao processo de formação de Deus, que forma conosco, em nosso formar. *Formar* é tarefa de Moisés, dos profetas, dos sacerdotes, dos sábios, dos pais, dos reis, da cidade, dos apóstolos, dos evangelistas, das pessoas, enfim, de todos. A formação bíblica abraça a esfera pessoal, familiar, comunitária, social e estatal. Faz convergir, no presente, a força do passado (a tradição dos pais) e do futuro (os sonhos, as utopias). Com esses dois auxílios, a pessoa podia construir um caminho feliz.

O formador bíblico dispunha de dois grandes instrumentos: a realidade da vida e a Lei divina,[68] o cotidiano e o querer de Deus, polos que, juntos, acendem a luz. No entanto, essa mesma luz pode cegar, se faltar "pé no chão", o olhar crítico e o discernimento.[69] Por isso, o israelita e, mais tarde, o cristão são chamados a discernir entre o bem e o mal, entre a vida e a morte, e a escolha consciente e

[67] Para esse tópico, veja outra vez nosso texto: "*Educação no AT*", pp. 147-161.

[68] Sirácida fará a fusão destes elementos ao afirmar que a *Lei está repleta de Sabedoria* (Eclo 24,23; 39,1). A Sabedoria a que se refere brota da realidade da vida e impregna a Lei. Já o Pentateuco vincula a prática da Lei divina com a Sabedoria (Dt 4,5-6).

[69] A Lei divina, se tomada literalmente, como faz a leitura fundamentalista, em vez de iluminar, cega, como quando se encara uma lâmpada. Embora Paulo se refira à questão externo-interna, sua sabedoria "*a letra mata, o espírito vivifica*" (2Cor 3,6) pode ajudar, também, aqui, a não se ater à materialidade externa do escrito. Isso ocorre em certos rigorismos puritanos, pensados para anjos e não para humanos.

livre:[70] "*Escolhe, pois, a vida, para que vivas tu e tua descendência...*" (Dt 30,19). O ser humano molda sua vida cada vez que consegue escolher, discernir, decidir e realizar. Nisso consiste a artesania de si mesmo: lapidar a animalidade do ego e fazer emergir o ser (autenticamente) humano, ciente e livre. A formação corrobora esse processo.

A formação humana constitui-se, portanto, em um dom divino (teológico) e em uma tarefa nossa (antropológica), cujo cume será a própria pessoa de Jesus.

4. Jesus e a Igreja primitiva

A formação oferecida por Jesus envolve, sobretudo, três elementos entrelaçados e aglutinadores: o chamado, a comunidade e a missão.[71]

A relação de Jesus-formador com seus formandos começa com um ***chamado***: "*vem e segue-me*" (Mt 19,21b; Mc 10,21b; Lc 18,22b).[72] Retoma-se aquela perspectiva de *saída*. Em uma relação mestre-discípulo, no seguimento, dá-se a formação. Saindo de si, Jesus os ajuda a se encontrarem consigo mesmos e, por conseguinte, descobrirem e abraçarem a missão.

Jesus forma, em torno de si, uma ***comunidade***: "chamou os Doze para que *ficassem com ele*" (Mc 3,14). *Permanecer* nele como o ramo na videira (Jo 15,1-17). Trata-se de uma relação de vida ou morte, pois o ramo não produz fruto sem o tronco e, tampouco, sobrevive sem ele. O crescimento do ramo, a vida fecunda e a eficácia pastoral dependem dessa comunhão. O permanecer é recíproco (Jo 15,5; 6,56). Não permanecer significa esterilidade e morte do ramo. Assim, a relação com Jesus é definitiva, a decisão tomada deve ser persistente. Jesus não quer "*ficar*" conosco, não pensa em "*ter um caso*", como uma borboleta de flor em flor, que não se compromete, sem fidelidade e responsabilidade. Ele quer permanência! A formação ganha aqui caráter permanente.

[70] Dt 1,39; 30,15-20; Js 24,15; Sl 1; Mt 7,13-14.24-27.

[71] Dito de outra forma: o ponto de partida, a convivência e a tarefa.

[72] Mt 4,18-22; 8,21-22; 9,9; 10,1-4; Mc 1,16-19; 2,13-15; 3,13; Lc 5,27-28; 6,12-16; Jo 21,19.

Todavia, "aquele que permanece em mim e eu nele *produz muito fruto*" (Jo 15,5). A comunidade, que Jesus forma, é incumbida do anúncio, da ***missão*** (Mt 10,5-16; Mc 3,14b-15; 6,7-13; Lc 9,1-6). Seus membros não só convivem e trabalham juntos (Lc 10,1). A missão tem, todavia, uma meta clara: o *Reino* de Deus. Portanto, a formação do mestre abarca o arco do chamado à realização do Reino.

Que o mestre *ensinava* seus discípulos é um fato.[73] Era preciso erradicar a ignorância das pessoas e dos colaboradores. Jesus percebia que nada pode ser pior ou mais venenoso do que ter a consciência roubada. A formação era a via para isso. A desalienação da consciência era parte de sua pedagogia.[74] Não por acaso, era reconhecido como rabi-mestre.[75] Essa tarefa foi confiada também aos discípulos:[76] desalienar, também, quem encontrassem pelo caminho. Na sequência, elencaremos algumas atuações formativas de Jesus, ensinadas por palavras e por suas atitudes.[77]

4.1. Atuações formativas de Jesus

Jesus forma, das mais variadas formas, quem se aproxima dele. Mateus diz que ele sentou-se, reuniu os discípulos e "*abrindo a boca, começou a ensinar-lhes*" (Mt 5,2).[78] No entanto, ensina também com gestos (milagres), posturas, atitudes, convívio e, até mesmo, com seu silêncio (Mt 27,14). Os cenários eram os mais diversos: cidades, aldeias, sinagogas, templo, caminho, beira do lago, monte, lugares

[73] O termo *ensinar* aparece, muitas vezes, na relação de Jesus com seu auditório. Por ex.: Mt 4,23; 5,2; 7,28-29; 9,35; Mc 1,21-22.27; 2,13; 4,1-2; 6,2.6.34; 8,31; 9,31; 10,1; 11,18; 12,35.38; Lc 4,15.31-32; 5,3.17; Jo 6,59; 7,14; 8,2.20 etc.

[74] No Oriente Antigo, a cegueira era usada como metáfora para falar das pessoas sem cultura, sem formação, que viviam na ignorância. Portanto, as curas de cegos eram também uma forma de recuperar a *visão*, abrir a mentalidade, erradicar a cegueira da ignorância. A importância do evento chama a atenção dos quatro evangelistas (Mt 20,29-34; Mc 8,22-26; 10,46-52; Lc 18,35-43; Jo 9).

[75] Por ex.: Mc 4,38; 5,35; 9,17.38; 10,17.20.35.51; 11,21; 12,14.19.32; 13,1; 14,45. O título aparece na boca do próprio Jesus (Mc 14,14; Jo 13,13.14; Mt 23,8).

[76] Por ex.: Mt 11,1; 28,20; 5,19; Mc 6,30; At 2,42; 4,2.18; 5,21.42; 15,35; 18,11; 20,20.25; 21,21; 28,31; Rm 12,7; Ef 4,21.

[77] Em função do limite deste texto, oferecemos aqui algumas ações a título de exemplo. Que o leitor ajude, completando a lista.

[78] Recorria aos discursos, ditos, parábolas, controvérsias etc.

desertos, enfim, lá onde a vida se manifesta. Entre suas atitudes formativas, destacamos:

Ver e ***ouvir***. *Ver* é o terceiro verbo aplicado a Deus na Bíblia. Ele cria, fala e vê (Gn 1,1-4). *Aquele que vê* é a definição dada a Deus pela egípcia Agar (Gn 16,13) e que ele *ouve* aparece no nome de seu filho, Ismael (Gn 16,11.15), porque não foi indiferente ao drama de ambos. No 2º Livro da Bíblia, o Êxodo, em um texto paradigmático, entre as atitudes divinas em face ao drama do povo, uma é *ver* os filhos de Israel, a outra é *ouvir* seus gemidos causados pelo peso da servidão (Ex 2,23-25) e, por fim, tomar partido (Ex 3,7-10). Deus vê pessoas e situações concretas. *Ver* e *ouvir* são um binômio que percorre toda a Escritura. *Ouvir* é o verbo da tradição (Sl 44,2; 78,3-4). Recebemos a fé pelo ouvido: "*ouve*, ó Israel!" (Dt 6,4). Enquanto *ver* é o verbo da experiência. Ver é experienciar, degustar o mistério divino, o Deus inefável. Jó se dirige a Deus, dizendo: "Conhecia-te só de *ouvir* dizer, agora *viram*-te meus olhos" (Jó 42,5). O ouvir deve levar ao ver. Se a tradição não levar à experiência viva e atual, frustra a meta, não cumpre seu papel, não é sadia. O Evangelho de João retoma esse elemento.[79] O ver a Deus, no entanto, é mediado pelo outro (1Jo 4,19-21). Jesus se encontra no vulnerável (Mt 25,13-45). O *ver* de Jesus acompanha-se de *compaixão*, ponto de partida de seu agir.[80] O ver de Jesus rompe a indiferença. "*Os ídolos... têm boca, mas não falam, têm olhos, mas não veem, têm ouvidos, mas não ouvem*" (Sl 115,4-6; 135,15-17; Sb 15,15; Dn 5,23). No mundo marcado pela surdez e indiferença à sorte dos vulneráveis, nossa formação leva a Deus ou aos ídolos? A espiritualidade de nossas casas de formação deixa transparecer que tipo de divindade?

Amar. Deus nos amou primeiro (1Jo 4,10.19) e seu Filho amou-nos até o fim (Jo 13,1; 15,13) e espera a recíproca (Jo 14,23). Na verdade, a exigência de amar a Deus e ao próximo não é uma novidade (Dt 6,5; Lv 19,18), a forma sim: "*como eu vos amei*" (Jo 13,34-35). Jesus esquece todas as fraquezas de Pedro. Impõe-lhe,

---

[79] Jo 1,38-39.45-46.47-48; 4,29; 20,18.25.28.

[80] Mt 9,36; 14,14; Mc 6,34; Lc 7,13; 10,33; 15,20; Jo 11,33.

porém, uma única condição: "tu me *amas*?" (Jo 21,15-17). O amor e o encanto são basilares para que o discípulo não se reduza a um mero funcionário sagrado, amargo, estéril. Pressupõem cultivo, cuja negligência abre espaço para outras paixões, traições e abandono do primeiro amor (Ap 2,4).

Servir. O mestre declara: "*se alguém me serve, siga-me, e, onde eu estou, ali estará também meu servo. E, se alguém me servir, o Pai o honrará*" (Jo 12,26). Em seguida, João prefere substituir o relato da instituição da Eucaristia[81] pela narrativa que apresenta as consequências para quem comunga: o *lava-pés* (Jo 13,1-17). O cristão *comunga* de um projeto que se realiza no *serviço*.[82] Celebrar a ceia implica *amor*, que dá a vida (Jo 15,13) até as últimas consequências (Jo 13,1b), e *serviço*. Disso o mestre se faz modelo (Jo 13,1b.14-16).[83] Jesus conclui transformando a cena em uma opção clara de vida, um ideal expresso em uma Bem-aventurança: "se compreenderdes isso e o praticardes, *sereis felizes*" (v. 17). Logo, feliz é quem serve! A formação para a vida consagrada e o presbiterato está levando ao servir ou ao ser servido? Com frequência, muitos candidatos ao seguimento mais radical de Jesus querem e esperam ser servidos,[84] incapazes de empreender qualquer iniciativa de serviço ou assumir qualquer responsabilidade. Chegam a nossas casas com idealismo e logo se cansam e se corrompem, ao longo da formação. A estrutura, os ensinamentos e os exemplos que veem favorecem isso. A formação cristã não pode conformar-se com tal atitude.

Doar-se, dar, partilhar. Na sociedade consumista em que vivemos, nosso desejo latente é o de comprar e ter. O sistema econômico explora a tendência natural a acumular. Assim um moço, já possuidor de muitos bens (Mt 19,22), quer acumular mais um: "Mestre, que farei de bom para *ter* a vida eterna?" (v. 16). Em sua

[81] Nos sinóticos: Mt 26,26-28; Mc 14,22-24; Lc 22,19-20.

[82] Mt 20,25-28; 23,11; Mc 1,31; 9,35; 10,42-45; Lc 22,25-27.

[83] Aí estão duas grandes colunas do Evangelho e da Igreja de João: o *amor* e o *serviço* - resgatando a tradição de Dt 10,12; 11,13.

[84] Obviamente, existem aqueles que procuram nossas casas porque veem aí uma oportunidade de mudança de condição social e, consequentemente, não vieram para servir.

sabedoria, Jesus responde: "se queres ser *perfeito* (*teleios*), vai, vende os teus bens e *dá* aos pobres..." (v. 21). *Perfeição* equivale à renúncia dos bens, a dar, a partilhar. Então, Jesus insiste na partilha cristã.[85] Dimensão assumida, depois, pela Igreja.[86] E bem antes do comunismo! Partilhar os bens culmina no bem maior: a vida, a renúncia e a doação plena de si.[87] O modelo é o próprio Cristo. Algo totalmente incompatível com o hodierno culto ao ego, com a autorreferencialidade e com a sede de acúmulo. Essa atitude, na verdade, está vinculada ao amar e servir. *Doar-se*, como Jesus, é o limite do serviço dos consagrados. Opção descartável para o avarento e mesquinho.

A *causa da justiça*. Fome e sede de justiça e perseguição por causa dela são temas de duas Bem-aventuranças mateanas (Mt 5,6.10).[88] Jesus não se limitava a fazer críticas às injustiças ou a promover o direito de quem o tinha! Ele dava direito a quem não tinha. Isso não se vê em um texto apenas, e sim em cada página dos Evangelhos. Basta observar com atenção sua relação com os vulneráveis. Era movido pela compaixão, pelos valores do Reino. Sua prática não era cega, pois era movida por uma mística. Essa era a justiça que excedia aquela dos escribas e fariseus (Mt 5,20). Quando a justiça alcança este nível, ganha outro nome: *misericórdia*. Trata-se, na verdade, de um conceito mais elevado e mais nobre de justiça. Ela define, inclusive, o conteúdo da liturgia (Mt 9,13; 12,7). A indiferença e mesmo a aversão às causas de injustiças por parte de tantos seguidores de Jesus tornam urgente retomar este traço da formação do Mestre a seus discípulos.

A *verdade*. Estamos na, assim chamada, era da pós-verdade. Mandatários se elegem com a pós-verdade. Está na ordem do dia manipular a opinião pública. Parece normal não ser reto e verdadeiro. A meta proposta pelo livro do Levítico, vista anteriomente, "*ser*

[85] Mt 14,13-21; 15,32-38; Mc 6,31-44; 8,1-9; 10,21-22; Lc 9,10-17; 24,30-35; Jo 6,1-13.

[86] At 2,42-47; 4,32-37; 5,1-11.

[87] Mt 10,39; 16,24-25; Mc 8,34-35; Lc 9,23-24; 17,33; Jo 15,13.

[88] Mt 6,1.33; 23,23.

santo" (Lv 19,2), aparece vinculada à erradicação da falta contra a verdade: "*não roubareis (ǵānab),*[89] *nem mentireis (kāḥaš),*[90] *nem enganareis (šāqar) alguém em teu povo*" (v. 11). Trata-se de relações de caráter não confiáveis, sobretudo, entre as pessoas, que devem ser banidas. Jesus dá continuidade ao pensamento. Para ele, o diabo não se mantém, não se baseia e não se sustenta na verdade, porque não é da verdade (Jo 8,44). O Mestre exorta-nos a conhecer a verdade: e "*a verdade vos tornará livres*" (Jo 8,32), e conclui: "*Quem é da verdade escuta minha voz*" (Jo 18,37). Quando pessoas, que estão passando ou passaram pelas etapas de formação, difundem *fake news*, envolvem-se em corrupção e roubos (e oxalá não caiam no tráfico!), não amam a verdade e a retidão... cabe a pergunta, se se trata de uma questão de índole da pessoa ou se tem a ver também com uma formação que faz vista grossa ou não percebe ou não alcança o desvio de caráter do indivíduo? Causa indignação que alguém que abrace o Evangelho não seja reto e verdadeiro. Permanece válida, porém, a afirmação de Jesus, que diz: "*Eu sou o caminho, a verdade e a vida*" (Jo 14,6).

A *tradição*. No mundo bíblico, a precedência cronológica tem qualidade superior, o mais velho vale mais. Trata-se do princípio da *antiguidade*. Ora, se o antigo tem valor e se conserva, não pode ser eliminado. Eis a base da tradição! Tem-se aqui o princípio da *conservação*. Portanto, a tradição em si é boa e precisamos dela, pois se constitui em um veículo de transmissão dos conteúdos de uma época a outra.[91] Nessa perspectiva, a sociedade antiga era conservadora. Por outro lado, a tradição conservava o que tinha valor para o presente. O interesse pelo passado era movido pelas preocupações presentes (Dt 5,3). Por isso, a tradição era sempre reinterpretada, relida e, às vezes, corrigida à luz do presente. Não se guardava a tradição para apreciá-la como peça de museu. Eis o princípio da *atualização* ou da *continuidade*. Era necessário ajustar ou adequar os conteúdos, resgatar o espírito

---

[89] O mesmo verbo que aparece no Decálogo: "*Não roubar*" (Ex 20,15; Dt 5,19).

[90] Pode significar também: *enganar, tratar com falsidade* e, no piel, como é o caso, *negar a verdade*.

[91] Por exemplo, sem a tradição, não teríamos as Escrituras nem estaríamos aqui como cristãos.

da tradição, assim que pudesse responder às situações novas. O interesse pelo passado não pode ser desligado das preocupações atuais.[92]

Todavia, já no tempo de Jesus, esse terceiro princípio havia caído no esquecimento e, por conseguinte, perdido o espírito da tradição, tornando-a completamente estéril e opressora. E, nesse contexto, Jesus reage (Mt 15,1-9; Mc 7,1-13), primeiro perguntando: "*por que violais o mandamento de Deus por causa de vossa tradição?*" (Mt 15,3) e, depois, afirmando: "*invalidais a Palavra de Deus por causa de vossa tradição*" (v. 6).[93]

Ora, o saudosismo triunfalista atual patrocinado por um clericalismo etéreo e estéril, alheio às realidades presentes e sem consistente embasamento teológico, tornam urgente uma revisão do sentido de *tradição*, na formação cristã. Em nome da tradição, caiu-se em um *tradicionalismo* patológico e irracional, longe do espírito que animava a prática de Jesus e da Igreja dos três primeiros séculos. Em alguns casos, as reações tradicionalistas atingem as raias da falta de boas maneiras e falta de respeito, na contramão da visão bíblico-teológica. Particularmente, a forma como alguns grupos, que se autodenominam como verdadeiros católicos, tratam o Papa, os bispos e os irmãos de fé, e tantos outros, não esconde a ausência dos princípios elementares da boa educação.[94] Isso não pode ser ignorado na formação humano-cristã. Faz-se necessário lembrar que o foco de transformar a vida em uma oferenda viva e agradável a Deus é incompatível com a conduta desrespeitosa e odiosa de muitos, particularmente, de futuras lideranças do povo de Deus.

A *correção fraterna* e o *perdão* (Mt 18,15-18.21-22; Lc 17,3-4). No processo de humanização do outro na comunidade, a correção e o perdão são de importância vital. Fala-se aqui de valores bíblicos não abolidos, porém, não raro, esquecidos. A correção fraterna era uma prática comum no passado. Certamente, havia nela exageros. Todavia, ao abandonar os exageros, jogou-se fora a água suja da bacia com a criança junto. Deu-se lugar a uma linguagem

[92] Para esses princípios, veja: J.-L. SKA. *Introdução à leitura do Pentateuco,* pp. 179-191.

[93] Entram aqui, por exemplo, as transgressões do sábado e das regras de pureza.

[94] Isso revela que nossas casas e academias de formação devem suprir uma carência que vem das famílias que já não conseguem cumprir seu papel elementar.

"diplomática" no tratamento dos erros dos faltosos, muito longe da *paresia* paulina, que só prorrogam a solução dos problemas, permitindo que cresçam até um nível, não raro, irreversível.

Confrontar-se com os problemas do povo. Quando os discípulos tentam afastar de Jesus a multidão faminta, ele responde: "*dai-lhe vós mesmos de comer*" (Mc 6,35-37; Mt 14,15-16; Lc 9,12-13). Quando repreendem um cego para que se cale e não atrapalhe, Jesus diz: "*chamai-o!*" (Mc 10,47-49). Quando é questionado por comer com publicanos e pecadores, responde: "*não são os que têm saúde que precisam de médico, mas os doentes*" (Mc 2,15-17). Portanto, Jesus não alimenta a fuga dos dramas humanos, antes, ensina os seus a se confrontarem com eles. Que sentido teriam as pastorais, se não ajudassem a erradicar as misérias humanas, se não humanizassem?

Eis aí alguns traços da formação de Jesus, presentes em suas palavras ou em sua forma de atuar.[95] Seu horizonte formativo pode ser visto na frase: "*o grão de mostarda, sendo a menor de todas as sementes... cresce e torna-se árvore...*" (Mt 13,31-32; Lc 13,19). Ele via na semente a árvore. A formação torna-se via de crescimento, amadurecimento e de frutos.[96] Os frutos servem para a continuidade da própria árvore e alimentam a coletividade.

4.2. A formação na Igreja primitiva

O NT serve-se de várias figuras ou modelos para apresentar a Igreja. João, por exemplo, apresenta a figura da videira e os ramos (Jo 15,1-17). Paulo fala do corpo, cuja cabeça é Cristo (1Cor 12). Pedro fala do edifício espiritual: as pedras vivas na Pedra Viva, rejeitada pelos construtores (1Pd 2,4-10).[97] Em todos os modelos, a *experiência* de Cristo está no centro e não podia ser diferente, e o indivíduo, jamais isolado, e sim inserido no coletivo. Ora, assim

---

[95] Espera-se que o leitor acrescente esses traços na sua reflexão.

[96] Aqui se enquadra o imaginário de Jesus envolvendo as crianças: Mt 18,1-4; Mc 9,36-37; Lc 9,46-48. E mais exatamente: "*se não vos converterdes e não vos tornardes como as crianças, de modo algum entrareis no Reino dos céus*" (Mt 18,3). Ora, o comum a toda criança é *crescer e amadurecer*.

[97] Pensamento também paulino (Ef 2,19-22; 1Cor 3,10-11).

também a formação humano-cristã converge para Cristo e emana do Cristo, para experienciá-lo e anunciá-lo. Ele é fonte e meta!

Desdobrando-se em um processo formativo concreto, aparecem vários elementos. Talvez uma bela síntese para os momentos atuais poderia ser o hino à caridade (1Cor 13), plenitude da Lei (Rm 13,10). Outra síntese pode ser vista na superação das obras da carne e na vivência dos frutos do Espírito (Gl 5,19-24), até chegar a ter os mesmos sentimentos de Cristo Jesus e esvaziar-se como ele (Fl 2,5-8). Outra fonte inspiradora pode ser ainda Cl 3,5-15. Na verdade, em cada hino cristológico, está um programa formativo para o cristão.[98] Quanto à arte de formar, cada apóstolo desenvolveu a sua. Isso significa que, em nosso tempo e espaço, temos de desenvolver formas novas e adequadas às situações atuais. Importa, porém, que o formando alcance a meta: o novo Adão.

5. Um balanço deste percurso formativo

Após essa abordagem, elencaremos alguns elementos que podem iluminar a formação atual. Não se trata de elementos necessariamente novos, mas de trazer à mente aspectos que o tempo deixou "enferrujar".

1) Deus é o formador primeiro, atua em nossa formação (em formandos e formadores), de tal forma que formar é dom e tarefa. A formação é sagrada, pois vem de Deus, que não abandona a obra começada (Fl 1,6; Sl 138,8b).

2) A formação consiste em um itinerário permanente, um caminho que começa no ventre materno e segue ao longo da vida, do velho ao novo Adão, o Cristo Jesus. Nesse itinerário, a formação de nossas casas e academias corresponde apenas a uma etapa. Logo, a formação pressupõe rumo, meta clara.

---

[98] Os cinco *códigos domésticos* do NT (Ef 5,21-6,9; Cl 3,18-4,1; 1Tm 2,1-2.8-15; 5,1-2; 6,1-2; Tt 2,1-10; 1Pd 2,13–3,7) não deixam de ser, na sua intenção, uma fonte inspiradora para a formação humana cristã. Esses códigos, verdadeiras listas de regras ou obrigações domésticas, visavam ajudar a melhorar as relações dos cristãos (sobretudo procedentes da gentilidade sem a base judaica) na família e na sociedade. Certamente foram influenciados por listas pré-existentes, de cunho ético, elaboradas por filósofos gregos pagãos, mas agora diferenciadas na sua base: "como convém *no Senhor*" (Cl 3,18) ou "agradável *ao Senhor*" (Cl 3,20). Era também a forma de estes cristãos fazerem a diferença entre os pagãos. Sobre isso, veja: R. E. BROWN. *Introdução ao Novo Testamento,* pp. 798-799.

3) A formação implica em um processo de *saída* para si e para fora, em uma amizade construtiva com Deus, o Oleiro. Amizade que amadurece, transforma a vida e enobrece a ética e as relações interpessoais. A intimidade com Deus torna-se uma condição de vida para quem se põe em marcha. Pela *graça* de Deus somos o que somos (1Cor 15,10).

4) O formando é chamado a aderir a *Deus* e a seu *projeto*[99] com todo o seu ser e com todas as suas forças, com discernimento e escolha, sentindo-se protagonista da própria construção, na construção eclesial-social. O formando deve almejar ser único, alcançar a unidade. Todavia, o modelo não é a *mônada* "autista" de Leibniz, antes, a comunhão "pericorética" da Trindade, um Deus que *sai* para criar e redimir, Emanuel.

5) A formação para um projeto sem Deus como também a formação para um Deus sem projeto afasta-se das bases bíblicas. Distancia-se do pensamento bíblico, tanto uma formação que se deixa confundir pelo mundo (quando se espera o contrário), quanto uma formação que ignora a construção de um "*novo céu e uma nova terra*" (Is 65,17; 66,22; Ap 21,1), já a partir da história.

6) Formando e formadores não são perfeitos, nem santos. Quem se sente pronto, acabado, não cabe em uma casa de formação. Lá é o espaço para quem está disposto a entrar em um processo de crescimento em busca de si mesmo, conformando-se ao projeto divino, projeto do Reino. Cada um traz consigo suas fraquezas, suas limitações, o Adão que é. Porém não há espaço para a resignação. O formando, enxergando-se na larva, almeja, com todas as forças, ser a borboleta. O formador vê no candidato, ainda no ovo, um condor; no velho, o novo Adão. Noutras palavras, a santidade almejada é para humanos e não para anjos, uma meta a ser atingida, sempre um processo, um caminho.

7) A comunidade. Aqui deve estar o espaço no qual o formando respira e se movimenta – como a água para o peixe. Ela é formadora e formanda com o formando. Todavia, deve-se ter clara a meta, o

[99] O NT chama de Reino de Deus ou dos céus.

carisma, o projeto. Um cego não pode guiar outro (Lc 6,39-42; Mt 15,14).

8) A Bíblia, enquanto instrumento formativo, não oferece princípios doutrinais ou definições dogmáticas, antes apresenta um *testemunho* de fé, pensada a partir da relação histórica do homem com o Inefável, amante do órfão, da viúva e do estrangeiro (Dt 24,19; Sl 146,9; Tg 1,27), que se expõe à adesão de fé. A *atração* caracteriza a aproximação dos buscadores do Deus vivo. O pressuposto básico consiste em despertar a relação de fé mais que oferecer conceitos. Jesus não se preocupa em formular conceitos, antes trabalha com pessoas concretas e sempre coloca os vulneráveis no centro. Isso não deve ser ignorado pela comunidade que forma.

9) Não existe domingo de Páscoa sem Sexta-feira Santa.[100] A formação deve ajudar um formando a reconhecer o Cristo glorioso no crucificado (Jo 20,26-27); na cruz, está o filho de Deus (Mc 15,39). Se o Cristo que se adora nos altares não ajuda a vê-lo nos crucificados da vida (Mt 25,31-46), então foi reduzido a um ídolo, foi "desnatado".

10) Delegar a formação às pastorais pode ser um equívoco. Entretanto, ignorar as pastorais como elemento importante no processo formativo significa ensinar a nadar por correspondência. Todavia, apascentar não se reduz às ovelhas "achadas" e, preferencialmente, às *gordas* (Ez 34,3-4). Isso seria apascentar-se a si mesmos (Ez 34,2.8.10). O verdadeiro pastoreio busca, sobretudo, as "perdidas" (Ez 34; Lc 15; Mt 18,12-14) e dá a vida por elas (Jo 10,1-18). Jesus se preocupava com a alimentação, a saúde, a educação (conscientização), os direitos, a inclusão e a humanização das ovelhas. Quando a pastoral moderna se ocupa em "*salvar as almas*" abstratas e ignora a pessoa em sua dignidade como um todo, alimenta-se aí uma visão *dualista* que, há muito, já deveria ter sido superada, porque diametralmente oposta à visão bíblica. As *almas* que Jesus apascentava tinham corpo concreto, faminto, sedento, nu,

---

[100] Mc 8,31-33; 9,30-32; 10,32-34.

enfermo, preso.[101] Em que fase do processo formativo essa visão antropológica dualista ou *binária* deve ser corrigida?

11) Não se forma esquecendo-se das raízes. A árvore, que olvida suas raízes, morre. Tornou-se comum, formandos, que vêm das periferias geográficas ou existenciais, esquecerem e, até mesmo, negarem suas raízes. Abraçam um aburguesamento consumista e posições radicais de direita, tornando-se defensores ferrenhos do ritualismo e de um tradicionalismo saudosista e triunfalista. Muitas vezes, constituem-se em militantes de um catolicismo de privilégios que desconhece a palavra "*serviço*", atrelado a grupos opressores e a "*gurus*" descompromissados com a causa dos vulneráveis. Se servir a Deus e a *Mamón* (Mt 6,24; Lc 16,13), Javé ou Baal (1Rs 18), são realidades incompatíveis, a eles pouco importa! Isso tem algo a ver com a formação?

12) A formação não pode ignorar a relação entre direitos e deveres. Não poucos formandos procuram um porto ou oásis seguro para ancorar, ávidos por direitos sem a menor noção de que aos direitos correspondem deveres e que seguir Jesus não é garantia de direitos, mas de renúncias.

13) Tornou-se urgente discutir, na formação, algo mais basilar e existencial: o sentido da vida. A formação não alcançou o âmago do formando, enquanto padres, na flor da idade, suicidam-se. Os conflitos se tornam maiores que o próprio existir.

Todos esses pontos podem ser óbvios. Todavia, a situação atual revela que o óbvio não é mais conhecido. As lacunas que transparecem nesses pontos não podem nos impelir a acolher apenas as vocações perfeitas (se é que existem). Os perfeitos não precisam mais de formação. Jesus não chamou perfeitos. Quer-se apenas

[101] Distinguir não é separar. Corpo e alma não são vistos como realidades opostas. Os evangelistas pensam em *psyche* (heb. *nefesh*) = *alma* com categorias semíticas e não pitagóricas (gregas), ou seja, a força existencial vital do ser humano, que pressupõe (ou não existe sem) o corpóreo. Quando o evangelista diz: "*não temais os que matam o corpo, mas não podem matar a alma...*" (Mt 10,28), sugere não temer justamente por causa dessa visão única, integral ou holística do ser humano, ou seja, ninguém conseguirá dividi-lo ou eliminá-lo completamente. É perverso ler os textos (do NT) em chave grega para justificar o dualismo e suas consequências nefastas.

lembrar que tais lacunas precisam ser trabalhadas, como os metais preciosos são acrisolados,[102] *tiram-se deles as escórias* (Pr 25,4).

Janela interativa 3 – A Bíblia inspira minha vocação

A Palavra de Deus inspira a vocação. Geralmente fazemos referência a alguma citação bíblica que marca nosso sim a Deus. Você teria uma citação Bíblica que o acompanha vocacionalmente? Qual é e como ela inspira você?

____

____

____

____

____

____

____

____

____

____

____

____

____

____ ...

[102] Jó 23,10b; Sl 66,10b; Eclo 2,5a; Sb 3,6a.

IV
O HUMANO EM CADA VOCAÇÃO: A RESPOSTA VOCACIONAL

Pe. Deolino Pedro Baldissera, sds

"A graça supõe a natureza"!

"A graça supõe a natureza" diz uma afirmação teológica Tomasina. Tomando como referência tal afirmação, quando falamos de vocação para a vida religiosa consagrada ou presbiteral (também matrimonial), pressupõe-se que a graça da vocação é dada por Deus a alguém que tem uma história pessoal com suas experiências e suas compreensões sobre a vida. É dada para uma pessoa concreta, situada em um contexto. A resposta vocacional é da responsabilidade do chamado, que tem o direito de receber uma ajuda qualificada para seu discernimento (seus formadores). Deus dá a semente, o cultivo dela depende do terreno e dos cuidados que se dispensam a ela.

Para melhor entender a temática, podemos abordá-la sob alguns aspectos.

1. Vocação: um chamado situado no tempo e no espaço do sujeito humano

Na perspectiva cristã, a vocação é vista como um dom de Deus, dado a alguém para dedicar-se a uma missão. Ninguém é vocacionado para si mesmo. É em vista de uma missão. Portanto, a pessoa vocacionada precisa estar disposta a se entregar à missão para a qual está sendo chamada. Deus dá a vocação a quem Ele quiser. Não são critérios humanos que designam um vocacionado. Contudo, a vocação precisa ser assumida com liberdade e responsabilidade. Ninguém é dono da própria vocação, pois, se foi chamado, foi chamado para algo que está fora de si, isto é, um bem disponível para focar o bem dos outros.

A afirmação de que "a graça supõe a natureza" nos indica que ela age no contexto da natureza. Aqui podemos entender natureza pelas condições de que o indivíduo receptor da graça dispõe. Sabemos, pelas ciências, que o ser humano se constrói e se desenvolve segundo processos de desenvolvimento que vão acontecendo à medida que ele cresce. Ninguém nasce pronto. É nos processos de desenvolvimento que ocorre o confronto entre aquilo que o indivíduo traz consigo como herança genética com tendências próprias e aquilo que encontra no meio ambiente onde se desenvolve. Sabemos que são processos complexos que abrangem a vida como um todo, embora haja momentos mais concentrados em um aspecto do que em outros. Façamos uma explicitação melhor sobre tais processos.

1.1. Desenvovimento biológico

A natureza é dotada de componentes biológicos e, por si mesma, conduz o processo de desenvolvimento e amadurecimento biológicos. O feto vai se desenvolvendo naturalmente, seguindo as leis da própria natureza. Depois que nasce, continua desenvolvendo seu corpo e habilidades decorrentes. O corpo biológico estará pronto em torno dos 25 anos. Não há necessidade de "educar" ou interferir no processo porque ele acontece naturalmente. Há casos em que há a necessidade de intervenção médica, quando, por algum motivo, o processo é afetado. Essas intervenções, contudo, visam a correção de rota. Podemos afirmar que o desenvolvimento biológico caminha por si. Passamos pelas fases de criança, adolescente, adultos e ancião. É um processo linear e continuado. Só a morte pode interromper esse caminho.

1.2. Desenvolvimento psíquico

Em relação ao amadurecimento psíquico, são processos mais complexos do que o biológico, porque esses recebem a influência do meio ambiente, da cultura, das experiências pessoais e sociais. Há uma interação entre o intrapsíquico e o extrapsíquico. Em outras palavras, entre aquilo que é próprio do sujeito e aquilo que sofre como influência do que está fora dele. Isso que está fora dele, família, cultura, ambiente, tudo o que o cerca, interfere e interage com ele. Por exemplo, cada um traz dentro de si a necessidade afetiva. Porém, como esta será suprida, depende de outras pessoas de seu entorno. Ninguém se desenvolve afetivamente sozinho. Precisa do afeto do outro. Consideremos um pouco essa questão do desenvolvimento afetivo.

Os estudos do processo de desenvolvimento afetivo comportam diversas visões aliadas àquelas teorias que lhes correspondem. Por exemplo, temos uma teoria do desenvolvimento afetivo desenvolvida por Erik Erikson.[1] Nela, ele propõe que o desenvolvimento passa por oito estágios sucessivos, em que cada um deles comporta um dilema a ser resolvido. O comprometimento em um estágio afeta o seguinte, alijando o sujeito em seu amadurecimento. Temos também os estudos relativos aos primeiros dois anos de vida estudados por Otto Kernberg, em que dedicou sua atenção a observações sobre os processos de desenvolvimento da relação objetual,[2] caracterizados por quatro fases: autista, simbiótica, separação entre bom e mau (cisão) e integração. Temos ainda os estudos de Jean Piaget, relativos ao desenvolvimento cognitivo que se caracterizam também por fases (estágios): reflexas, concretas e formais.[3] Temos estudos interessantes sobre o desenvolvimento moral de Lourence Kolhberg,[4] em que trata de seis estágios sucessivos. Para cada estágio descreve os critérios com os quais o sujeito julga. Kohlberg afirma que são poucos os que conseguem atingir o sexto estágio, que seria o modo mais maduro de julgar. Temos ainda os estudos de Fowler sobre os estágios

[1] BALDISSERA, Deolino Pedro, **Conhecer-se: um desafio**, São Paulo: Paulinas, 2015, p. 35ss.

[2] BALDISSERA, **Conhecer-se: um desafio**.

[3] *Ibid.*

[4] SANTOS, José Carlos dos, **Psicologia e desenvolvimento moral da pessoa**, Mariana: Dom Viçoso, 2021.

do desenvolvimento da fé.[5] Além desses citados, há outros estudos interessantes, por exemplo, de Baldwin, sobre a teoria dos vínculos e, também, de Winnicott[6] sobre os objetos transicionais. Esses diferentes estudos mostram a complexidade da psiquê humana. Alguns aspectos vamos detalhar melhor nos itens seguintes. É nesse emaranhado de processos que a vocação se insere e se desenvolve.[7] Além desses estudos sobre os processos de desenvolvimento, temos também a questão do desenvolvimento da imagem ou melhor da representação de Deus.

1.3. Desenvolvimento da imagem/representação de Deus

Todos nós, desde as primeiras experiências religiosas, somos marcados pela forma como fomos educados e as molduras de imagens/ representações de Deus que nos foram apresentadas.[8]

A representação de Deus elaborada por nós nem sempre corresponde a do Deus verdadeiro. Com frequência ela é falsa ou distorcida, distante do Deus revelado por Jesus. A vocação, muitas vezes, pode ser interpretada à luz de um deus caricaturizado, ídolo. Ademais, como diz Rizzuto:

> o processo desenvolvimental de formar uma representação de Deus é excessivamente complexo e é influenciado por uma diversidade de fenômenos culturais, sociais e familiares e individuais, que vão desde os níveis biológicos mais profundos da experiência humana até a mais sutil das realizações espirituais (...). Cada indivíduo produz, ao longo do desenvolvimento, uma representação idiossincrática e altamente personalizada de Deus, derivada de suas representações em evolução do self e de seu sistema ambiental de crenças. Uma vez formada, é impossível fazer com que

[5] FOWLER, James, **Estágios da fé**, São Leopoldo: Sinodal, 1992.

[6] WINNICOTT, Donald, **O ambiente e os processos de maturação**, Porto Alegre: Artmed, 1988.

[7] Para aprofundar esses aspectos remeto à bibliografia indicada nas notas de rodapé.

[8] RIZZUTO, Ana Maria, **Nascimento do Deus vivo**, São Leopoldo: Sinodal, 2006, p. 127; Conferir também: FRIELINGSDORF, Karl, ... **Ma Dio non è così: ricerca di psicoterapia pastorale sulle immagini demoniache di Dio**, Milano: San Paolo, 1995.

esta representação complexa desapareça: ela tão somente pode ser realçada, transformada ou usada.[9]

A complexidade da formação da representação de Deus está também vinculada ao desenvolvimento da personalidade, como diz Ciotti, o

> nascimento do homem que crê é um processo estreitamente imbricado no desenvolvimento da personalidade. Naturalmente, a apropriação da ideia de Deus culturalmente transmitida, que é um processo interacional linguístico-simbólico, supõe e é orientada por representações com a figuração consciente de Deus, fruto da elaboração pessoal dos conteúdos da transmissão cultural, é o lugar da possível avaliação "psicológica" da crença e da descrença, segundo o critério da egossintonicidade.[10]

A vivência vocacional tem a ver com o Deus em que cada um crê e que tipo de relação se estabelece entre o vocacionado e Deus. Que profundidade tem sua experiência pessoal de Deus e em quais valores se fundamenta e acredita. Nossas representações de Deus ganham uma configuração que se expressa, em "palavras-chave",[11] que traduzem nossas "convicções" sobre Deus.

Nós, enquanto humanos, trazemos uma tendência natural que nos possibilita uma relação com o transcendente, isto é, com Deus. Contudo, essa tendência se depara também com nossa propensão ao imanente, isto é, aquilo que é do "aqui e agora". Vejamos melhor.

2. Dialética entre o imanente e o transcendente no ser humano

Enquanto seres humanos, temos dentro de nós, por natureza, uma tendência ao imanente que nos liga ao que é da "terra" e uma tendência transcendente que nos liga ao que é do "céu".

---

[9] RIZZUTO, **Nascimento do Deus vivo**, p. 137.

[10] ALETTI, Mario; ROSSI, Germano, **L'illusione religiosa: rive e derive**, Torino: Centro scientifico, 2001, p. 297.

[11] BALDISSERA, Deolino Pedro, **História pessoal registrada em palavras-chave**, São Paulo: Dialética, 2021.

Entre ambas, podem existir ambiguidades nem sempre fáceis de identificar e integrar.

Essas duas tendências desenvolvem entre si uma tensão natural. O lado imanente está ligado a tudo o que é atraente e satisfaz necessidades do momento presente, como o prazer, o afeto, o reconhecimento. Esse lado imanente é motivado por aquilo que é imediatamente ligado às necessidades, de modo especial, aquelas ligadas as nossas relações com os outros. Nossas necessidades clamam por satisfação e orientam o psíquico para a busca da gratificação imediata.

O lado transcendente, por sua vez, está voltado para aquilo que é do "alto". Os valores vocacionais se enquadram nesse aspecto, porque eles indicam o horizonte a ser atingido que está fora do indivíduo. Por exemplo, quer ser padre para seguir Jesus, vivendo sua vida na perspectiva de uma missão. Nesse aspecto, o que motiva é o ideal que o sujeito quer alcançar, suas metas, seus objetivos de vida.

Contudo, esse lado transcendente se depara com o lado imanente, que busca satisfazer suas necessidades. Cria-se aí certa contradição entre o que o sujeito quer como ideal e o que realmente vive. Em outras palavras, proclama um ideal, mas não consegue viver na prática existencial.

Resumindo, podemos dizer que o lado imanente é atraído pelo aqui e agora, enquanto o transcendente é atraído pelo futuro, aquilo que deseja realizar ou viver. No dizer de Manenti, "o ser humano nasce com um grande e pequeno coração; não se torna assim por causa da sociedade, da má educação, do ambiente".[12] A própria natureza nos fez assim, voltados para a terra e para o céu ao mesmo tempo. Há momentos que estamos mais voltados para a terra e outros para o céu. Entre aquilo que já se conseguiu e aquilo que ainda pretendo obter, desenvolve-se uma tensão básica, que podemos chamar de dialética de base.[13] Rulla assim descreve essa dialética:

---

[12] MANENTI, Alessandro, **Compreender e acompanhar a pessoa humana**, São Paulo: Editora Paulinas, 2021, p. 33.

[13] Essa expressão é referida por Rulla, L., em sua teoria da autotranscedência na consistência.

é uma das características profundas do homem o desejar, o ser confrontado com algo que vai além de sua limitação, de sua finitude, da ordem sensível intuitiva-emotiva. Esse anseio pelo infinito, pelo objeto, abraça nosso espírito sem destruir; porém, quanto de finito, de limitado, existe em nós. Daí a dialética presente em nosso ser entre o infinito, a que tendemos com nossos ideais, e o finito de nossa realidade. Aliás, é a autotranscendência por si mesma que comporta tensão entre o eu como transcendente e o eu como transcendido. Esta dialética é ontológica, é inerente ao homem, a seu ser.[14]

Essa questão é bem complexa porque está relacionada com o todo da pessoa. Nós funcionamos holisticamente, quer dizer, como um todo. Mais adiante, vamos retomar a questão.

3. Superação de ambiguidades que dificultam o crescimento vocacional

A dialética mencionada anteriormente gera tensões. Muitas delas necessárias e positivas porque estimulam o crescimento para a maturidade. Outras, porém, podem causar conflitos que dificultam o crescimento. Vamos dar alguns exemplos para ficar mais claro. Suponhamos que um vocacionado escolha ser padre porque tem desejo de ajudar os outros, ser altruísta, mas, ao mesmo tempo, é muito inseguro e apegado a si mesmo, precisando sempre de um reconhecimento por parte dos outros. Se os outros não valorizam seu "altruísmo", fica sentido e perde o entusiasmo pelo que fazia. Nesse caso, pode estar em conflito seu desejo consciente de ajudar os outros (altruísmo) e em nível inconsciente ter uma necessidade de que vai no caminho contrário. Sente que algo interno não se satisfaz com seu altruísmo e não sabe o porquê. Nota certa contradição entre o que sente e o que quer. Esses conflitos podem se dar em relação a vários desejos (ideais) e necessidades inconscientes. Seu desejo vocacional por um lado pode ser sincero e desejável, mas impedido de crescer vocacionalmente por "problemas" de ordem intrapsíquica.

---

[14] RULLA, Luigi, **Antropologia da Vocação cristã**, São Paulo: Paulinas, 1987, p. 177-178.

4. Componentes psíquicos que estão presentes no caminho vocacional: eles podem facilitar ou dificultar o crescimento vocacional

Nosso psiquismo é complexo e rico em suas manifestações. Temos forças conscientes e livres que orientam nossa vida no presente e em direção a nosso futuro. Temos também experiências e memórias guardadas em nós que falam de nossa história vivida. Temos conteúdos que ficam no inconsciente. Estão escondidos, mas não mortos. Eles interferem sobre nosso consciente. Desde que nascemos trouxemos dentro de nós tendências naturais que, ao longo do caminho, vão encontrando em seu percurso possibilidades de realizações ou frustrações. Nosso desenvolvimento psíquico não é linear, isto é, não ocorre naturalmente favorecendo o crescimento. O meio ambiente onde crescemos, muitas vezes, obstaculiza a realização de nossos desejos.

As experiências mais fortes vividas por nós nos deixam suas marcas, elas são chamadas de memórias afetivas. Com o tempo podemos esquecer o que aconteceu, mas não esquecemos as emoções que vivemos em relação a fatos significativos de nossa vida. Essas emoções podem ser revividas diante de um pequeno estímulo de algo semelhante que acontece agora. Nem sempre encontramos explicação para aquilo que ocorre hoje, pois o fato não explica nossa reação. Por exemplo, posso me sentir culpado por algo, que não tem uma explicação racional. Vejo que não há motivo para me sentir culpado, no entanto, sinto-me culpado.

Nós podemos sentir culpa de dois tipos. Uma, a culpa moral, quando transgredimos um valor ou princípio. Em palavras simples, quando pecamos. Nesse caso, a culpa que sentimos tem uma explicação, foi a transgressão que cometemos. Para livrar-nos dela basta então reparar o erro. Pedir desculpas, confessar. Há outro tipo de culpa que é aquela psicológica, que não tem objeto conhecido. Isto é, sentimo-nos culpados, mas não sabemos o motivo. Essa é resultado de um conflito interno entre nossos desejos e nossas necessidades que estão em contradição, mas que não percebemos em nível consciente.[15]

Esses dois componentes psíquicos, lado imanente e lado transcendente, convivem em nós permanentemente. Deles derivam nossas motivações. Nem sempre estão em conflito. Vamos analisá-los melhor.

4.1. Dois polos motivacionais

Vamos considerar agora essas forças motivacionais que impulsionam o ser humano, ligadas ao imanente e ao transcendente. Primeiro polo: do lado imanente temos duas forças básicas: a busca do afeto (amor) e do reconhecimento (autoestima – identidade), o imanente, o que quero agora se situa dentro do eu atual.[16] Segundo polo: do lado transcendente temos a busca por ideais – atraídos por valores – desejos/aspirações – o que desejo ser; o que quero para meu futuro, componentes do eu ideal.[17]

4.1.1. Primeiro polo: lado imanente

Está ligado a duas necessidades básicas: de afeto e de reconhecimento. Vamos considerar primeiro as duas do lado imanente: *primeiro aspecto: necessidade de afeto – busca do afeto.*

Como humanos trazemos por natureza a necessidade do afeto. Ninguém vive sem ele. O afeto está ligado ao amor. No processo de crescimento/desenvolvimento, a necessidade afetiva vai-se suprindo na relação com o outro (mãe, pai, família). É um processo individual, isto é, cada um sente de modo diferente. A satisfação, ou não, depende do tipo de relação que se estabelece com o "supridor". Não é um processo garantido automaticamente. São várias as circunstâncias que podem interferir na qualidade da relação, intensidade e quantidade. Podem ocorrer duas situações que causam deficiência do

[15] CENCINI, Amadeo, **Viver reconciliados: aspectos psicológicos**, São Paulo: Paulinas, 1998.

[16] BALDISSERA, **Conhecer-se: um desafio**, p. 202.

[17] *Ibid.*, p. 203.

suprimento afetivo: o indivíduo tornar-se carente porque não recebe o que tem direito (é-lhe negado). A criança não amada, abandonada, não atendida em sua necessidade afetiva – ou ficar dependente porque recebeu em excesso (superpaparicado) e não sabe depois lidar com a frustração de não ser gratificado. Um por falta, outro por excesso – um carente afetivo, outro dependente afetivo. Situações diferentes, mas o ponto básico é o mesmo, a luta por afeto.

O equilíbrio afetivo depende dos vínculos que se estabelecem desde os primeiros relacionamentos (acredita-se que, mesmo na fase intrauterina, pode haver uma relação que afeta o vínculo bebê *versus* mãe). O bebê percebe quem o ama e quem não. As relações são sensíveis. Criança nenhuma entende amor a distância ou digital! Seu "entendimento" passa pela sensibilidade, pelo contato físico, visual... Daí que o processo de amadurecimento afetivo não é espontâneo, como é, por exemplo, o crescimento biológico.

Quando ficamos carentes ou dependentes afetivos, desenvolvemos dentro de nós processos (dinâmicas) que formam núcleos motivacionais, isto é, forças propulsoras. Nosso psíquico desenvolve estratégias para obter o que deseja. Quando elas se manifestam de modo inconsciente, não conseguimos administrá-las porque fogem do controle consciente. As dinâmicas que se formam no intrapsíquico envolvem necessidades, mecanismos de defesa[18], formando as denominadas inconsistências, que desencadeiam reações, sentimentos que mexem com o equilíbrio emocional. A busca pelo afeto pode envolver vários tipos de necessidades: dominação, agressividade, complacência, submissão, rebeldia...

Com muita frequência esse aspecto permanece imaturo dentro de nós. Mantém-nos infantis. Podemos ser adultos, mas agimos como crianças manhosas quando não gratificadas em nossas relações de afetos.

O segundo aspecto: a busca do reconhecimento. Na medida em que a criança cresce, ela vai se distinguindo das demais pessoas, vai adquirindo um senso de identidade pessoal. "Eu sou eu", o outro é

[18] Cf. Conhecer-se um desafio, pp. 197s.

diferente de mim! Sua estima pessoal vai se construindo na relação com seu meio. Nas fases do desenvolvimento da identidade podem ocorrer dificuldades na construção da própria identidade, porque ela não depende só do próprio indivíduo, mas também dos outros. Às vezes, ocorre que o estímulo para fortalecer uma autoestima seja pouco ou mesmo negativo, e o sujeito construa uma imagem de si, pobre, sem valor (desenvolve um complexo de inferioridade). Sua autoestima pode ficar abaixo do normal – porque a mensagem que lhe foi passada era de que era inferior aos outros ("olhe como seu amiguinho é bonzinho e você fazendo pirraça"). A criança precisa provar que é merecedora, senão, é reprovada. Por isso deve lutar por reconhecimento. Depende da aprovação dos outros para sentir-se alguém. Não reconhece seu próprio valor por si mesma.

Essa falta de reconhecimento como base para sua autoestima pode se manifestar de diferentes modos, tornar-se servil (vitimismo) ou lutador exacerbado, protestando abertamente, rebelde, agressivo... Se tomarmos como exemplo o "vitimismo", a pessoa se queixa de não ser valorizada, sente-se injustiçada, em geral, com tom pessimista e responsabilizando os outros por seu "sofrimento", lamentando-se de sua sorte. Quando o vitimismo é acentuado, o outro que o escuta se sente "acusado" e incapaz de suprir a demanda solicitada causando, muitas vezes, sentimento de rejeição, o que é percebido pela "vítima" e serve-lhe de confirmação de ser incompreendido e rejeitado. Forma-se, então, um círculo vicioso, que se repete toda vez que ocorrerem situações semelhantes. A autoestima fica abatida e a dependência por reconhecimento cada vez mais acentuada. Quando isso ocorre a pessoa gasta grande parte de sua energia psíquica nisso. Fica avaliando as situações existenciais sob esta ótica. No caso de um vocacionado, ficando preso a isso, sobra pouco para vivenciar seus ideais de forma livre e eficaz. Se essa situação não for trabalhada (conscientizada), o sujeito pode ser vítima de si mesmo, porque, aos poucos, sua motivação vocacional vai esmorecendo e levando-o à desistência ou fixando-se em um ninho protetivo e os valores vocacionais com pouca expressão.

Essas duas buscas (afetiva e reconhecimento) podem ocorrer ao mesmo tempo no mesmo indivíduo, isto é, pode ser carente (dependente) afetivo e ter uma baixa autoestima causada pela necessidade de reconhecimento. Aí o círculo vicioso que se forma, retroalimenta a ambas, mantendo o indivíduo prisioneiro de suas próprias artimanhas. Se esses aspectos não forem trabalhados durante o processo formativo, eles com o tempo minam as motivações vocacionais, levando à desistência ou a permanecer no ministério, mas causando sérios problemas de eficácia vocacional. Facilmente os valores vocacionais serão interpretados à luz de suas necessidades inconscientes, resultando, com o passar do tempo, em "problemas" de relacionamento. Não estão descartados também problemas de saúde mental, como depressão entre outros. Talvez, esse seja um dos grandes desafios para os formadores hoje: como lidar com isso e como ajudar os formandos a se conscientizarem de suas inconsistências e superá-las pela internalização dos valores vocacionais.

4.1.2. Segundo polo: lado transcendente (ideais – valores)

Como seres humanos, trazemos dentro de nós uma tendência natural para a transcendência, isto é, para autossuperação, pela busca de ideais duradouros para a vida. Necessidade de dar sentido à existência. Essa tendência natural busca por algo que está fora de si. Tais desejos encontram nos valores autotranscendentes a resposta para esse tipo de busca. O indivíduo "vê" neles a possibilidade de realizar seus sonhos (por exemplo, o formando deseja ser sacerdote). O fato de sentir-se atraído por tais valores não significa que seja fácil "possuí-los", não basta boa intensão, exige renúncias! Há necessidade de um processo de internalização, isto é, tornar seu aquilo que encontrou fora de si. Podemos dizer formar convicções que orientem suas decisões em relação ao que quer para si.

No caso dos formandos candidatos ao presbiterado, em nível consciente, querem se pautar pelos ideais que alimentam, como seguimento de Cristo, praticantes da caridade etc., mas não conseguem viver na prática existencial, ficam em um plano superficial, não conseguem internalizar tais valores, a ponto de torná-los convicções que comandam sua vida. Nesse caso, ficam reféns, sem o perceber, das inconsistências intrapsíquicas. Mantêm-se afetivamente imaturos, dependentes de gratificações para suas necessidades inconscientes. Suas inconsistências geram conflitos que os mantêm infantis na busca afetiva ou de reconhecimento. Com o passar do tempo, tais necessidades inconscientes acabam minando seus ideais, levando o indivíduo ao abandono ou a resignar-se em uma vida pouco eficaz no desempenho de seu ministério.

A relação entre necessidades inconscientes e valores (conscientes), quando estão em acordo, geram consonância e o indivíduo funciona bem, cresce em maturidade. Quando estão em desacordo geram dissonância, que, por sua vez, se refletem psiquicamente como conflito. O indivíduo se dá conta de que algo não está bem, mas não identifica a causa do mal-estar que está em nível inconsciente. Por exemplo, tem o desejo consciente de ser altruísta, doar-se. Internamente sente grande necessidade de afeto que exige dele gratificação. Essa necessidade afetiva em âmbito inconsciente vai na contramão de seu desejo de ser altruísta. Nesse caso, pode fazer ações aparentemente altruístas, mas subjetivamente as fez como busca afetiva. Aí, embora na prática realizou uma ação altruísta, internamente a fez motivado pela satisfação de sua carência afetiva. Serviu-se do altruísmo para uma finalidade contrária ao altruísmo! Nesse caso, o indivíduo pode sentir-se insatisfeito com seu "altruísmo". Esses tipos de conflitos podem se dar em relação a várias necessidades e valores, gerando aquilo que chamamos de inconsistências. Elas podem se refletir em nível espiritual.

São Paulo fala desse conflito quando diz: "vejo o bem que quero fazer e faço o mal que não quero" (Rm 7,19-20). Dizemos que se desenvolvem dinâmicas intrapsíquicas que bloqueiam o crescimento para a maturidade.

A tendência autotranscendente tem força motivadora. Todos nós temos desejos a realizar e eles nos atraem para a luta de sua conquista. É preciso integrar bem essa força para que ela desempenhe em nós um papel de impulsionadora de nossa vida. Os ideais vocacionais, quanto mais integrados em nós, mais força eles têm para sustentar a vocação, mesmo em tempos de "crise", e a vida se torna um testemunho. O seguimento de Cristo deixa de ser apenas discurso, para ser vivido no cotidiano. Como diria São Paulo, "já não sou eu que vivo, e sim Cristo que vive em mim" (Gl 2,20).

5. Desafios para um amadurecimento consciente e responsável diante do chamado

Para o vocacionado não basta sentir-se chamado, é preciso assumir o compromisso que isso implica. Esse se dá em vários aspectos. Disponibilidade para aceitar-se como se é e pôr-se em questão; disponibilidade para aderir aos valores correspondentes à vocação; disponibilidade para dedicar-se na formação integral, que inclui formação cultural, religiosa, espiritual; disponibilidade para submeter-se a um processo de autoconhecimento profundo; para renunciar tudo aquilo que desfavorece o caminho vocacional; para rezar abrindo-se para uma experiência profunda de Deus em sua vida; para relacionar-se com os outros de forma autêntica e transparente; para escutar a si mesmo e aos outros sem precipitar-se em julgamentos; para rever o próprio passado à luz da própria vocação; para buscar ajuda qualificada naquilo que condiz com sua vocação; para pôr-se a serviço.

Disponibilidade aqui significa o esforço livremente assumido pelo crescimento pessoal e vocacional. Dispor-se a pagar o "preço" pelo que deseja conquistar.

6. Processo formativo continuado como elemento indispensável para uma resposta vocacional

Todo vocacionado necessita fazer um processo formativo continuado. Não basta desejar ser padre - religioso/a. Precisa estar disposto a pagar o “preço” que isso implica. É preciso preparo intelectual – estudar; preparo espiritual – formação e exercício espiritual; preparo doutrinal – conhecer as verdades da fé; preparo humano, aprender a conhecer-se em profundidade e a relacionar-se com os outros com amabilidade; preparo para lidar com administração dos bens, próprios e alheios; preparo para o cuidado da saúde física e mental; preparo para aceitar a missão que lhe for confiada com o desejo de servir aonde quer que seja chamado; preparo para o desprendimento de si para viver plenamente sua vocação.

Tudo isso deve acontecer dentro de um projeto de vida de longo alcance, mas que será feito pouco a pouco, com persistência, coragem e amor pela causa abraçada.

7. No processo formativo há necessidade de formadores competentes

Todo vocacionado tem direito a ser acompanhado em seu processo formativo por formadores competentes.[19] Hoje em dia, não se pode improvisar no trabalho formativo. Não basta o formador aceitar a missão, ela exige preparo para exercê-la. Ninguém nasce sabendo, mesmo que alguns possam ter certos dons que facilitam. O formador precisa ter alguns elementos essenciais para o exercício dessa missão. Entre eles, ele próprio ter feito um caminho de integração pessoal; ter conhecimento mínimo de como acompanhar o formando em seu processo de autoconhecimento e integração dos valores vocacionais em sua vida.[20]

---

[19] HAM, Mathias, **Tarde te amei**, São Paulo: Paulinas, 2022, p. 169ss.

[20] MANENTI, **Compreender e acompanhar a pessoa humana**.

Normalmente, um formando deveria dispor, no processo formativo, não só de um formador, mas também de um orientador espiritual e, se necessário, de ajuda psicológica. Na verdade, uma equipe formativa que atenda às várias dimensões humana, espiritual e cultural.

8. A eficácia vocacional depende do grau de maturidade psicoafetiva e espiritual

A eficácia vocacional será, em grande parte, consequência do grau de maturidade psicoafetiva e espiritual do sujeito. Por eficácia entendemos ter uma vida que demonstre em seus comportamentos e suas ações um testemunho convincente a respeito dos valores evangélicos que o vocacionado proclama. É necessário transparecer uma disposição interior de fazer da própria vida um dom agradável a Deus.

A maturidade, como já foi comentado anteriormente, é um processo que se inicia desde o momento em que a pessoa se sente chamada e continua ao longo das etapas de formação. Esse tempo deveria ser suficiente para o indivíduo superar seus principais entraves de crescimento. O processo em si continua sempre, a formação permanente se torna um imperativo necessário que se percorre ao longo da vida. Embora se possa atingir um nível de maturidade em um dado momento, contudo sempre há mais espaço para o crescimento e a integração pessoal.

9. Síntese conclusiva

Neste capítulo foram discutidos alguns aspectos da vida humana como "lugar" em que a vocação ao sacerdócio ou à vida consagrada, como dom, insere-se. Resta dizer ainda, não bastasse toda a complexidade analisada, que devemos reconhecer que nela ainda se esconde um mistério que é a própria ação e presença de Deus. A nós cabe compreender o melhor possível e discernir seus chamados e suas manifestações, dentro de nossa finitude humana. Para nós que cremos, sabemos que o amor de Deus é derramado em nosso coração, não por méritos nossos, mas por pura bondade do amor de Deus. Desde o início, Ele quis que fôssemos seus colaboradores em sua obra, "sejam fecundos, multipliquem-se, encham e submetam a terra" (Gn 1,28). O chamado vocacional é um dom dado a alguém para colaborar na "obra de Deus". A vocação ao ministério é serviço necessário em favor daqueles que guardam dentro de si "a imagem e semelhança", destinatários à comunhão eterna com Deus.

O ser humano é obra predileta de Deus, a quem Ele jamais abandona e oferece sua graça. Cabe a nós nos dispor a cultivá-la, para que produza seus frutos. A graça supõe a natureza!

Janela interativa 4 – Respondendo ao chamado de Deus

"Sem uma oportuna formação humana, toda a formação sacerdotal [vida religiosa] ficaria privada de seu necessário fundamento." Essa frase para mim significa que ____

____

____

____

____

____

____.

O personagem bíblico que inspira minha vocação é:

____.

A citação bíblica que orienta minha escolha vocacional é:

____

____

____

____

____.

Descreva como foi para você decidir entrar no seminário/convento:

____

____

____

____

____

____

____

____

____

____ ...

V
A HISTÓRIA DE MEU CHAMADO VOCACIONAL: A CONSTRUÇÃO DA IDENTIDADE VOCACIONAL

Frei Vagner Sanagiotto, O.Carm.

Você é suas histórias.
Você é o produto de todas as histórias
que ouviu e viveu,e das muitas que nunca ouviu.
Elas moldaram sua visão de si mesmo,
do mundo e de seu lugar nele.

O chamado de Deus para uma vocação específica exige um caminho de descoberta do "para que" fui chamado. Vimos, nos capítulos anteriores, que tal percurso de descoberta e crescimento vocacional fez parte da vida dos grandes personagens bíblicos, assim como também dos homens e das mulheres que marcaram significativamente a história de nossa Igreja. Basta que pensemos nos santos e nas santas, nos fundadores de nossas Congregações Religiosas, nos tantos bispos que foram sinal do amor de Deus para o povo.

No capítulo anterior, vimos a importância de ser acompanhado em nosso caminho de crescimento humano e vocacional. Ser acompanhado por alguém significa fazer a experiência do discipulado de Emaús (Lc 24,13-35), em que, conversando sobre os eventos que sucediam, os discípulos descobriram que é no caminho de fé que se recorda de toda a história de salvação, que se revela em nossa vida. Por isso que é importante ter consciência de que não nascemos vocacionalmente prontos! Com nossa vocação nos tornamos homens e mulheres que buscam, nas instabilidades da vida, um caminho que nos conduz à fidelidade vocacional. Necessariamente, como é enfatizado pelos documentos do magistério da Igreja sobre a formação, "sem uma oportuna formação humana, toda a formação sacerdotal ficaria privada de seu necessário fundamento".[1]

Neste capítulo nos dedicaremos à temática da história vocacional. A RAFIS de 2016, ao abordar a temática da formação humana, recorda que, para que a ação educativa possa ser fecunda, "é importante que cada seminarista tenha pleno conhecimento da própria história de vida e dela participe-a os formadores, o modo como viveu a infância e a adolescência, as influências exercidas pela família e pelas figuras parentais, sua capacidade, ou falta dela, de criar relações interpessoais maduras e equilibradas, assim como de gerir de modo positivo os momentos de solidão".[2]

Certamente você já deve ter ouvido alguém contar como nasceu sua vocação. Não tenho dúvida de que você, para entrar no convento ou no seminário, teve de contar sua história vocacional. Em tantos casos, o despertar vocacional acontece ouvindo alguém recontar como Deus o chamou para ser presbítero ou religioso consagrado. Os diversos carismas presentes na Vida Religiosa Consagrada, por exemplo, são histórias vocacionais de fundadores que descobriram o "para que" Deus o havia chamado.

Enfim, contar histórias é uma das principais formas de comunicação humana. É uma atividade universal que desempenha um papel importante na vida das pessoas. Qualquer indivíduo, pertencente a qualquer sociedade, pensa e se expressa na forma narrativa. Em todas as culturas existem histórias, mitos, lendas e fábulas centradas em eventos historicamente particulares e localizados em tempos e lugares específicos.

1. A narrativa como processo interpretativo da vida e da vocação

Para melhor compreender o que será estudado neste capítulo, é importante fazer uma premissa: a história nunca é um mero reflexo da realidade, mas é um processo interpretativo, que estabelece

[1] JOÃO PAULO II, **Pastores Dabo Vobis: sobre a formação dos sacerdotes**, n. 43.

[2] CONGREGAÇÃO PARA O CLERO, **O dom da vocação Presbiteral**, n. 94.

relação entre os acontecimentos, aos quais se atribui uma ordem e um significado. As narrativas são versões da história de vida das pessoas, mas, não são a única versão. Quando falamos de nós mesmos, fazemos uma seleção de fatos que queremos expor e deixamos de lado outros fatos que não queremos abordar. Por meio da atividade narrativa, temos, portanto, a oportunidade de ordenar nossas experiências em episódios dotados de sentido, revisitando nossas memórias que, com o passar do tempo, se tornaram referências e que permitem, hoje, construir uma ponte entre os diversos acontecimentos de nossa vida.

A ideia-chave da narração como interpretação da vida e da vocação é que uma parte significativa do conhecimento de nós mesmos a encontramos organizada dentro de um esquema. Narrar a nós mesmos é um instrumento essencial com o qual interpretamos os eventos mais importantes de nossa história.[3] De fato, podemos dizer que a narração autobiográfica é a vida humana plasmada no tempo.

Sempre que nos encontramos na condição de ter de narrar a nós mesmos para os outros, deparamo-nos com a necessidade de repensar e dar forma estruturada a nossas experiências e nossos eventos, que aconteceram durante nossa vida, para construir uma história coerente com sentido lógico. Nesse processo podemos, portanto, escolher quais aspectos narrar, como narrá-los e, acima de tudo, poderemos decidir para quem narrá-los. A história que é contada sempre pode ser mudada, dependendo da relação que temos com a pessoa que ouve, assim como, também, do *feedback* que recebemos. No entanto, apesar dessas mudanças, a história permanecerá sempre autêntica e única, pois reproduz a representação que o narrador tem de sua vida em relação ao mundo naquele exato momento. Além disso, a história narrada também reproduz as representações que possuímos sobre nós mesmos e sobre os outros, representações que nos permitem expressar nossas experiências vividas.

---

[3] SMORTI, Andrea, **Il sé come testo. Costruzione delle storie e sviluppo della persona**, Firenze: Gunti, 1997.

1.1. A narrativa como construção da história vocacional

Quando aplicamos a construção narrativa ao contexto da Vida Religiosa Consagrada e Presbiteral, o fato de ouvir, contar ou escrever a história vocacional faz com que tenhamos a oportunidade de decifrar nossas experiências e o mundo a nosso redor. Consequentemente, permite-nos narrar, refletir e compreender algumas partes de nossa vida, entendida como o lugar teológico, onde o chamado de Deus se manifesta. O fato de narrar a história vocacional nos permite, por um lado, perceber os traços vocacionais que temos em comum com o chamado universal, mas, por outro lado, ajuda-nos a interiorizar as características que nos definem únicos diante de Deus que nos chama.

Especificamente, quando a história vocacional é recontada de uma geração para a outra, ela adquire duas funções: uma delas é a de transmitir as experiências e as memórias individuais e coletivas do chamado de Deus; a outra é a de ligar o passado, o presente e o futuro em uma mesma perspectiva vocacional. Ao longo deste capítulo, teremos momentos para dinamizar nosso chamado vocacional como experiência coletiva, que caracteriza o carisma de uma Congregação Religiosa ou da Diocese de pertencimento, com o objetivo de perceber a voz de Deus, que continua a chamar, ressoando no tempo.

As histórias vocacionais, que são contadas, formam uma cultura coletiva que rompe as barreiras da individualidade e da autorreferencialidade. As histórias vocacionais, além de serem consideradas relatos das experiências de vida individuais ou coletivas, também podem ser entendidas como práticas reflexivas. Essas práticas nos permitem construir uma identidade, que mantém o senso de nós mesmos, ao mesmo tempo que nos conecta com o coletivo. Nós continuamente evoluímos na compreensão de nós mesmos, de acordo com as situações e as exigências que encontramos, guiados por nossas memórias do passado, nossas esperanças e nossos medos para o futuro. Compreender a história vocacional nessa perspectiva nos ajuda a entender que a vocação se "atualiza", segundo os desafios contextuais, mas, também, segundo os diversos ciclos da vida.

Podemos dizer que narrar a história vocacional colabora na construção de uma identidade vocacional, visto que o chamado de Deus é único e irrepetível. A identidade vocacional é, em grande medida, uma construção narrativa, pois, por meio da história vocacional, cada um elenca os eventos principais que distinguem o chamado de Deus dentro do chamado universal a seu seguimento. Como indicamos, a identidade vocacional, narrada como uma história, permite-nos reconhecer os sinais do chamado de Deus para o presbiterato ou a consagração religiosa, ou seja, nomear os sinais que confirmam o chamado, mas, principalmente, os indicativos do "para que" fui chamado, entendido como uma bússola que ajuda a discernir os sinais da presença de Deus nos diversos sinais dos tempos.

É por isso que as experiências narradas nas histórias vocacionais não podem ser julgadas nem verdadeiras nem falsas, pois expressam a verdade do ponto de vista do narrador, que observa, nos eventos de sua vida, os sinais indicativos do chamado de Deus. A narração pode, portanto, ser considerada uma ferramenta com um número infinito de aplicações que surge principalmente em situações de "excepcionalidade" ou "ruptura" e, graças a suas funções, permite-nos reordenar os acontecimentos, dando sentido aos fatos da história vocacional, sem esquecer o que aconteceu durante o ciclo da vida.

Mesmo os eventos de crise vocacional, graças às reelaborações e narrativas, podem ser integrados à história de vida, pois a narrativa oferece aos indivíduos a oportunidade de estabelecer um vínculo entre o excepcional e o ordinário. Como já sublinhamos, passamos grande parte de nosso tempo contando nossas próprias histórias e ouvindo as narrativas sobre a história de vida dos outros. O ato de narrar, no contexto deste capítulo, nós o consideramos como um ato relacional, no qual ocorrem trocas de experiências entre duas ou mais pessoas; no instante em que nos revelamos aos outros, as verdades pessoais sobre nosso ciclo de vida criam um vínculo profundo e colocam em jogo a dinâmica relacional "eu-outro".[4] A narração torna-se, assim, uma forma de interação comunitária, em que o interlocutor, em interação com os membros da comunidade (ouvinte), faz com que surjam aspectos que dão sentido aos eventos narrados.

A narrativa, como construção da identidade vocacional, como abordamos neste capítulo, assume um valor epistemológico e outro ontológico. Assume um valor epistemológico quando transmitimos e compartilhamos com os outros nossos modos de raciocinar e representar os acontecimentos que marcaram nossa vida e nosso chamado vocacional. Além do valor epistemológico, a narrativa também assume um valor ontológico. Por meio dessa prática, temos a oportunidade de apresentar a nós mesmos e nossas experiências de vida aos outros. Além disso, a narração também assume uma função organizadora, pois permite que os eventos sejam relacionados entre si, criando conexões temporais, causais e formais entre ações e eventos ocorridos durante o ciclo de vida de uma pessoa.[5]

1.2. As histórias da vida e a identidade vocacional

As pessoas constroem e reavaliam sua identidade por meio dos discursos e das narrativas que fazem de si para os outros. Todas as histórias, quando contadas, trazem tramas com começo, meio e fim, e boa parte delas surgem, inicialmente, como pequenas histórias do cotidiano, que constituem a primeira experiência significativa que compõe as histórias de vida. A história da vida pode ser considerada como um conjunto de eventos, aos quais a narrativa, posteriormente, acrescenta um enredo, ordenado e coerente. Esse aspecto faz com que as histórias não se sobreponham umas às outras, já que sempre há inconsistências e diferenças em relação ao contexto em que são contadas, dependendo de quem ouve tais

[4] ATKINSON, Robert, **L'intervista narrativa: raccontare la storia di sì nella ricerca formativa, organizzativa e sociale**, Milano: Raffaello Cortina, 2012.

[5] POGGIO, Barbara, **Mi racconti una storia?: il metodo narrativo nelle scienze sociali**, Roma: Carocci, 2004.

narrativas. Além disso, a história contada é influenciada por aquilo que o narrador vive naquele momento preciso de sua vida, pois suas experiências presentes influenciam sua maneira de analisar as experiências passadas.

As histórias, portanto, mostram como vivenciamos os eventos que ocorrem em nosso cotidiano, mostrando o significado que atribuímos ao mundo e às pessoas que encontramos.[6] Quando nós contamos nossas histórias, nunca estamos isolados e separados de um contexto e, portanto, ao ouvir uma narração, podemos conhecer a história de vida do narrador, pois ele traz à tona a experiência humana em conexão com o contexto em que vive ou viveu.[7]

As histórias de vida nos conectam a nossas raízes, orientam, validam nossas experiências e restauram o valor de nossa vida. A história pode ser considerada um material narrativo precioso que oferece a possibilidade de nos reconhecer e nomear o mundo a nosso redor, transmitindo significados por meio de mensagens destinadas ao ouvinte. Todos temos uma história para contar e todas são importantes e únicas, pois, contêm uma visão única do mundo e de nossos valores pessoais. Ao investigar uma história de vida, procuramos estimular a pessoa a falar sobre seu passado, expondo os fatos e acontecimentos que a preocupam. O narrador produz, assim, uma história, que nunca será completa e transparente, já que a vida de uma pessoa e as experiências vividas não podem ser expressas completamente em palavras. Sempre restará uma parte que não será narrada, tanto por escolha do narrador quanto por incapacidade de lembrar de tudo.

Dentro da abordagem narrativa, existem práticas multiformes que utilizamos para construir nossa identidade e dar sentido a nossa experiência de vida, apesar de estar sempre em movimento e em constante mudança. A história do chamado vocacional é uma das práticas que nos permite construir nossa própria identidade

---

[6] MATTINGLY, Cheryl; LAWLOR, Mary, Learning from Stories: narrative interviewing in cross-cultural research, **Scandinavian Journal of Occupational Therapy**, v. 7, n. 1, p. 4-14, 2000.

[7] MOEN, Torill, Reflections on the narrative research approach, **International Journal of Qualitative Methods**, v. 5, n. 4, p. 56-69, 2006.

vocacional, em profunda conexão com nossa história de vida, de tal modo que a história de vida e a história vocacional passem a ser parte de uma mesma história existencial. Ambas, a vida e a vocação, passam a ser consideradas como uma busca na qual procuramos construir significados, a responder ao chamado de Deus, a partir de fatos que sucedem no cotidiano de nosso existir.

A construção de sentido existencial, entendida como um percurso de crescimento humano e vocacional – a identidade vocacional narrada como história de vida –, pode ser definida como a história que uma pessoa decide contar sobre sua experiência de encontro com Deus que chama. Essa é narrada da forma mais completa e honesta possível, considerando as experiências de vida e de fé do narrador, oferecendo ao ouvinte a possibilidade de compreender, por um lado, os aspectos experienciais mais importantes da vida e, por outro lado, os elementos que constituem um caminho de fé, que se desdobra em uma vocação.

Por meio da prática de narrar a história do chamado vocacional, temos a oportunidade de compartilhar os sinais da presença de Deus com as outras pessoas que, no contexto da Vida Religiosa Consagrada e Presbiteral, compõem a comunidade religiosa ou a fraternidade presbiteral. Como já sublinhamos, narrar a história vocacional nos permite continuar a ouvir a voz de Deus que ecoa na história, de maneira sempre nova e única. Poderíamos dizer que uma história vocacional terá sentido quando for acolhida por uma comunidade de fé. Portanto é fundamental que a história vocacional seja acolhida em seus significados e refletida em seu sentido existencial.

Narrar a história do chamado vocacional, enfim, é uma ferramenta que nos permite aprofundar um percurso de fé feito por meio de elementos vindos de nossa biografia, de nossas conquistas, de nossas crises humanas e vocacionais, de nossas relações com uma comunidade de fé etc. São todas realidades que se tornam fonte primária para consolidar o chamado de Deus, clarificando o "por que", o "para que" e o "para onde" tal chamado nos orienta.

Janela interativa 5 – Um mesmo chamado, pessoas diferentes

O mesmo chamado de Deus é feito para pessoas diferentes. Narrar nossa história vocacional nos conecta com o chamado universal de Deus. Convido você a contar a história vocacional do fundador/a de sua Congregação Religiosa ou a história vocacional de um dos padres de sua Diocese.

____

____

____

____

____

____.

2. História do desenvolvimento humano como história vocacional

Não é difícil compreender qual é o objeto do discurso autobiográfico: consiste em uma narração que, sob qualquer aspecto, faz referência à história da própria vida. Por representar a vida, a narração autobiográfica se dá segundo o processo do desenvolvimento humano, que se constrói no tempo. De certo modo, entre os tantos eventos que acontecem conosco e a nosso redor, a história narrada conecta os diversos aspectos em uma trama constituída de significado que, em um contexto mais amplo, dá sentido à vida. De certo modo, a concepção orientativa do desenvolvimento humano e vocacional nos favorece olhar para toda a nossa existência como uma tarefa vocacional, aberta a um amadurecimento progressivo que visa a realização contínua, mesmo diante dos acontecimentos adversos que encontramos ao longo de nossa vida.[8]

O que queremos enfatizar é que nossa história vocacional não pode ser narrada considerando somente alguns determinados

---

[8] BALTES, Paul, Theoretical propositions of life-span developmental psychology: on the dynamics between growth and decline, **Developmental Psychology**, v. 23, n. 5, p. 611-626, 1987.

períodos de nossa vida (encontros vocacionais, postulantado, noviciado, juniorato, votos perpétuos ou ordenação Presbiteral), mesmo que seja desse modo recontada. A vocação se completa com a existência (amadurecimento humano, as diversas fases da vida), visto que essa atribui aos fatos da vida uma função especial de desenvolvimento, de um *continuum* orientado para os valores que marcam nossa relação com Deus e com o próximo.

Partindo dessa perspectiva, queremos destacar alguns aspectos que especificam essa continuidade evolutiva e planejada no modo de configurar a vida como desenvolvimento vocacional.

2.1. No centro, a pessoa e seu potencial

Nosso crescimento humano se diferencia segundo as características de nossa personalidade, de acordo com as situações que vivemos em cada momento de nossa vida. Na verdade, todos nós podemos amadurecer em tudo aquilo que nos torna únicos, em nossas habilidades, sempre de acordo com nossa história e nossas características psicológicas. Na verdade, colocar-se em um caminho de desenvolvimento humano nos oferece uma oportunidade única e irrepetível para responder adequadamente ao chamado de Deus. Cada um de nós, humanamente, amadurecemos a nosso modo e tempo, onde em cada ciclo da vida e da vocação colhemos os frutos de nossa transformação.[9]

Isso nos leva a olhar com realismo para o processo de crescimento vocacional, que não deve ser entendido como uma simples realização de competências padronizadas, com as quais procuramos mostrar que somos bons religiosos consagrados ou seminaristas, como, por exemplo, seguir todos os horários da comunidade, ser obediente ao formador, cuidar com zelo das vestes litúrgicas etc. Certamente, todos esses comportamentos são louváveis, mas não podemos deixar de crescer nos aspectos que humanamente nos

[9] JOÃO PAULO II, **Exortação apostólica pós-sinodal Vita Consecrata**, São Paulo: Paulinas, 1996, n. 68.

tornam vocacionalmente únicos, tais como: nossas relações com a comunidade, nosso crescimento afetivo, nossa transformação interior etc. A formação humana é complexa na mesma medida que é complexo o ser humano. Por isso formar-se humanamente exige um trabalho de transformação contínua, pela qual somos convidados, não tanto a ficar à mercê do passado ou dos desafios que encontramos no presente, mas a sermos fiéis à orientação e à perspectiva existencial de nossa própria história.

Nossa formação humana precisa nos colocar no centro de nossas potencialidades e nossos talentos, que nos transformam com o impacto das experiências. Não podemos mais conceber o humano como fonte de problema para viver nossa vocação. Nossa humanidade é o lugar teológico onde Deus se manifesta. No âmbito da Vida Religiosa Consagrada e Presbiteral, o discernimento nos ajuda a redescobrir novas oportunidades de responder ao chamado de Deus, à medida que nos abre para uma visão diferente da vida. Desta forma, aprendemos a abraçar as novidades que surgem, mas, também, a integrar as dificuldades que encontramos ao longo de nosso percurso vocacional, dando um caráter projetual à resposta vocacional.

A resposta vocacional, entendida como um projeto que engloba toda a existência, leva-nos à descoberta de que a vida é muito mais do que uma sequência de eventos. Em cada fase do caminho de crescimento humano e vocacional, há escolhas que precisam ser feitas, sacrifícios que precisam ser aceitos, novas conquistas para serem alcançadas; em tudo isso vislumbramos o caminho que avança para a meta de dizer “sim” ao chamado de Deus.

O que tentamos dizer, em outras palavras, é que o desenvolvimento humano, em qualquer momento da vida, é uma expressão conjunta de aspectos de crescimento e declínio. Supõe-se que cada progressão no desenvolvimento humano exige novas habilidades adaptativas àquele momento, bem como a perda de algumas habilidades anteriormente consideradas importantes. Nenhuma mudança no processo de desenvolvimento humano pode ser considerada somente como progresso.[10]

Portanto não basta amadurecer nossas características de personalidade, nem nos sentir "prontos" com uma resposta vocacional padronizada, considerada boa porque se adapta às expectativas dos outros. O crescimento humano não é um simples processo de acumulação de competências e características; é, antes, a expressão do crescimento (entendido como realização pessoal) e do declínio (momentos de perda) em todos os períodos da vida.[11]

Crescer humanamente é equilibrar os momentos de perda com os de conquista. Tal equilíbrio caracteriza a forma de ver os processos de crescimento vocacional, porque, se por um lado, leva-nos a não focalizar a atenção apenas nos resultados idealmente alcançados em momentos especiais da formação, por outro lado, permite que todo o ciclo da vida seja uma contínua reformulação de si mesmo. Isso permite olhar para o futuro e realizar, com as potencialidades humanas, o projeto espiritual que Deus tem para todos.

2.2. Crises evolutivas e ambiente psicossocial

O amadurecimento humano e vocacional, entendido como um processo contínuo de mudança, oferece a oportunidade de uma visão diferente da história evolutiva, pois permite situar os muitos acontecimentos da vida em um quadro unitário, que dá um sentido planejado e vocacional à existência. Como já foi dito, o desenvolvimento não se limita apenas a alguns momentos particulares (por exemplo, a idade) ou a períodos especiais de formação (cursos de atualização, exercícios espirituais, acompanhamento vocacional etc.), mas é um processo contínuo, pois sempre há oportunidades de se formar e crescer humanamente.

[10] BALTES, Theoretical propositions of life-span developmental psychology, p. 616.

[11] SUGARMAN, Léonie, **Psicologia del ciclo di vita: modelli teorici e strategie d'intervento**, Milano: Raffaello Cortina, 2003, p. 19-20.

Além disso, para amadurecer vocacionalmente, não basta ter atingido um nível ótimo nas diferentes dimensões da personalidade (inteligência, afetividade, sexualidade etc.), é preciso aprender a integrar os diferentes aspectos psicológicos e espirituais, visto que cada um é único e irrepetível.

Além disso, cada uma das etapas da vida e da vocação evidencia um núcleo central de um período particular do desenvolvimento humano, que será importante ter presente como chave formativa nos vários momentos de discernimento, por exemplo. Esse núcleo central está ligado às variáveis socioculturais que contribuem para o processo de amadurecimento. De fato, em cada fase da vida existem pessoas (pais, amigos, formadores, diretor espiritual, comunidade...) que contribuem significativamente para a satisfação das necessidades psicoafetivas do indivíduo, proporcionando um suporte emocional que favorece a consolidação e o desenvolvimento harmonioso da personalidade. Em grande parte, o desenvolvimento vocacional depende dessa sustentação emotiva.

Nas diferentes épocas da vida, existem tarefas e objetivos que cada um aprende a desempenhar, tendo em vista o crescimento. Todos nós passamos por momentos em que enfrentamos situações de crise, que aprendemos a superar, utilizando habilidades que ajudaram a fortalecer a identidade e nos permitiram acessar as outras fases, lançando assim as bases para um *continuum* evolutivo ativo, construído ao longo do caminho do crescimento humano. Não poderíamos deixar de salientar que os desafios da vida influenciam significativamente na perseverança vocacional.

Todo o processo de amadurecimento humano e vocacional visa à formação de uma identidade que se fortalece gradativamente, com a ajuda de tantos "outros" que contribuíram (pais, educadores, catequistas, amigos...) para enfrentar as crises e superar as dificuldades. O percurso de acompanhamento vocacional faz parte deste processo educativo, como vimos no capítulo anterior, pois é possível não somente verificar "como" superamos as várias crises evolutivas, mas, sobretudo, é possível utilizar construtivamente os objetivos alcançados, com o contributo daqueles que participaram desse desenvolvimento.

O modo como enfrentamos e resolvemos os momentos críticos de nosso crescimento humano pode ser um indicador útil para quem nos acompanha, não só para detectar como nestas circunstâncias utilizamos nossos próprios recursos vitais, mas para predizer como o usaremos, quando tivermos que nos comprometer a dar uma resposta que se torne definitiva. Se aprendemos a usar nossas habilidades interpessoais, também seremos capazes de desenvolver um senso saudável de nós mesmos, ao fazer escolhas adequadas para nossa vida em outras circunstâncias desafiadoras.

No tópico seguinte, procuraremos elencar algumas dimensões ou alguns núcleos catalizadores, que caracterizam e nos ajudam a narrar nossa história vocacional. Além disso, propomos *janelas interativas* com as quais poderemos, aos poucos, recontar nossa história vocacional, seguindo critérios que nos ajudem a construir uma narrativa dotada de sentido existencial.

3. As dimensões da história do chamado vocacional

Nos tópicos anteriores, elencamos as referências teóricas que nos ajudam a entender a história vocacional como um percurso narrativo sob o qual se constrói uma identidade vocacional. Basicamente, a identidade vocacional, narrada como a história entre Deus que chama e o ser humano que responde, permite-nos entender a vida e a vocação como um percurso existencial. Neste tópico nos deteremos aos aspectos práticos que nos ajudarão a recontar nosso percurso vocacional.

Quando narramos nossa história vocacional, fazemos diversas conexões com fatores relevantes para nós mesmos e para nossa história de vida. São fatos diferentes, como peças de um mosaico, porém, quando observados em um conjunto, representam uma figura harmonizada. A seguir, elencamos três características tipicamente humanas, que nos ajudam a narrar nossa história vocacional: o imaginário, a linguagem e as emoções.

3.1. O imaginário vocacional: a vocação idealizada

Um dos componentes fundamentais para narrar a história do chamado vocacional é o imaginário. A vocação nasce com o desejo de seguir Jesus Cristo, da forma como imaginamos ser um presbítero ou religioso consagrado. Uma irmã religiosa consagrada contava em um encontro formativo: "Eu, quando via a irmã que trabalhava na obra social da Diocese, queria ser como ela: estava sempre disposta com os jovens, o hábito religioso era bonito, ela falava do carisma da Congregação com grande entusiasmo. Tudo isso me chamou a atenção!" A imaginação é uma importante fonte de acesso à história do chamado vocacional. Em grande parte, os ideais mais genuínos, talvez em um estado de inocência, encontram-se no imaginário vocacional.

De fato, o imaginário vocacional compartilha e, ao mesmo tempo, diferencia muitas das características que nos motivaram a entrar em um seminário ou convento. Em primeiro lugar, compartilha as características que se tornaram informações fundamentais que nos levaram a imaginar como seria, por exemplo, celebrar uma missa, vestir o hábito religioso etc. Em segundo lugar, diferencia, no sentido que nos permite acompanhar nosso crescimento vocacional, já que podemos perceber que as motivações que nos impulsionaram a dizer sim a Deus, talvez já não são as mesmas que nos motivaram a entrar no convento, talvez, nem muito menos, as motivações que nos mantêm fiéis ao chamado vocacional. Assim, a história do chamado vocacional, contada do ponto de vista do imaginário, é continuidade e ruptura, fornecendo fatos que nos ajudam a perceber nosso percurso vocacional.

O aspecto evolutivo da história do chamado vocacional não é uma piedosa interpretação dos fatos. Os estudos indicam que o imaginário é um componente importante da memória narrativa.[12] De fato, em momentos de crise vocacional, por exemplo, o imaginário autobiográfico nos permite explicar dois fenômenos: o primeiro, o imaginário procura consertar o evento crítico, buscando novos sentidos para o que se está vivendo; o segundo, o imaginário permite colocar-se como observador em relação ao evento crítico. Com isso queremos dizer que a história do chamado vocacional, do ponto de vista do imaginário, possibilita-nos dar novos sentidos aos eventos, mas também observar os fatos para estabelecer mudanças significativas.

Citemos o exemplo de um seminarista diocesano. A história de seu chamado vocacional iniciou desde muito cedo, já quando frequentava a catequese. Entre os catequizandos, ele era aquele que se destacava, interessava-se pelos assuntos relacionados à fé cristã. Na comunidade, chamavam-no de "padre em miniatura". Um dia, a catequista o convidou para ser coroinha, e ele aceitou prontamente. Com o passar dos anos, o jovem começou a sentir que poderia doar-se um pouco mais. Às vezes, imaginava-se celebrando a missa. De fato, queria ser como o padre de sua paróquia. Um dia, alguém o convidou para participar de um encontro vocacional, o qual aceitou. O primeiro pensamento foi: no seminário os padres rezam o tempo todo, andam sempre de batina, são gentis uns para com os outros. No encontro vocacional, as coisas eram mais ou menos do modo como havia imaginado.

Depois de um percurso de discernimento vocacional, o bravo jovem foi aceito no seminário. Aos poucos, começou a perceber que o cotidiano do seminário era diferente do que ele imaginava: tinha conflito entre os seminaristas, os padres chegavam a casa estressados, nem sempre todos iam para as orações. O jovem seminarista precisou lidar com a realidade das primeiras desilusões vocacionais. De certo modo, precisava fazer a passagem daquilo que ele imaginava ser um seminarista, para aquilo que de fato ele

12 RUBIN, David, A basic-systems approach to autobiographical memory, **Current Directions in Psychological Science**, v. 14, n. 2, p. 79-83, 2005.

estava vivenciando. Podemos dizer que essa passagem é fundamental para prosseguir o caminho de formação ao presbiterato ou à Vida Religiosa Consagrada. Por detrás do imaginário, temos uma necessidade de que o contexto se adapte a nossas necessidades, ou que se manifeste certa autorreferencialidade. Essa passagem seria, praticamente, sair de um mundo em que a imagem do seminarista se encontra em um patamar idealizado, para a realidade contextual das vivências cotidianas.

O papel do imaginário na história do chamado vocacional tem uma dupla função: por um lado, representa a base na qual a vocação se manifesta em sua forma genuína, mantendo uma memória afetiva dos primeiros sinais do chamado de Deus para viver uma vida nova; por outro lado, nos momentos de confronto e de crise vocacional, pode ser a base sobre a qual se estabelece um salto qualitativo na caminhada vocacional, isto é, ajuda a responder ao chamado de Deus, crescendo a partir dos eventos cotidianos e contextuais. Ter consciência do imaginário presente na história vocacional é um passo importante para avançar na resposta ao chamado de Deus, mantendo, no horizonte, o ponto de partida e a resposta que um dia motivaram a entrar em um percurso formativo.

Janela interativa 6 – Os contornos de minha vocação

1. Antes de entrar no convento ou no seminário, que imagem você tinha do padre ou do religioso consagrado?

____

____

____

____

2. Quais foram suas primeiras impressões, depois que você entrou no convento ou seminário?

____

____

____

____

3. Do imaginário que você tinha do padre ou do consagrado antes de entrar no convento ou no seminário, à imagem que você tem hoje, o que mudou?

____

____

____

____

3.2. A linguagem e os contornos da identidade vocacional

Quando descrevemos os acontecimentos de nossa vida, usamos uma linguagem pessoal e particular, na qual as imagens, as palavras, as vozes, as pequenas histórias e crenças se misturam. A linguagem narrativa possui três características principais:[13] (a) uma rica articulação de detalhes contextuais com fatos implícitos e explícitos; (b) um sentido que prevalece sobre o significado, a frase

[13] VYGOTSKY, Lev, **Mind in society: the development of higher psychological processes**, Cambridge: Harvard Press, 1981.

sobre as palavras, o todo sobre a parte; (c) a facilidade de combinar significados que se influenciam mutuamente. Nesse sentido, a linguagem seria um componente central da narrativa autobiográfica que não pode ser subestimada.

Em síntese, podemos dizer que a linguagem narrativa é uma forma cognitiva que nos permite organizar nosso conhecimento, por meio de mudanças subjetivas e reformulações de eventos. Ao narrarmos a nós mesmos, expomos os acontecimentos conforme uma lógica temporal (sequencialidade) e "colocamos ordem" entre as experiências, por meio de interpretações e atribuições de pensamentos e intenções pessoais. A narração, de fato, ocorre de acordo com um nível incerto de realidade (interpretação dos eventos), uma espécie de metáfora da realidade, uma nova leitura pessoal dos acontecimentos.[14]

Narrar a história do chamado vocacional, tendo como ponto de partida as memórias conexas aos fatos da vida, permite-nos dar uma estrutura linguística ao chamado de Deus, dando uma representação mental dos eventos que são organizados, segundo uma coerência causal e temática. Saber narrar os conteúdos que caracterizam o chamado de Deus, isto é, a vocação em si mesma, é a base com a qual transformamos a experiência do diálogo interior com Deus em linguagem. Saber construir uma narrativa coerente da vocação é um passo importante para entender "por que" fui chamado (aspecto logico/racional), "para que" serve minha vocação (aspecto experiencial) e "para onde" Deus me envia (aspecto orientativo carismático, missionário).

Podemos dizer que a história do chamado vocacional pode ser definida como um "raciocínio autobiográfico", no qual a experiência de fé é integrada de forma coerente e unitária aos eventos da vida, constituindo um percurso que dá contorno à identidade vocacional, com as características dos sinais de um tempo e de uma cultura. De fato, narrar a história do chamado vocacional fornece: (a) uma

---

[14] BRUNER, Jerome, The narrative creation of self, *in*: **The handbook of narrative and psychotherapy: Practice, theory, and research**, Thousand Oaks: Sage Publications, 2004, p. 3-14. theory, and research}, Thousand Oaks: Sage Publications, 2004, p. 3-14.

organização temporal dos eventos, de acordo com uma ordem sequencial; (b) uma coerência causal, porque relaciona os eventos da vida de uma pessoa com as características do chamado vocacional; (c) uma coerência temática, porque permite perceber a evolução da caminhada vocacional, comparar as diferentes fases do ciclo vocacional; e, finalmente, (d) permite dar um significado existencial para a história vocacional.

Reprendemos o exemplo de um religioso consagrado, que durante seu percurso vocacional, especificamente durante os estudos de filosofia, entra em uma crise vocacional. De certo modo, tal evento surpreendeu sua comunidade religiosa, visto que, todos tinham muitas expectativas para seu futuro. O religioso consagrado, ao narrar os fatos que o portaram a viver uma crise vocacional, dizia que tudo tinha perdido o sentido, que a pressão da vida em comunidade lhe estava fazendo mal, entre tantas justificativas.

A comunidade formativa, representada pelo formador, compreendeu que o jovem religioso estava fazendo um discernimento vocacional. Como pedagogia formativa, formando e formador optaram por uma metodologia na qual fizeram uma avaliação do percurso vocacional. Para tanto, fazia-se necessário recontar a história vocacional com o objetivo de entender a dinâmica das mudanças que estavam acontecendo. Tal exercício de recordar os eventos marcantes no percurso vocacional, serviu para deixar claro, em âmbito narrativo, o ponto de partida da vocação (o chamado de Deus – "por que" Deus me chamou), o percurso feito até aquele momento (a experiência de fé – "para que" Deus me chamou) e, enfim, para qual direção seguia o discernimento que estava fazendo (discernimento orientativo – "para onde" Deus me chama/envia nesse momento).

No discernimento vocacional, a narrativa sobre a vida continua com a ajuda das numerosas oportunidades de intercâmbio relacional oferecido pelo acompanhamento vocacional. Na relação formativa, a narrativa vocacional se transforma em participação que caracteriza a história de vida, que exige tripla atenção: ao conteúdo da história, à identidade pessoal, à relação que se estabelece com quem o escuta e o acompanha na direção dos valores da própria existência.[15]

Estruturar linguisticamente a história do chamado vocacional, portanto, é o resultado de um processo, no qual as experiências passadas, lidas através dos eventos do presente, impulsionam sonhos e perspectivas futuras. Não poderíamos deixar de salientar que alguns eventos, principalmente os mais emocionantes, tornam-se esquemas particularmente importantes para ler o conjunto da história do chamado vocacional.

Janela interativa 7 – A história de minha vocação

Na sequência, você encontrará uma tabela com algumas indicações que o orientarão a narrar sua história vocacional. Tal tabela poderá ser estendida conforme sua necessidade.

Ano	Idade	Evento marcante na história vocacional	Pessoas significativas

Dos principais eventos elencados na tabela acima, escreva sua história vocacional...

____

____

____

____

_______________ ...

3.3. As emoções: a intensidade vocacional

Outro componente importante da história do chamado vocacional são as emoções. Entre todos os eventos que marcam a história de uma vocação, recordamos aqueles que foram emocionalmente

[15] CREA, Giuseppe; SANAGIOTTO, Vagner, **Aspectos psicológicos do discernimento vocacional: itinerário formativo para o discernimento das vocações**, São Paulo: Paulinas, 2022.

relevantes. Em termos teóricos, o interesse da memória afetiva está voltado para o impacto emocional que esta tem para o sujeito, ou seja, a tonalidade da emoção, tanto positiva, quanto negativa.[16] Quando nos referimos ao papel das emoções para a narrativa da história vocacional, estamos falando não somente da intensidade de uma emoção, mas do papel que essas exercem na seleção dos eventos que serão narrados. É muito comum que, nas narrativas vocacionais, ouçamos frases como: "quando estou dentro da Igreja me sinto acolhido, que esse é meu lugar", "descobri minha vocação participando de um grupo de oração", "sentia-me profundamente emocionada quando via o sofrimento dos mais pobres" etc.

O fato é que a intensidade afetiva de um evento, muito mais se é positiva ou negativa, influencia significativamente na escolha daquilo que vai ser integrado na estrutura narrativa da história vocacional. Durante o processo de vivência e descoberta do chamado vocacional, a intensidade emocional dos eventos, poderia aumentar o nível de atenção do sujeito para os detalhes e particularidades da experiência vivida. Quando narramos um evento importante de nossa história vocacional, combinamos dois tipos de recordações diversas: por um lado, recordamos as emoções vivenciadas no momento em que tal evento ocorreu; por outro lado, deixamo-nos influenciar pelas emoções vivenciadas no momento da narração.

A narração da história vocacional, entendida em seu aspecto emocional, tem um forte impacto no crescimento humano. As pesquisas mostram que a narração tem um efeito de moderação entre as emoções passadas e as emoções vivenciadas no momento em que são contadas, isto é, emoções altamente positivas ou negativas perdem parte de sua intensidade durante a narração.[17] De fato, existe uma relação entre o impacto subjetivo de um evento e o processo de atribuição de significado pessoal ao episódio; quanto maior o

---

16 WOOD, Wendy-Jo; CONWAY, Michael, Subjective impact, meaning making, and current and recalled emotions for self-defining memories, **Journal of personality**, v. 74, n. 3, p. 811-845, 2006.

17 MOFFITT, Kathie *et al*, Depression and memory narrative type, **Journal of Abnormal Psychology**, v. 103, n. 3, p. 581-583, 1994.

impacto, principalmente se negativo, mais intenso é o esforço para dar uma explicação ao evento.

O percurso da história do chamado vocacional é marcado por momentos classificados positivos e negativos, pelo menos em termos emotivos. Do ponto de vista do percurso evolutivo de uma vocação, os primeiros passos da resposta ao chamado de Deus são marcados por emoções positivas. Aos poucos, com o passar do tempo, surgem desafios que vão assinalando experiências negativas. Na presença de uma experiência negativa, por exemplo, tendemos a acentuar sua qualidade. Ao simples fato de narrar tais eventos, atribuímos significados diferentes, mesmo que o valor negativo se mantenha, porém, com intensidade menor. Do mesmo modo, experiências positivas, por exemplo, mantêm-se positivas com o passar do tempo, geralmente com intensidade maior.

Imaginemos uma vocacionada para a Vida Religiosa Consagrada feminina. Na base de seu chamado vocacional há uma experiência emotiva positiva ligada à comunidade eclesial. De fato, sempre esteve envolvida com a catequese na paróquia, ajudava nas festas de comunidade, participava dos encontros de liturgia etc. Depois que entrou na Vida Religiosa Consagrada, a vida de comunidade começou a apresentar seus inúmeros desafios. Aos poucos, começaram a fazer parte da história de sua vocação algumas experiências negativas no que diz respeito à vida de comunidade. Ao narrar sua história vocacional, essa irmã religiosa mantinha a intensidade das emoções positivas de sua caminhada eclesial. Entretanto, acrescentava emoções negativas vindas das experiências com a comunidade religiosa. Com isso, podemos dizer que a vocacionada precisou equilibrar as experiências emocionais, sem desqualificar os eventos que, de certo modo, sustentavam sua vocação.

As emoções ligadas à história do chamado vocacional são relevantes para compreender outros componentes, tais como as imagens e a linguagem. A intensidade emocional de um evento parece, de fato, influenciar a extensão e a qualidade da memória afetiva, lugar onde se recorre para ter acesso aos eventos que compõem a história de uma vocação. De fato, eventos muito negativos, não necessariamente traumáticos, são lembrados com mais detalhes do que eventos de experiências positivas. No entanto as experiências nos indicam que episódios negativos, emocionalmente muito salientes, tornam difícil recuperar imagens precisas do evento ocorrido.

Diante dos fatos da vida, tendemos a lembrar com maior intensidade as emoções negativas. Porém, quando nos referimos à vocação, tendemos a narrar memórias emotivamente positivas. Basta que pensemos em um encontro vocacional, em que precisamos contar nossa história vocacional. A realidade se demonstra diversa quando estamos em um momento de crise vocacional. Então, tendemos a narrar as memórias negativas que influenciam na perseverança vocacional. Com isso queremos ressaltar a profunda conexão entre as emoções e os fatos da vida que, seguramente, são vividos em uma perspectiva existencial.

Enfim, queremos enfatizar que as emoções são componentes fundamentais de nossas experiências de vida, funcionando como organizadoras das experiências pessoais. As pesquisas indicam que as emoções positivas predispõem de uma estrutura cognitiva flexível e "deslocada", fato esse que amplia o leque de pensamentos, estimulando a criatividade para, por exemplo, resolver problemas.[18] As emoções negativas, por exemplo, tendem a favorecer a organização cognitiva dos episódios relacionados aos fatores autobiográficos, estimulando o foco da organização cognitiva na memória de episódios relacionais ou material autobiográfico.[19] Nessa perspectiva da narração da história do chamado vocacional, perceber as emoções que surgiram ao longo desse percurso, ajuda-nos a manter um caminho de ampliação vivencial (emoções positivas) mas também estimula um processo de reconstrução de significados daquilo que se está vivenciando (emoções negativas).

---

[18] ISEN, Alice; DAUBMAN, Kimberly; NOWICKI, Gary, Positive affect facilitates creative problem solving, **Journal of Personality and Social Psychology**, v. 52, n. 6, p. 1122-1131, 1987.

[19] MERGENTHALER, Erhard, The therapeutic cycles model in psychotherapy research: theory, measurement and clinical application, **Ricerche sui gruppi**, v. 5, n. 10, p. 34-40, 2000.1996

4. História vocacional como uma projetualidade existencial

Um dos pontos importantes que devemos salientar nas páginas deste capítulo, que diz respeito à temática de nosso livro, é a perspectiva humana presente em cada história de vida. Tal assunto está sendo, por nós, abordado dentro da projetualidade existencial, visto que a vocação só pode ser vivida plenamente em um contexto humano, a ponto que "em concreto a vocação divina manifesta-se em um indivíduo determinado, dotado de estrutura pessoal própria que a graça não costuma violentar".[20]

A narrativa da história existencial (história da vida e da vocação) tem um importante papel de colocar cada um de nós em um caminho projetual, no qual nos tornamos autores de nosso próprio destino. De fato, o ator principal da história existencial que narramos somos nós mesmos: as transformações pessoais e socioambientais indicam uma direção com a qual nossos objetivos adquirem significado. A história vocacional como um caminho projetual, cuja base é a existência, será fundamental para orientar o discernimento vocacional na *sequela Christi*. É no complexo quadro existencial que são lançadas as diretrizes que projetam um ponto de chegada imaginário no futuro, em que as ações cotidianas serão transformadas em ato.

O fato é que nós somos criativamente projetuais em nossas ações. As informações mais preciosas sobre nós mesmos estão ricamente representadas em nossas narrações subjetivas, isto é, em nossa história existencial. A narração da história vocacional, expressada em uma história de vida, refere-se a um conteúdo (o que é) e a um processo (como é). Quando juntamos o conteúdo da narração vocacional e os processos usados para dizer sim a Deus, por exemplo, configuramos os traços distintivos da relação entre Deus que chama e o ser humano que responde.

A história vocacional, como um projetualidade existencial, pressupõe que tenhamos um fio condutor que une o passado, o presente e o futuro.[21] Na projetualidade vocacional se levam em considera-

---

[20] PAOLO VI, EV, n. 62.

[21] SCILLIGO, Pio, La narrazione come fonte di informazione affidabile sul sé, **Psicologia, Psicoterapia e Salute**, v. 8, n. 2, p. 81-110, 2002.

ção os recursos presentes em momentos, nos quais as forças vitais podem ser engajadas, para caracterizar o desejo de adaptação e mudança, que perdura por toda a existência. Essa visão construtiva do ser humano é parte integrante de um projeto personalizado de aprendizagem ao longo da vida, sobretudo na busca de sentido que cada um carrega dentro de si mesmo, como uma contínua tensão dinâmica, orientada para o desenvolvimento humano e vocacional.[22]

Nesta ótica processual da história vocacional, entendida como um itinerário em contínua evolução e maturação, os pontos frágeis se tornam ocasião para dar consistência à escolha de vida, que são coerentes com o projeto de Deus. Assim, cada um de nós, único em nossa humanidade e em nossas características básicas, pode ser protagonista das mudanças, reapropriando-se de seu projeto vocacional, redescobrindo o fundamento de sua própria existência. De nossa singularidade e capacidade de adaptação, já vivenciada ao longo de nosso ciclo evolutivo e de nossa história pessoal, surge aquela oportunidade que está em consonância com o desenvolvimento existencial.

Se, ao longo deste capítulo, referimo-nos à história vocacional, é porque, pelo menos, existe um percurso de discernimento vocacional. Este é o assunto de nosso próximo capítulo, mas devemos sublinhar que a história vocacional e o discernimento vocacional são dois fundamentos que se misturam em uma mesma perspectiva. É fato, mais que comprovado de nossas experiências com a Vida Religiosa Consagrada e Presbiteral, que a resposta vocacional não acontece repentinamente. Observamos um caminho que vem de longe e se constrói por meio da progressiva capacidade de integrar, em nossa história existencial, aquela voz inquietante de Deus que, aos poucos, dá significado projetual a toda a nossa existência.

Se consideramos o contexto geral de nosso livro, podemos dizer que as decisões tomadas em um percurso de discernimento vocacional unificam as diversas fases de nossa vida dando significado

---

[22] SANAGIOTTO, Vagner, **Padres exaustos: a síndrome de burnout no âmbito eclesial brasileiro**, Petrópolis: Vozes, 2023.

aos fatos, construindo uma história vocacional. O discernimento torna-se assim um exercício de saber "aprender ao longo de toda a sua vida, em cada idade e época, em cada ambiente e contexto humano, de cada pessoa e de cada cultura, para deixar-se instruir por qualquer fragmento de verdade e de beleza que encontrar a seu redor".[23] A liberdade em aprender com a história de nossa vida consolida nossa identidade, mas também nossa relação com o ambiente no qual estamos inseridos.

Janela interativa 8 – O chamado, a resposta e a fragilidade humana

Você recontou, ao longo deste capítulo, a história de seu chamado vocacional. Assim como Deus chamou tantos homens e tantas mulheres ao longo da história de salvação, hoje ele chama você. Vamos retomar o exercício sobre o chamado de Deus, a resposta vocacional e as fragilidades humanas?

Identifique, em sua história vocacional, os aspectos a seguir:

Seu chamado vocacional	Sua resposta vocacional	Suas fragilidades humanas

[23] CONGREGAÇÃO PARA OS INSTITUTOS DE VIDA CONSAGRADA E SOCIEDADES DE VIDA APOSTÓLICA, **Partir de Cristo: um renovado compromisso da Vida Consagrada**, São Paulo: Paulinas, 2002, n. 15.

VI
DISCERNIMENTO VOCACIONAL: DESENVOLVER O HUMANO DE CADA VOCAÇÃO

Frei Vagner Sanagiotto, O. Carm.

No capítulo anterior, vimos que narrar a história vocacional é um dos fatores importantes que nos ajuda a observar nosso crescimento humano e espiritual em relação ao chamado feito por Deus em nossa vida. Ao narrar nossa história vocacional, damos sentido aos fatos que estão conexos a nossa história de vida, de tal forma que o chamado de Deus adquire contornos únicos naquilo que chamamos identidade vocacional. Neste capítulo, nós nos dedicaremos à temática do discernimento vocacional. Como nos indica a RAFIS, e que praticamente nos conecta com o assunto do capítulo anterior, "o primeiro âmbito do discernimento é a vida pessoal, e consiste no integrar a própria história e a própria realidade na vida espiritual (...)".[1] Quando falamos de discernimento vocacional, talvez, surjam perguntas como: como posso saber que Deus me chamou para a Vida Religiosa Consagrada ou Presbiteral? Nos momentos de dificuldade, como discernir se, de fato, essa é minha vocação? Qual o papel do humano no discernimento vocacional?

Antes de tudo, o discernimento vocacional, em sua dimensão espiritual, desde sempre, foi considerado a principal maneira de conhecer a vontade de Deus, para se fazer escolhas que abram o coração às realidades futuras, predispondo o indivíduo a um estilo de vida coerente com as aspirações mais profundas de ser criado à imagem e semelhança de Deus.[2]

---

[1] CONGREGAÇÃO PARA O CLERO, **O dom da vocação Presbiteral**, n. 42.

[2] CREA; SANAGIOTTO, **Aspectos psicológicos do discernimento vocacional: itinerário formativo para o discernimento das vocações**.

Antônio, Pai dos Monges, dizia que "o caminho mais adequado para ser conduzido até Deus é o discernimento, chamado no Evangelho, os olhos e a lâmpada do corpo (Mt 6,22-23). De fato, discerne todos os pensamentos e todas as ações do homem, examina claramente o que se deve realizar".[3] Ainda, conforme o mesmo livro, o discernimento é definido pelos padres do deserto, como "a mãe e guardiã de todas as virtudes"[4], a ponto de torná-lo objeto de constante busca e meditação para aqueles que se propõe a escutar a voz de Deus; somente depois que se aprende a discernir a voz de Deus, alguém poderá ajudar aqueles que desejam fazer a mesma experiência espiritual.

Portanto o discernimento é um caminho de vida que direciona o coração de cada ser humano a redescobrir a vontade de Deus, isto é, uma virtude especial que habilita à vigilância e à conscientização, um dom que abre ao reconhecimento da ação do Espírito na vida de alguém. A dimensão espiritual do discernimento era muito clara para os padres do deserto, que invocavam o Espírito Santo para direcionar seus comportamentos e moldar suas escolhas. Ainda hoje, a Igreja experimenta a relevância desse "exercício espiritual" nas muitas ocasiões que a acompanham, ciente de que é um trabalho lento e perseverante, que leva todos os homens e todas as mulheres a serem guiados pelas infinitas possibilidades que Deus disponibiliza, para professarem o "sim" de maneira definitiva.

Conhecer e colocar-se dentro de um projeto vocacional é abrir-se à obra transformadora de Deus, que atua graças à ação do Espírito. Como diz São Paulo:

> o que os olhos não viram, os ouvidos não ouviram, e o coração do homem não percebeu, isso Deus preparou para aqueles que o amam. A nós, porém, Deus o revelou pelo Espírito, pois o Espírito sonda todas as coisas, até mesmo as profundidades de Deus. (...) Quanto a nós, não recebemos o espírito do mundo, mas o Espírito que vem de Deus, a fim de que conheçamos os dons da graça de Deus (1Cor 2,9-10,12).

---

[3] CASSIANO, Giovanni, **Conferenze ai monaci**, Roma: Città nuova, 2000, n. 2.

[4] *Ibid.*, n. 4.

No discernimento vocacional, aprendemos a acolher a ação de Deus, com a qual é possível descobrir, na fragilidade de nossa existência, aquela força interior que permite entender sua vontade. A abertura ao discernimento vocacional nos predispõe aos critérios de um amor oblativo, que se manifesta na perspectiva de uma escolha de vida. Como disse o papa Francisco: "a presença do Espírito confere aos cristãos certa conaturalidade com as realidades divinas e uma sabedoria que lhes permite captá-las intuitivamente, embora não possuam os meios adequados para expressá-las com precisão".[5] A obra do Espírito Santo contribui decisivamente para desvelar as realidades divinas, tornando visível o que, humanamente falando, parece ser invisível, formando cada pessoa de boa vontade a deixar-se plasmar pela misericórdia de Deus.

1. O discernimento como um percurso vocacional

Quando nos referimos ao discernimento vocacional, nós o abordamos como um itinerário formativo/educativo que não se realiza todo de uma vez, nem, muito menos, improvisamente. O caminho do discernimento vem de longe e se constrói progressivamente, à medida que são integradas na vida algumas mudanças que conduzem à maturidade humana e vocacional. Sem dúvida, podemos dizer que o discernimento vocacional é um percurso que se subdivide em diversas fases. Cada uma delas tem um conteúdo específico que, se integradas ao percurso vocacional e às caraterísticas distintivas de cada um, contribuem para o crescimento humano e vocacional. Em síntese, quando falamos de fases do crescimento humano e vocacional, referimo-nos a um quadro amplo e unitário que dá significado processual à inteira existência. Ao mesmo tempo, oferece-nos a oportunidade de acolher, na variedade dos eventos que sucedem no cotidiano formativo, os valores que ajudarão a discernir e a integrar qualidade à escolha vocacional.

[5] FRANCISCO, **Exortação Apostólica Evangelii Gaudium**, São Paulo: Paulus, 2013, n. 119.

Tal processo é contínuo, porque, em cada momento de nossa existência, somos chamados a integrar os eventos cotidianos a um quadro mais amplo que diz respeito à totalidade do ser humano. Além disso, trata-se de um percurso que não acontece em partes, segundo as diversas dimensões da personalidade (a inteligência, a sexualidade, a afetividade etc.); nem, muito menos, segundo as etapas formativas (postulantado, período dos estudos, votos perpétuos ou diaconato...). O discernimento vocacional envolve o ser humano em sua complexidade, conjugada com uma única prospectiva de crescimento projetual.

Se aplicamos essa abordagem evolutiva à escolha vocacional, como aquela do presbitério e da Vida Religiosa Consagrada, também neste caso o indivíduo é chamado a reconhecer, nos diversos momentos do crescimento, a continuidade de um processo de maturidade, que dá prospectiva à inteira existência. É vivendo a experiência quotidiana que se aprende a abrir os olhos da mente e do coração para o Espírito, que une a capacidade de cada um de buscar e encontrar "em cada fase da vida, uma tarefa diversa a cumprir, um modo específico de ser, de servir e de amar".[6]

É interessante observar que o chamado para uma vida nova, o chamado para o discernimento, permanece no tempo, porque se configura na intencionalidade do indivíduo, enquanto modela a capacidade de voltar o olhar aos valores que orientam e enriquecem o próprio ser à imagem e semelhança de Deus. A escolha vocacional, entendida como uma progressão, orienta e dá força para saber discernir as dificuldades com sabedoria, a ter certeza de que cada momento de nossa história é uma ocasião de crescimento humano e vocacional. O discernimento se torna, assim, uma capacidade de que "cada pessoa consagrada seja formada para a liberdade de aprender ao longo de toda a sua vida, em cada idade e época, em cada ambiente e contexto humano, de cada pessoa e de cada cultura, para deixar-se instruir por qualquer fragmento de verdade e de beleza que encontrar a seu redor".[7]

---

[6] JOÃO PAULO II, **Exortação apostólica pós-sinodal Vita Consecrata**, n. 70.

[7] CONGREGAÇÃO PARA OS INSTITUTOS DE VIDA CONSAGRADA E SOCIEDADES DE VIDA APOSTÓLICA, **Partir de Cristo**, n. 15.

Esta liberdade em aprender com a vida qualifica a passagem entre os diversos momentos do desenvolvimento humano e empenha o indivíduo na tarefa transformativa, que define o processo de gradual mudança, onde a pessoa amadurece segundo as fases da vida em que está vivendo. Tal processo caracteriza, não somente a consolidação de uma identidade individual e vocacional, mas também a relação com o ambiente sócio-histórico e com os outros que são afetivamente significativos. Em outros termos, com o passar do tempo, além da mudança em cada um de nós, existe aquela mudança que interessa ao contexto relacional no qual estamos inseridos.

No discernimento vocacional, o contexto relacional é particularmente relevante, principalmente quando pensamos no valor formativo e transformativo da espiritualidade de comunhão, entendida como um princípio educativo que acompanha cada aspecto do conteúdo formativo. Tal princípio se consolida, não tanto em aprender as categorias sociais para ter uma boa e confiável experiência fraterna, mas é um critério de vida, que diz respeito à identidade vocacional do presbítero ou do religioso consagrado.

O discernimento, como um caminho de comunhão, é um princípio que foi aprendido com o histórico relacional, principalmente nos momentos em que fizemos a experiência de transformação pessoal. De fato, o histórico relacional nos coloca em contato com o percurso de crescimento "vital". À medida que conseguimos enfrentar as diversas crises que nos conduziram aquilo que nos tornamos, reconhecemos que o caminho vocacional é feito por pessoas que se tornaram significativas para nossa existência, como um amigo, um padre ou uma irmã religiosa consagrada, um familiar ou, até mesmo, em um acompanhamento psicológico.

1.1. Desenvolvimento humano: o eu e os outros

O discernimento, como um percurso evolutivo, abordagem que estamos evidenciando nas páginas deste capítulo, sublinha a importância da continuidade do crescimento, no qual somos chamados a redescobrir as motivações mais profundas de seu desenvolvimento humano e espiritual. Tal itinerário educativo caminha lado a lado com a maturidade, porque nas diversas fases da vida e da vocação, somos continuamente chamados a transcender e ir além de nós mesmos, para chegar a uma plenitude que se integre com as outras tantas realizações. Somente desse modo avançamos na direção da maturidade humana e vocacional, em um quadro de harmonia vital, que integra a diversidade (personalidade, espiritualidade, história de vida) em modo contínuo e, ao mesmo tempo, singular, segundo a competência que vamos adquirindo ao longo de nossa história evolutiva.

Tal perspectiva é importante do ponto de vista da psicologia do discernimento, porque nos permite olhar para a vida como um suceder-se de fases integradas, nas quais, em cada uma delas, o indivíduo tem uma tarefa para resolver, assim como também uma competência diferente para adquirir, ao interno de uma perspectiva unitária que dá sentido a cada esforço direcionado para o crescimento humano. É preciso considerar que as fases não existem por si mesmas, mas uma influencia a outra segundo a fase alcançada e o grau de maturidade. Esse processo acontece em uma dinâmica, que se desvela em uma sequência de provas evolutivas que nos interpelam a fazer escolhas adequadas, para continuar o caminho de crescimento, aderindo a um chamado vocacional que é específico, assim como é específico o itinerário de maturidade que se desvela diante de nós mesmos.

Essa concepção do desenvolvimento humano coloca em evidência a interrelação entre as diversas necessidades humanas, mas também a necessidade de favorecer um crescimento mais amplo dos diversos componentes da personalidade, se queremos nos formar minimamente integrados, com certo funcionamento harmônico. O inteiro processo do desenvolvimento, visa à formação de uma identidade individual, que cresce e se fortalece progressivamente, através da superação da "crise" psicossocial, característica de cada fase, preparando, assim, o sujeito para enfrentar a fase sucessiva.

Os momentos de superação das fases da vida são fundamentais para o discernimento vocacional, porque colocam em evidência como lidamos com as tensões que surgem em nossas relações, ou, talvez, como regredimos a uma crise de desenvolvimento anterior que influenciará o desenvolvimento sucessivo. Se nesse momento de crise conseguimos resolver o conflito interior de maneira positiva, a tendência é que a identidade pessoal se consolide, ajudando a construir relações adequadas para se fazer escolhas de vida que sejam sintonizadas com uma perspectiva projetual de toda a existência.

No amplo quadro formativo que nos conduz à harmonia e ao crescimento, precisamos, por um lado, ter claras as reais dimensões das dificuldades, estabelecendo conexão com as possíveis causas; por outro lado, precisamos favorecer o desenvolvimento humano. Esses dois elementos – a dimensão da dificuldade e do crescimento pessoal – ajudam a nos formar para a resiliência diante das situações críticas. O discernimento, ou seja, as decisões tomadas, contribuirão para se fazer escolhas que sejam motivadas, aumentando a clareza em relação aos objetivos que se pretende com as escolhas feitas na vida. A ideia de fundo é que as decisões tomadas no percurso do discernimento sejam integradoras, superando a inércia da conduta reativa nas quais se consolidam o uso de mecanismos defensivos.

A existência de tendências, pulsões, desejos profundos, requer uma resposta motivadora para prosseguir no caminho da maturidade vocacional. Se bem usadas, essas forças constituirão a riqueza e o potencial para nosso crescimento e nossa integração com o ambiente circundante. O caráter evolutivo e formativo de tais tensões para a mudança se configura da soma de duas perspectivas: uma que segue a troca de experiências que instauramos com os outros; a outra, da forma como conseguimos valorizar as metas evolutivas já alcançadas ao longo de nossa vida. Desse modo, seguimos a evolução de nossa história pessoal para superar as situações críticas de cada fase, otimizando os objetivos alcançados para definir a identidade e a capacidade de fazer escolhas. Tal percurso somente será possível na medida em que amadurecemos os aspectos sociais e interpessoais ao longo da história do crescimento humano.

Com isso queremos dizer que, em cada fase do desenvolvimento humano, encontramos um foco relacional que centraliza e caracteriza um determinado período do desenvolvimento, visto que em cada fase existem variáveis socioculturais específicas que ajudam na maturidade humana e vocacional, que podem fornecer uma importante “impressão digital” em todo o processo de maturação. De fato, as diversas relações instauradas ao longo da vida buscam, de alguma maneira, a satisfação das necessidades vitais de cada um, providenciando, mesmo que de modo imperceptível, aquele recurso psicoafetivo necessário para o desenvolvimento de uma determinada fase. A formação, seja inicial que permanente, vem a ser uma contínua transformação ininterrupta das necessidades que não foram anteriormente trabalhadas ou indicadas pelo sujeito em seu processo de desenvolvimento humano e vocacional. Assim, a formação se caracteriza com um caminho para toda a vida.[8]

Essa atenção ao desejo de maturidade interpessoal no percurso formativo é particularmente importante no discernimento, visto que aquele que está em busca de um projeto de vida já teve ocasiões em que valorizou tais potenciais educativos, assim como deve ter aprendido a integrar tudo isso em uma perspectiva de vida que o ajudou a ir em frente cada dia.

A esse percurso de crescimento se conecta o trabalho de discernimento vocacional: a capacidade de tomar decisões responsáveis diante da seriedade do chamado feito por Deus, a capacidade de exprimir e comunicar de maneira adequada as próprias necessidades, a capacidade de avaliar realisticamente a si mesmo, os próprios limites e as próprias potencialidades etc. Estas e outras são características que buscamos em uma resposta vocacional que amadurece ao longo do tempo, e que agora buscamos viver no contexto relacional carismático de um instituto religioso ou no seminário diocesano, no qual estamos em processo de formação.

Para alimentar todo esse processo é preciso um caminho de acompanhamento que não seja centralizado somente no conteúdo ou nas

[8] JOÃO PAULO II, **Exortação apostólica pós-sinodal Vita Consecrata**, n. 69.

regras que devem ser preservadas e transmitidas, se assim for, a pessoa se conforma passivamente às exigências aparentes ou institucionais. É preciso uma progressiva consciência da dinâmica construtiva e transformativa da identidade de cada um. A contribuição positiva dos outros será fundamental para um desenvolvimento harmônico da personalidade, porque é no diálogo de confronto que sairão reforçadas as dimensões que contribuirão para esclarecer a direção para um projeto comum, assim como aparecerão as discrepâncias para serem trabalhadas na busca por uma resposta vocacional, se autêntica. A contribuição dos outros tornar-se-á parte do método formativo real, porque será indispensável para superar as dificuldades do caminho e proceder na direção de novos horizontes do sentido vocacional.

1.2. A capacidade de fazer experiência do próprio crescimento humano

No caráter mais profundo da pessoa humana, sua interioridade, alguns rumores, às vezes, são inacessíveis, como, por exemplo, a angústia, o medo, as dúvidas etc. Porém são aspectos importantes do processo de discernimento humano e vocacional. A linha teórica que consideramos neste nosso capítulo pressupõe que o ser humano pode assumir a responsabilidade por suas próprias escolhas, mesmo quando envolvido por situações difíceis, que nós chamamos de crise. Esse modo diferente de olhar para a história do indivíduo, com uma visão de mundo orientada às experiências subjetivas, o ser humano é considerado em sua capacidade de se manifestar e de se conhecer nas situações cotidianas da vida.

O princípio teórico que consideramos, fundamenta-se em uma concepção antropológica aberta às múltiplas experiências, nas quais cada um se encontra, mas também sobre a capacidade criativa diante dos desafios da história pessoal, em um sentido mais amplo da existência de cada um. Tal visão teórica assinala uma função importante do significado projetual de cada vida: ao ideal, à espiritualidade, à busca de sentido que orienta a pessoa a ir além de si mesma. A visão de ser humano que tratamos neste livro baseia-se em sua unidade indivisível, composta de funções diversificadas, orientadas a valorizar os potenciais recursos que ajudam no próprio crescimento.

A pessoa que se direciona ao "poder ser" de sua existência é chamada a cuidar dos recursos que tem, dos quais necessita para poder crescer. Porém, isso não vem ao acaso, mas de uma processualidade que segue, de algum modo, a satisfação de algumas necessidades de base que possibilitam o crescimento. Segundo Abraham Maslow[9], o homem realiza a si mesmo na medida em que satisfaz suas necessidades fundamentais, desenvolvendo suas potencialidades pessoais. Segundo esse autor, o desenvolvimento passa através da satisfação sempre mais completa de uma hierarquia específica de necessidades, que ajuda a pessoa a ser sempre mais autônoma, competente e capaz de uma atitude criativa no confronto com a realidade. Podemos sintetizar em cinco pontos:

1. Na base desta hierarquia estão as necessidades *fisiológicas*, que são as mais fundamentais, evidentes e elementares. A vida e o funcionamento do organismo dependem da satisfação das necessidades básicas, mas também do surgimento de outras necessidades presentes em um nível superior. A satisfação e a integração das necessidades básicas são condição indispensável para trazer à tona as necessidades de nível superior.
2. As necessidades do segundo nível têm um caráter mais *social*, que estão vinculadas à segurança do indivíduo, como a dependência, a proteção, a estabilidade, a necessidade de estrutura, a ordem, aos limites etc., necessidades importantes de estabilidade relacional;
3. No nível seguinte estão as necessidades de *pertencimento e afeição*. Se as necessidades fisiológicas e de segurança forem suficientemente satisfeitas, surgem as necessidades de afeto, amor e pertença. Com o passar dos anos, a pessoa sentirá necessidade de afeto e terá necessidade de um lugar em seu grupo ou sua família, esforçando-se para cumprir

[9] MASLOW, Abraham, **Verso una psicologia dell'essere**, Roma: Astrolabio, 1971.

esse propósito. Ela tentará chegar a tal lugar mais do que qualquer outra coisa, podendo até esquecer o quanto estava faminto e o quanto desprezou o amor como algo irreal, desnecessário ou sem importância. Nessa busca pelo afeto, sentirá a dor da solidão, a rejeição, a ausência de amigos;

4. No nível seguinte da hierarquia está a necessidade de uma *autoestima* saudável e estável, por parte de si e dos outros, necessária para combinar o desejo de reputação e prestígio com um senso adequado de domínio e competência para enfrentar o mundo com confiança;
5. Finalmente, no último nível da escada hierárquica, temos a *autorrealização*, que consiste na tendência de se tornar uma personalidade integral, estando ciente de que ninguém pode se realizar plenamente, como não é dado o conhecimento pleno das possibilidades, dos talentos, das habilidades. Nesse nível, a pessoa orienta seu amadurecimento para os valores do ser que incluem verdade, beleza, perfeição, justiça, honestidade, lealdade, cuja satisfação traz saúde e felicidade, enquanto sua privação leva à frustração e à patologia. São estes os valores que ajudam a pessoa a responder a suas próprias questões existenciais, quanto a seu comportamento moral e ao sentido de sua vida, que lhe permitem realizar ao máximo sua personalidade.

Para que a pessoa possa realizar tal hierarquia de necessidade e responder conscientemente aos interrogativos da própria existência, devem ser asseguradas algumas condições sociais e pessoais. Em um nível *relacional,* devem ser resguardadas certas condições que permitam a manifestação das próprias capacidades e das próprias necessidades. No âmbito do acompanhamento formativo, por exemplo, isso será possível quando se cria um contexto dialogal que facilite o desenvolvimento individual, com uma saudável empatia, uma comunicação sincera, onde cada um poderá se exprimir como é. Em nível das condições *pessoais*, deve ser facilitado um estilo de vida em que a natureza humana não seja reprimida, mas, ao contrário, estimulada a manifestar-se com espontaneidade, naturalidade e autoaceitação.

Um contexto formativo, no qual se insere um ambiente que possibilite o crescimento pessoal a partir das relações, favorece o processo de crescimento humano e espiritual, que são as bases para estabelecer um crescimento e o discernimento vocacional. É nesse momento, isto é, no contexto formativo, que podemos integrar plenamente o fator humano, para atingir uma identidade vocacional, que terá uma ressonância no aspecto pastoral e relacional. Nesse nível, tendemos a unificar as diferentes partes de nós mesmos, integrando-nos de maneira mais eficaz e harmoniosa, porque nos tonamos consciente das próprias experiências e de nossas próprias capacidades; serão os futuros religiosos e religiosas, presbíteros, que entrarão em contato de modo mais profundo e maduro com os outros e com a realidade externa.

1.3. Saber discernir nas diversas etapas da vida

Já não é mais um segredo que as diversas fases da vida nos apresentam desafios para serem superados. Na medida em que crescemos humanamente, adquirimos novas competências que reforçarão nossa identidade vocacional. O percurso de crescimento humano e vocacional acontece por meio da sucessiva superação das diversas crises da vida, servindo como base para dar passos na direção dos desafios sucessivos. Cada fase evolutiva é caracterizada por uma crise específica, a qual devemos superar, desenvolvendo competências diferentes, que reforçarão a construção de nossa identidade, permitindo ascender à fase evolutiva sucessiva, colocando as premissas para um novo passo no desenvolvimento humano saudável.

Falir ou superar as tarefas do desenvolvimento de cada uma das fases da vida, dependerá daquilo que vivemos em cada momento. Ao mesmo tempo, nossa história pessoal serve como orientação em vista de uma nova perspectiva de crescimento. O desenvolvimento se torna, assim, um *continuum* equilibrado, ao qual convergem os diversos componentes que caracterizam a formação e que pedem respostas adaptativas adequadas, principalmente quando nos referimos ao discernimento vocacional.

As dificuldades de cada fase da vida, quando não são resolvidas, tornam-se um desafio para nosso crescimento humano. Em se tratando de discernimento vocacional, tais dificuldades configuram o que chamamos de crise, nas quais encontramos latente a complexidade do ser humano. Quando questões relacionadas ao humano ativam crises vocacionais, o discernimento se torna uma ferramenta formativa que nos ajuda reativar o caminho para dar respostas adequadas para superar a crise.

O desenvolvimento humano e vocacional é contínuo e exige constantes respostas aos problemas quando se apresentam. O fato é que, quando não resolvemos um problema no momento "cronologicamente certo", será preciso um grande esforço e coragem para encontrar uma solução plausível, para que possamos continuar a nos desenvolver como ser humano. O passar do tempo não deve ser o pretexto para esquecermos os problemas não resolvidos, mas deve ser um motivo a mais que impulsiona sua resolução, de modo tal que o crescimento possa continuar na superação das diversas etapas evolutivas.

Com o passar dos anos, as novas tarefas, que devemos enfrentar, colocam à prova os objetivos já conquistados nas fases precedentes. Cada vez, porém, o contexto relacional contribui, de maneira específica, para nosso discernimento, influenciando, construtivamente, na individuação de respostas que tenham sentido e que sejam congruentes na perspectiva da maturidade que estamos experimentando.

Esta fisionomia do desenvolvimento, que vê as diversas etapas da vida entrecruzadas e interdependentes entre si, obriga a olhar ainda mais uma vez os fatos da vida como oportunidades de crescimento contínuo. A atenção aos fatores socioculturais, afetivos e relacionais, além do aspecto individual ou intrapsíquico, amplia a responsabilidade formativa e transformativa, dando ao sujeito a capacidade de fazer escolhas significativas. Se, de uma parte, o responsável principal por cada escolha continua sendo aquele que faz o discernimento do chamado de Deus, de uma outra parte, o processo formativo se caracteriza pelo deixar-se transformar em sintonia com os fatos que são significativos para a vida. De fato, as experiências relacionais influenciarão em nosso discernimento e na capacidade de deixar-se modelar no relacionamento formativo com os outros e também no modo de avaliar os sinais do chamado que Deus fez em nossa vida.

Janela interativa 9 – Discernimento agitado, decisão errada

Onde se tem pressa, ansiedade e angústia não existe um ambiente propício para se tomar uma decisão acertada. Santo Inácio de Loyola salientava que um estado de *desânimo não é o momento para se tomar uma decisão*. A arte de ESPERAR é parte da arte de ESCOLHER. Na escuridão não é o momento acertado para tomar uma decisão. "Se estás em dúvida, detém-te e espera, mas não mudes de direção no meio da neblina. Espera o amanhecer, a luz, o sol e o céu aberto e a visibilidade até o horizonte. Então muda de rumo, se assim quiseres fazer; mas, não agora, não no meio da noite, não entre as nuvens, não na desolação."

Tagore diz que temos necessidade de um *camelo* na vida. Sentimo-nos mais atraídos pelo cavalo, por sua raça, sua beleza, força e rapidez, ideal para desfrutar um passeio, disputar uma corrida e ganhar um prêmio. Tudo isso é magnífico, e o cavalo é um animal esplêndido. Mas também há *desertos* na vida, e neles o melhor cavalo é inútil e sua velocidade de nada serve. No deserto, o cavalo se impacienta e se assusta, seus cascos afundam na areia, sua pelagem esquenta com o sol e ele se agita, cansa-se e deixa o dono à mercê do deserto implacável.

O cavalo não foi feito para o deserto, o camelo, sim. O camelo empreenderá seu curso e seguirá *firme*, *constante*, sem nunca perder o *rumo*. Conseguirá ficar sem comer, sem beber por longos dias, avançará sem rédeas, sem esporas, seguirá passo a passo, mesmo que o dono durma em suas costas. O camelo manterá o rumo, cruzará o deserto, chegará às águas e deixará a salvo o viajante.

A *perseverança*, tenaz para conservar o rumo nos desertos da vida, é necessária para chegar ao oásis final. Para que isso aconteça, todos temos de ter um camelo no estábulo.

2. O desenvolvimento humano e o desenvolvimento vocacional

A forma como abordamos o desenvolvimento humano e vocacional nos permite olhar para a inteira existência como uma tarefa na qual atuamos como protagonista, abertos a um progressivo processo de maturidade, apoiados na realização contínua do ser humano, orientados a crescer a partir das várias situações socioculturais, com as quais nos encontramos envolvidos ao longo de toda a nossa vida.

Esta abordagem nos permite enfatizar que nossa formação vocacional não pode ser entendida como um período particular da vida (postulantado, noviciado, juniorato), mas diz respeito a todo o arco da existência. Os processos evolutivos de nossa vida e vocação têm a função de modelar o crescimento ao longo de todo o desenvolvimento humano, em um *continuum* orientado aos valores vocacionais e existenciais. Partindo desta ótica, queremos, na sequência, indicar alguns aspectos que especificam a continuidade evolutiva e projetual como um modo de entender a vida como um percurso vocacional.

2.1. Formação humana: o ser humano e suas potencialidades

O crescimento humano se diferencia segundo as dimensões da personalidade, dependendo da idade de cada um. Por isso, é importante que a formação seja personalizada, visto que a maturidade humana e vocacional segue critérios individuais, conforme as características psicológicas, as competências específicas de cada um e a história evolutiva.

De fato, a forma como respondemos ao chamado de Deus é diferente, sendo essa uma oportunidade única e irrepetível de ser nós mesmos diante de Deus. Assim, crescemos humanamente a nosso modo e tempo, como resultado de uma contínua transformação interior. Nossas características nos fazem únicos e irrepetíveis, da mesma forma como é o chamado de Deus a uma vocação específica.

Essa compreensão nos leva a olhar de modo realístico o processo de crescimento humano e vocacional, que não é tanto uma simples realização de qualidades igualmente distribuídas a todos. A ideia não é olhar somente os dons que trazemos conosco e que nos fazem bons seminaristas, freis, irmãs, mas entender que quando respondemos ao chamado de Deus, significa que entramos em um processo de formação. Isso quer dizer que a resposta ao chamado de Deus nos envolve em um processo de (trans)formação, onde somos chamados a não olhar somente para o momento em que fomos chamados por Deus, mas para o horizonte da fidelidade a uma determinada orientação existencial com a qual decidimos doar nossa vida.

O discernimento, nessa perspectiva, coloca-nos no centro do chamado, com nossas potencialidades e nossos talentos, capazes de modificar e suportar os impactos das experiências difíceis, com as quais poderemos redescobrir novas oportunidades para respondermos ao chamado de Deus. De tal modo, aprendemos a fazer nossas as novidades que surgem, a integrar as dificuldades que entrecruzam nosso caminho, dando uma perspectiva intencional e projetual a nosso percurso formativo.

Essa concepção evolutiva leva a descobrir que a vida é muito mais do que a sequência de eventos e que, em cada fase do caminho de crescimento, existem escolhas que devem ser feitas, renúncias que devem ser aceitas e conquistas para serem alcançadas e realizadas em um caminho que conduz a uma meta: responder ao chamado de Deus na perspectiva da fidelidade vocacional. A maturidade humana e vocacional, em qualquer momento da vida, é uma expressão conjunta de aspectos de crescimento e de declínio. Pressupõe-se que cada progresso, no desenvolvimento humano, exige aceitar novas capacidades adaptativas; do mesmo modo as conquistas anteriores podem ser consideradas, de algum modo, ultrapassadas. Nenhuma mudança no processo do desenvolvimento humano pode ser considerada unicamente como um progresso em que se dá sempre um passo para frente.

Portanto não basta otimizar a maturidade nos diversos componentes da personalidade, nem é suficiente ter uma resposta padronizada para responder à pergunta "como você descobriu sua vocação?", porque isso pode ser uma resposta adaptada às expectativas dos outros. O desenvolvimento humano não é simplesmente o acúmulo de habilidades e características pessoais que indicam a presença de uma vocação. O desenvolvimento humano é o resultado de momentos de crescimento (entendidos como uma conquista pessoal), e de momentos de declínio (momentos de perda, crise, dificuldades etc.), presentes em todos os períodos da vida.

O crescimento humano e vocacional nada mais é do que o equilíbrio de momentos de perdas e de conquistas. Essa concepção, por um lado, conduz-nos a não focalizar nossa atenção unicamente nos resultados alcançados em determinados momentos da vida; por outro lado, permite-nos reavaliar o inteiro ciclo vital e vocacional como uma contínua reformulação de nós mesmos. O crescimento humano e vocacional, entendido como um percurso, permite-nos olhar para o presente e para o futuro, na perspectiva de realizar, com nosso potencial humano, o projeto espiritual que Deus concedeu a cada um através do chamado.

2.2. Crises evolutivas e ambiente psicossocial

O amadurecimento, entendido como um processo contínuo de mudança, oferece a oportunidade de uma visão diferente da história pessoal, pois permite situar os muitos acontecimentos da vida em um quadro unitário, que dá um sentido vocacional a toda a existência. Queremos, mais uma vez, enfatizar que o desenvolvimento não se limita apenas a alguns momentos particulares da vida (como, por exemplo, a idade) ou as fases do período formativo (cursos de atualização, ano sabático, exercícios espirituais, acompanhamento vocacional etc.), mas é um processo contínuo, principalmente porque há sempre oportunidades de nos formarmos e crescermos humana e espiritualmente.

Além disso, para amadurecermos vocacionalmente, não basta ter atingido um nível ótimo nas diferentes dimensões da personalidade (inteligência, afetividade, sexualidade etc.), mas é preciso aprender a integrar os diferentes aspectos psico-espirituais que torna cada um, cada vocação, cada chamado de Deus, único e irrepetível.

Além disso, cada uma destas etapas evidencia um núcleo evolutivo central do período particular de desenvolvimento, que será importante ter presente como chave formativa nos vários momentos do discernimento. Esse núcleo central está ligado às variáveis socioculturais que contribuem para o processo de amadurecimento. De fato, em cada fase existem pessoas (pais, amigos, formadores, diretor espiritual, comunidade religiosa...) que contribuem significativamente para a satisfação das necessidades psicoafetivas do indivíduo, proporcionando o suporte emocional que favorece a consolidação e o desenvolvimento harmonioso da personalidade.

Nas diferentes épocas da vida, e também em cada fase do ciclo vocacional, há tarefas e objetivos que cada um aprende a desempenhar, tendo em vista o crescimento. Todos nós passamos por estágios em que enfrentamos situações de crise, que aprendemos a superar, utilizando habilidades que ajudaram a fortalecer nossa identidade, que nos permitiram seguir em frente, lançando, assim, as bases para um *continuum* evolutivo ativo, construído ao longo do caminho do amadurecimento humano e vocacional. Conforme saliente Erikson,

> O que chamei de identidade do ego, no entanto, diz respeito a algo mais do que o mero fato da existência; é antes a qualidade do ego desta existência. Identidade do ego é, portanto, em seu aspecto subjetivo, a consciência de que há uma continuidade nos métodos de síntese do ego, ou seja, o estilo da própria individualidade, e que esse estilo coincide com a identificação e continuidade de seu próprio significado para outras pessoas, que são importantes e contam no contexto circundante.[10]

Todo o processo de amadurecimento visa à formação de uma identidade, que se fortalece gradativamente, com a ajuda de tantos "outros" que contribuíram (pais, educadores, catequistas, amigos...)

---

[10] ERIKSON, Erik, **Identidade: juventude e crise**, Rio de Janeiro: Guanabara, 1987, p. 58.

para enfrentar as crises e superar as próprias dificuldades. O percurso de acompanhamento faz parte deste processo educativo, pois é possível, não somente verificar "como" superamos as várias crises evolutivas, mas, sobretudo, é possível incentivar como utilizamos construtivamente os objetivos alcançados, com o contributo daqueles que participaram desse desenvolvimento.

O modo como o enfrentamos e resolvemos as situações fundamentais de nosso crescimento pode ser um indicador útil para quem nos acompanha, não só para detectar como nestas circunstâncias utilizamos nossos recursos vitais, mas também para predizer como o usaremos, quando tivermos que nos comprometer a dar uma resposta que se torne definitiva. Se aprendemos a usar nossas habilidades interpessoais, também seremos capazes de desenvolver um senso saudável de nós mesmos, reforçando a capacidade de fazermos escolhas adequadas diante dos desafios da vida.

Se tivemos alguns bloqueios em nosso desenvolvimento humano e vocacional, será importante destacá-los, para uma maior elaboração ao longo do caminho de formação. Isso será útil para entendermos como conduzimos as diferentes crises evolutivas e também para prevenir questões não resolvidas no passado, tendo em vista novas intervenções projetuais formativas.

3. Discernimento permanente e a fidelidade na tomada de decisões

Em cada momento de nossa vida, podemos crescer na capacidade de reconhecer os numerosos "vestígios da presença de Deus, que guia toda a humanidade para o discernimento dos sinais de sua vontade redentora".[11] O discernimento vocacional não se reduz a uma ratificação dos níveis otimizados de caráter (espiritual, intelectual, maturação pastoral...), mas nos projeta para os princípios últimos que orientam todo ser humano a buscar e a encontrar, na própria história, os muitos sinais do chamado de Deus.

[11] JOÃO PAULO II, **Exortação apostólica pós-sinodal Vita Consecrata**, n. 79.

Nesta tarefa seremos auxiliados pelas duas tendências básicas que caracterizam nosso desenvolvimento: (1) a capacidade de construir laços positivos com aqueles que nos acompanham, e a (2) competência para explorar criativamente as situações que vivemos, para discernir o que está em conformidade com o desenvolvimento vocacional de toda a nossa existência.

3.1. O discernimento como característica de toda a vida

As vocações à Vida Religiosa Consagrada e Presbiteral, as Congregações Religiosas e as Dioceses encontram, no discernimento, o aspecto fundamental para tomar decisões. Por ser um aspecto importante no âmbito eclesial, consideramos necessário construir um estilo de discernimento que nos habilite a fazer escolhas vocacionais que sejam congruentes com o desenvolvimento humano. O que estamos desenvolvendo, ao longo deste capítulo, é um modo concreto, que serve para estabelecer novos critérios com os quais os vocacionados possam aplicar, dentro da busca de fazer uma escolha de vida, aquilo que pressuponha a fidelidade vocacional, mesmo diante dos momentos de crise, que possam surgir no aspecto vocacional e humano.

A contínua exploração do modo como se vive os relacionamentos, inclusive aqueles estabelecidos ao longo do caminho formativo, permite regular os comportamentos para proceder com mais confiança nos objetivos que dizem respeito às respostas dadas ao sentido da própria existência e da própria vocação. As crises e as dificuldades que encontramos nos relacionamentos com o contexto em que vivemos, são uma ocasião preciosa para avançar em uma plena integração entre o desejo de responder ao chamado de Deus e a realidade psicológica como parte da própria história vocacional.

Assumindo uma atitude de escuta diante dos sinais vocacionais, presentes em cada um que é chamado por Deus, é possível colher as riquezas para fazer convergir, com cada esforço de escolha concreta, ao que permite dar uma "face" ao próprio desejo de responder à vontade de Deus. O contexto formativo e as relações interpessoais que se estabelecem nele, são a estrada principal para progredir no reconhecimento dos sinais do chamado de Deus. Além disso, ajuda a entender se esse chamado foi feito para a vocação específica à Vida Religiosa Consagrada e Presbiteral. Assim, as relações no contexto formativo fazem emergir os aspectos da unicidade que se caracterizam como o reconhecimento da voz de Deus, que continua a chamar aqueles que se colocam em um caminho de escuta de sua vontade.

3.2. Da capacidade de abertura ao sentido missionário de cada vocação

"Agora estou seguro de meu caminho, finalmente me sinto pronto para qualquer coisa." Assim se expressou um candidato ao presbiterato em um momento de discernimento com seu diretor espiritual. Pouco tempo depois, mudou de ideia, quando enfrentou uma situação emocional que o colocou em crise. O discernimento vocacional não é um trabalho que gera pessoas "prontas", que se fixam nas próprias certezas ou nas próprias crenças morais ou espiritualistas. O discernimento é um modo de vida que permite cultivar nossa interioridade por meio de nossa forma de ser e agir, principalmente nas relações com os outros.[12]

Um dos critérios que nos ajuda a saber se fizemos um discernimento adaptado àquilo que vivemos, caracteriza-se pela redescoberta de que o caminho da interioridade que conduz a Deus, também conduz ao próximo mais necessitado.[13] Cientes de que essa interioridade não é o quietismo habitual, mas, ao contrário, uma dinâmica que nos coloca em busca de. O papa Francisco salientava que "a inquietação da investigação da verdade, da busca de Deus, torna-se a inquietação de o conhecer cada vez mais e de sair de si mesmo para o dar a conhecer aos outros. Nomeadamente, é a inquietação do amor".[14]

---

[12] CONCÍLIO VATICANO II, **Gaudium et Spes: constituição pastoral do Concílio Vaticano II sobre a Igreja no mundo hoje**, São Paulo: Paulinas, 1971, n. 57.

[13] FRANCISCO, **Audiência Geral de 28 de agosto de 2019**, Vatican, disponível em: <https://www.vatican.va/content/francesco/pt/audiences/2019/documents/papa-francesco_20190828_udienza-generale.html>. acesso em: 28 jun. 2021.

[14] FRANCISCO, **Santa Missa de abertura do Capítulo Geral da Ordem de Santo Agostinho**, Vatican, disponível em: <https://www.vatican.va/content/francesco/pt/homilies/2013/documents/papa-francesco_20130828_capitolo-sant-agostino.html>. acesso em: 28 jun. 2021.

O discernimento, na perspectiva de escutar a voz de Deus no grito da humanidade, humaniza-nos em nossas motivações mais profundas. Tal perspectiva ativa uma dinâmica na qual as características humanas que nos tornam únicos, contando com a contribuição das tantas pessoas que são significativas, ativa o discernimento vocacional, que nos leva a aprender a confiar em Deus que dá sentido à inteira existência. Em outras palavras, aprendemos a identificar nas relações aqueles aspectos que nos permitem abrir-se à voz de Deus, sem transcurar as muitas vozes de nossa humanidade.

Dessa forma, o discernimento vocacional nos ajuda a construir uma história vocacional, realidade essa que nos torna coparticipante de um processo de mudança que orienta nossa existência. Como enfatizamos no capítulo anterior, a história vocacional reforça nossa capacidade de procurar e encontrar o rosto de Deus nas múltiplas situações da vida. Eis a chave para crescer no discernimento vocacional, na perspectiva da fidelidade: ali onde "grita" a humanidade, Deus responde, fazendo-nos vocacionados.

A integração do crescimento humano com o crescimento vocacional nos permite redescobrir a própria vocação de colaborador criativo com os desígnios de Deus. O discernimento, como o despertar do potencial missionário, o "para onde" Deus me envia, convida-nos a manter contato real com nossa ação cotidiana, como responsável pela construção de novos sentidos. Se as circunstâncias forem favoráveis ou se surgirem dificuldades no processo de discernimento, ainda assim seremos chamados a dar sentido aos acontecimentos e a fazer escolhas adequadas.

Discernir e explorar as muitas realidades encontradas ao longo de nosso caminho tornam-se uma oportunidade contínua para reconhecer os sinais do chamado de Deus nos muitos eventos de nossa história. A ideia mais importante que queremos salientar é que o discernimento se torna um estilo de vida que modela nossas decisões no caminho da fidelidade vocacional, mantendo uma atitude de escuta e de gratidão benevolente, perante às oportunidades que encontramos em nosso caminho.

Janela interativa 10 – Três atitudes diante de um sim

Esta janela interativa tem como objetivo verificar sua vontade em assumir o SIM a Deus em sua vida: **como me disponho ao seguimento de Jesus?**

1. **O primeiro sim**: expressa uma decisão, mas essa decisão não emprega os meios para que o sim seja desejado. A concretização dessa decisão é adiada indefinidamente. É um SIM que na prática significa um NÃO. (SIM = NÃO).

2. **O segundo sim**: é um SIM condicionado, ou seja, "quero o que tu queres, mas quero do meu modo". Podemos dizer que nesse sim procura-se legitimar a opção feita. Quer sentir desapegado, por exemplo, mas continuar possuindo a "coisa" em questão. (SIM, MAS ...).

3. **O terceiro sim**: é um SIM que quer aquilo que Deus quer, do modo como Ele quer. (SIM.).

A seguir, verifique algumas de suas decisões e veja que tipo de SIM você assumiu. Observe se tem alguma decisão que será tomado no futuro e verifique que tipo de SIM encontra-se à base.

O primeiro SIM – Mt 21,28-30

____

____

____

____

O segundo SIM – Mt 19,16-22

____

____

____

____

O terceiro SIM – Lc 1,26-38

____

____

____

____

4. Três critérios operacionais para o discernimento

O desenvolvimento vocacional da identidade humana e espiritual baseia-se na consciência da própria singularidade e na necessidade de estabelecer relações autênticas que ampliem os horizontes da própria vida, orientando-a para um projeto que atribua sentido a toda existência. Para que esta perspectiva tenha uma evolução construtiva, é necessário salvaguardar alguns princípios básicos, que aqui apresentamos como três critérios operacionais que ajudam no percurso do discernimento. Esses critérios servem tanto para aqueles que estão discernindo a vocação como também para aqueles que têm algum tipo de responsabilidade em acompanhar o percurso de discernimento vocacional.

4.1. Primeiro critério: agir de acordo com a mudança

O primeiro princípio diz respeito ao aspecto ativo e experiencial: o discernimento não deve ser apenas pensado ou desejado; deve ser executado na realidade das escolhas cotidianas! Mesmo que sejam pequenos gestos, não necessariamente extraordinários, toda ação vivida em resposta ao chamado de Deus nos desafia a nos abrir aos valores transcendentes, em colaborar com a realização de um projeto de vida por meio de escolhas coerentes e não autorreferenciais. Conforme dizia Frankl, "na realidade, o essencial da condição humana é o fato de autotranscender-se, que haja algo mais em minha vida que não seja eu mesmo... Algo ou alguém, uma coisa ou pessoa distinta de mim".[15]

Tenhamos presente um vocacionado à Vida Religiosa Consagrada, que durante seu percurso de acompanhamento vocacional demonstrava-se fervoroso na oração. Era aquele que tinha sinais claros de que a vocação se manifestava na oração, pensavam, inclusive, que seria monge. Quando pediam para ele contar sua

---

[15] FRANKL, Viktor, **El hombre en busca del sentido último: el análisis existencial y la conciencia espiritual del ser humano**, Barcelona: Paidós Ibérica, 1999, p. 59-60.

história vocacional, dizia que "Deus fala comigo na oração. O silêncio é o lugar onde confirmo meu chamado vocacional". Assim que entrou em uma Congregação Religiosa, surgiram alguns desafios que questionaram suas motivações mais profundas. Chegou um momento em que ele precisou aprofundar sua vida espiritual, sendo que, nesse processo, descobriu que sua oração não era somente um lugar de encontro com Deus, mas uma fuga diante dos conflitos que surgiam na comunidade. Em outras palavras, quando era desafiado a mudar, em vez de enfrentar a situação, terceirizava a solução dos problemas, confiando todo o seu "sofrimento" a Deus, em uma vida de oração onde ruminava os fatos acontecidos.

É com as ações, e não apenas com boas intenções, que podemos verificar se nosso estilo de vida está em conformidade com o dom do chamado. São as mudanças que nos ajudam a descobrir quais são os potenciais que disponibilizamos. Estar atento às mudanças, discernir com responsabilidade e liberdade, faz-nos retomar o caminho de busca pela resposta que se adeque ao chamado de Deus em qualquer momento de nosso percurso vocacional.

4.2. Segundo critério: criar espaço para o diálogo vocacional

O segundo critério indica que toda busca vocacional é um fato comunitário, o que suscita um acompanhamento contínuo com aqueles que são chamados a colaborar no trabalho do discernimento. De fato, o responsável por acompanhar o discernimento vocacional precisa criar um "espaço" onde seja possível fazer sínteses, em conjunto com quem discerne, o que acontece quando se entra em um percurso de discernimento. Não se trata apenas de uma troca de conteúdo (sejam catequéticos, espirituais ou morais), de bons modos (de ser mais sociável, mais prestativo, ...), de como ser um bom padre ou uma boa freira, mas é de criar significados intersubjetivos, que abrem o sujeito para uma nova compreensão de sua própria existência.

A combinação entre diálogo e discernimento caracteriza todo o processo de crescimento pessoal. Isso se acentua ainda mais quando se trata de um percurso em que a busca vocacional exige atenção especial aos sinais dos tempos, *locus* onde a vocação se manifesta por meio de uma história de vida. No discernimento, o diálogo que constrói a narrativa sobre a vida representa uma oportunidade de intercâmbio relacional, oferecido pelo acompanhamento vocacional.

Reconhecer essa perspectiva centrada na escuta dialógica em um percurso de discernimento, significa traduzi-la em experiências específicas, com etapas distintas, que se verificam ao longo do percurso educativo, para operacionalizar o diálogo na perspectiva da integração entre os ideais vocacionais e nossa realidade. Ao longo do caminho, a clareza desta abordagem torna-se um método, não só informativo (dos conteúdos catequéticos e espirituais), não só formativo (das atitudes a modelar), mas um percurso transformador, porque se torna um diálogo que transforma o modo de ser, por um projeto de vida que abra os interlocutores à vontade de Deus, um diálogo transformador que a pessoa pode interiorizar e que caracterizará toda a sua existência. Esta perspectiva dialógica, vivida no caminho do discernimento, deve tornar-se um método eficaz de formação permanente, a ser reapresentado ao longo de toda a existência, porque será sempre necessário ouvir e captar os sinais da presença de Deus. Mas será, também, imprescindível estar ciente das muitas distorções dialógicas que minam o desejo de responder com todo o coração à vontade de Deus.

Esta perspectiva, a longo prazo, torna-se uma tarefa aberta à narração contínua da própria história, aberta a redescobrir os sinais do chamado, com atitude de esperança fecunda e de vigilância atenta, em um clima de confiança para com todos aqueles que terão a tarefa de facilitar esse percurso. O caráter dialógico desse caminho educativo, remete-nos ao sentido eclesial do discernimento. A vocação não é um assunto individual, nem para quem bate à porta do convento, nem para quem promove as vocações. A vocação é um presente a ser acolhido e cuidado em conjunto e continuamente. Então, sim, a comunicação será efetiva porque será uma troca não só de palavras, mas das identidades entre os interlocutores, onde todos podem participar com a história de sua própria experiência de vida, sabendo que não são apenas companheiros de viagem, mas também testemunhas e mestres da vida.[16]

4.3. Terceiro critério: toda dúvida vocacional é uma oportunidade de discernimento

Mesmo as situações mais difíceis, de dúvida ou vulnerabilidade em relação às escolhas a serem feitas, são oportunidades para dar sentido a nossa própria existência. Portanto, situações de dificuldade e confusão também podem se tornar uma oportunidade para descobrir que mesmo aí a vida pode ser cheia de sentido.[17]

É justamente nas situações mais complexas que temos a oportunidade de reconhecer que há um sentido a ser dado ao que estamos vivenciando.[18] Na verdade, a intuição de haver um significado a ser realizado ativa uma força e uma motivação de natureza psicoespiritual, que nos impulsionam a explorar uma nova forma de lidar com os outros e com os acontecimentos da vida.

Ao aprender a viver a capacidade de abertura ao outro, vivenciamos os eventos da vida observando criativamente nossas ações, sabendo que, nas dificuldades em que nos encontramos, poderemos sempre dar uma resposta que nos projete para o futuro, pois somos atraídos pelos valores e significados que estão além de nós mesmos.

Existem três princípios que precisam ser nossos companheiros de viagem: da *concretude*, da *relacionalidade* e da *incerteza*. O discernimento vocacional, mais cedo ou mais tarde, deverá lidar com tais situações. Para quem busca ou tenta redescobrir a semente

---

[16] CREA; SANAGIOTTO, **Aspectos psicológicos do discernimento vocacional: itinerário formativo para o discernimento das vocações**.

[17] FRANKL, Viktor, Anche nel buio c'è sempre luce, **Ricerca di senso**, v. 4, n. 2, p. 152-167, 2006.

[18] SANAGIOTTO, Vagner, Psicologia e formação: gestão da crise no contexto formativo, **Convergência**, v. 54, n. 526, p. 42-49, 2019.

da vocação, o princípio é aquele do viajante que se deixar atrair por aquilo que encontra, para colher em cada gesto a presença silenciosa de Deus.

5. O fruto do discernimento é uma explosão de caridade

Por que falar da caridade como fruto do discernimento? Porque toda resposta vocacional é uma resposta de amor ao amor que Deus tem pela humanidade. O que facilita uma integração autêntica entre o desejo humano e a obra do Espírito é precisamente a capacidade de se doar, o dom total de si mesmo. Amar os outros de forma autêntica significa participar da transcendência que une as pessoas, direcionando-as ao sentido vocacional que une sua existência, facilitando assim o crescimento em direção aos objetivos comuns que caracterizam a experiência dialógica interpessoal.

Uma identidade centrada no seguimento de Cristo traduz-se necessariamente no dom de si, pois só quando podemos viver plenamente o modo de ser-para-os-outros, poderemos descobrir o sentido de nossas escolhas e seremos capazes de olhar com confiança para o futuro de nossa existência. Sabemos que esta explosão de caridade não é um acontecimento mágico, que se realiza em um determinado momento (entrada no seminário, ordenação presbiteral, profissão religiosa). Poderíamos dizer que se assimila à contínua mudança, que se realiza em uma reestruturação permanente de si e da relação com os outros, uma obra que qualifica as escolhas quotidianas a partir de um projeto vocacional, a partir do reconhecimento do amor de Deus em nossa vida e vida do mundo.

Esta perspectiva permite que todos se abram a novas possibilidades que se realizam na própria existência, redescobrindo aquela juventude de espírito que acompanha a vida de cada ser vivente. Só assim será possível olhar para o próprio desenvolvimento evolutivo como um caminho de santificação alcançada na vocação específica, um processo de amadurecimento que permite desenvolver respostas eficazes e coerentes com a própria vocação, a partir de uma renovação interior comum e de fidelidade permanente à comunhão com Cristo.

A realização de tudo isso na caridade devolve a cada pessoa a responsabilidade de continuar o caminho de integração da própria realidade humana com aquele desejo de Absoluto, que cada ser vivo carrega dentro de si. Certamente, esse é um caminho, às vezes cheio de obstáculos, às vezes cansativo e difícil de ser realizado, mas ainda assim é um itinerário que direciona para o mistério de uma existência realizada nas pequenas coisas do cotidiano, sabendo que o caminho é longo, mas há só um modo para saber onde pode levar: continuar caminhando.

Janela interativa 11 – O discernimento de minha vocação

1. Como você discerniu sua vocação?

____

____

____

____

2. Quais foram os símbolos mais marcantes de seu discernimento vocacional?

____

____

____

____

____

3. Como foi que você escolheu a Congregação Religiosa ou a Diocese?

____

____

____

____

VII
PERSEVERANÇA VOCACIONAL: DECIDIR POR UM PROJETO DE VIDA

Frei Vagner Sanagiotto, O. Carm.

Ao longo deste livro, procuramos traçar um caminho de reflexão e de vivência que nos conduzisse a compreender que a formação humana à Vida Religiosa Consagrada e Presbiteral é um assunto importante, presente em todo o percurso vocacional, do chamado de Deus à perseverança vocacional. Sem dúvida, os documentos do Magistério eclesial, sobretudo os mais recentes, enfatizam que "sem uma oportuna formação humana, toda a formação sacerdotal ficaria privada de seu necessário fundamento".[1] Como delineamos, a formação humana é uma "descoberta recente" no contexto formativo eclesial, dos quais podemos traçar um percurso de descoberta de que o chamado de Deus e a condição humana fazem parte de uma mesma natureza existencial.

Nos últimos anos, principalmente depois do Concílio Vaticano II, a Igreja vive um percurso de grandes desafios, no que diz respeito às vocações à Vida Religiosa Consagrada e Presbiteral, seja no período da formação inicial como na formação permanente. O número de novos vocacionados diminui. Ao mesmo tempo, observa-se um significativo número de abandonos vocacionais daqueles que já fizeram os votos perpétuos ou foram ordenados presbíteros.[2] Sem dúvida, podemos dizer que "os abandonos na vida con-

---

[1] JOÃO PAULO II, **Pastores Dabo Vobis: sobre a formação dos sacerdotes**, n. 43.

[2] CONGREGAÇÃO PARA OS INSTITUTOS DE VIDA CONSAGRADA E SOCIEDADES DE VIDA APOSTÓLICA, **O dom da fidelidade, a alegria da perseverança**, São Paulo: Paulinas, 2020.

sagrada [acrescentamos, também, a presbiteral] nos preocupa".[3] As perguntas que surgem são muitas: o que acontece com as novas vocações?[4] Por que muitos daqueles que fizeram um percurso de discernimento vocacional, um dia decidem deixar tudo? Onde estamos errando em nossa *sequela Christi*?

Nas temáticas abordadas nos capítulos deste livro, defendemos a tese de que quando nos formamos humanamente, conseguimos viver de maneira mais profunda nossa vocação. De outro modo, a influência de nossa humanidade se faz presente desde o chamado feito por Deus até nossa fidelidade e perseverança vocacional. Nesse capítulo, abordaremos a perseverança vocacional, partindo do estudo da influência das crises na vocação à Vida Religiosa Consagrada e Presbiteral, para chegarmos à compreensão do que propõe a Igreja, quando o assunto é perseverança vocacional. A ideia de fundo é que a formação humana é um aspecto chave no desenvolvimento de projetos formativos que visem à perseverança vocacional.

1. A vocação: um tesouro em um vaso de argila

Diante da temática da perseverança e da fidelidade vocacional, surgem muitas ideias que procuram responder aos complexos desafios enfrentados pelas Congregações e pelas Dioceses. Como abordamos no segundo capítulo, Deus chama "pessoas normais", simples, que têm suas limitações, que não são perfeitas, para serem colaboradoras na construção de seu Reino. Em outras palavras, o chamado de Deus se desenvolve em nossa fragilidade. Como nos lembra o papa Francisco no discurso aos participantes de um encontro promovido pela Congregação para os Institutos de Vida Consagrada e as Sociedades de Vida Apostólica, "a vocação, como

[3] FRANCISCO, **Discurso do Papa Francisco aos participantes na Plenária da Congregação para os Institutos de Vida Consagrada e as Sociedades de Vida Apostólica**, Vatican, disponível em: <https://www.vatican.va/content/francesco/pt/speeches/2021/december/documents/20211211-plenaria-civcsva.html>.

[4] SANAGIOTTO, Vagner, O perfil das novas vocações à Vida Religiosa: entre desafios e esperanças, **Convergência**, v. 57, n. 538, p. 59-72, 2022.

a própria fé, é um tesouro que trazemos em vasos de barro (2Cor 4,7)".[5]

A perseverança vocacional, assim como o chamado de Deus, tem uma íntima relação com um contexto sócio relacional. As pesquisas, em sua maioria, não apresentam uma visão global do porquê da problemática relacionada a manter-se perseverante na vocação.[6] Os autores indicam fatores específicos, geralmente tendo como ponto de partida uma teoria de referência. Alguns pesquisadores atribuem o abandono vocacional à fragilidade das novas gerações, atribuindo ao sujeito a falta de uma estrutura psicológica para enfrentar os desafios vindos da vocação.[7] Outros pesquisadores, indicam que os fatores socioculturais, entendidos como a transformação dos valores religiosos, a liquidez da sociedade, estão à base da falta de compromisso com decisões que durem por toda a vida.[8] Outros autores, ainda, indicam que no interno das Congregações Religiosas e das Dioceses encontramos estruturas que não permitem o crescimento vocacional, sendo que as "saídas" se tornam a única forma de resolver determinados conflitos relacionados à perseverança vocacional.[9] Certamente, existem outras abordagens que estudam a perseverança à Vida Religiosa Consagrada e Presbiteral. No contexto deste capítulo citamos somente algumas teorias que se referem a fatores pessoais, culturais e institucionais.

O fato é que, como disse o papa Francisco, "é verdade que alguns deixam por motivo de coerência, porque reconhecem, depois de um discernimento sério, que nunca tiveram vocação; mas, outros, com o passar do tempo, não respeitam a fidelidade, muitas vezes

---

[5] FRANCISCO, **Discurso do Papa Francisco aos participantes na Plenária da Congregação para os Institutos de Vida Consagrada e as Sociedades de Vida Apostólica**.

[6] SANAGIOTTO, Vagner; SANTIN, Wilmar, Entre tensões e escolhas: um estudo sobre as saídas na Vida Religiosa, **Revista Eclesiástica Brasileira**, 2023.

[7] SCARVAGLIERI, Giuseppe, **La fragilità vocazionale: problemi e prospettive della perseveranza**, Leumann: ELDC, 2010.

[8] FERNANDEZ, Víctor Manuel, La crisis cultural y las fragilidades de los sacerdotes de hoy. Estado de situación y pistas de acción, **Pastores**, n. 32, 2005.

[9] BROMLEY, David, Linking social structure and the exit process in religious organizations: defectors, whistle-blowers, and apostates, **Journal for the Scientific Study of Religion**, v. 37, n. 1, p. 145-160, 1998.

poucos anos depois da profissão perpétua. O que aconteceu?"[10] Uma pergunta que inquieta e convida a profundar as raízes da problemática em relação à perseverança e à fidelidade vocacional.

2. A perseverança nos momentos de crise: insistir ou desistir?

O religioso consagrado ou o seminarista, em determinado momento da caminhada vocacional, viverá momentos em que a certeza do chamado de Deus passará pelo crivo da dúvida. A crise vocacional se manifesta em comportamentos ambíguos, conflitantes, que desorienta, seja em âmbito existencial, seja em âmbito vocacional. Em termos gerais, conseguimos identificar de onde vem a crise (se é existencial ou vocacional), como ela evolui, os prováveis pontos de chegada, mas não é possível antecipar uma solução. Entre as funções do acompanhamento formativo, encontramos aquela de nos formar na arte de clarificar as situações difíceis com o objetivo de tomar uma decisão. É possível dizer que uma crise termina quando se decide qual caminho prosseguir.

Quando abordamos a temática da perseverança vocacional, decididamente temos de dizer algo sobre a crise vocacional. Podemos dizer que a perseverança e a fidelidade vocacional passam pela forma como administramos os momentos de crise. Quando falamos de crise vocacional, talvez uma das principais dúvidas que surge seja: devo insistir ou desistir de minha vocação? O que está por traz de perguntas como essa é o desejo de saber até que ponto ainda vale a pena manter os esforços para continuar como religioso consagrado ou seminarista. Se andamos um pouco além, certamente, podemos encontrar, na crise, um pedido implícito de ajuda para se fazer um discernimento vocacional maduro, visto que a vocação à Vida Religiosa Consagrada e Presbiteral é um percurso empenhativo, que exige uma constante conversão pessoal, aberta ao crescimento humano.

---

[10] FRANCISCO, **Discurso do Papa Francisco aos participantes na Plenária da Congregação para os Institutos de Vida Consagrada e as Sociedades de Vida Apostólica**.

2.1. Crise: a busca por uma definição

O conceito de crise possui uma pluralidade de significados etimológicos. Em sua origem grega, o termo *krìsis* (κρίσις) deriva de *krìno* (κρίνω do verbo grego *krìnein* [κρίνειν]). Na raiz grega, *krìnein* indicava a atividade de separar o grão de trigo da palha e do joio. Por tradução, tal atividade passou a ser entendida como o ato de escolher. A crise, portanto, contém em si uma escolha feita após uma separação, um discernimento.[11]

Como podemos observar, a etimologia da palavra crise não conduz necessariamente a um significado negativo, mesmo que o conceito, ao longo dos séculos, assumiu tal conotação. É verdade que a crise é muito mais que o conceito escrito em um dicionário. A crise revela um determinado conteúdo operativo relacionado com as experiências vividas por alguém que passa por um processo de separação do joio do trigo, que precisa escolher, enfim, fazer um discernimento. Em outras palavras, a crise traz à tona a existência humana em seus diversos significados.

Quando toda a vida da pessoa está envolvida em uma decisão, podemos dizer que a crise se torna existencial. Na teoria, a crise envolve três áreas importantes da vida humana: as *emoções*: a sensação de que a integridade torna-se perturbada, pode surgir a vulnerabilidade emocional; o *cognitivo*: manifesta-se na perda de significado, falta de cumprimento dos objetivos na vida; o *comportamento*: de qualquer modo, convida a agir. Algumas vezes, a crise se manifesta claramente nos coportamentos de quem a vive, na sensação de perda ou fracassos nos relacionamentos.

Mesmo que identifiquemos como se manifesta uma crise, ela não surge de improviso. Em âmbito psicológico, podemos identificar uma dinâmica. O ponto de partida da crise é uma experiência que coloca em movimento toda uma série de reações que levam a questionar o *status quo* do automatismo da vida: às vezes, é um evento inesperado; outras vezes pode ser um desvio ou uma

[11] SANAGIOTTO, Psicologia e formação: gestão da crise no contexto formativo.

ambiguidade na situação que se vive; outras vezes um conflito pastoral ou comunitário etc. Como regra geral, a crise é baseada em um estado de vulnerabilidade, que se estabelece como um evento (ou circunstância) na vida de alguém e que precisa de cuidados específicos, precisa de acompanhamento.[12]

O efeito e o processo da crise colocam aquele que a vive em um estado de suspensão entre a continuidade do evento problemático e o desapego/crescimento. É como se o processo de crise convidasse aquele que a vive a separar, escolher, discernir. O esforço que se faz para esclarecer as variáveis envolvidas evidencia o estado da crise (*krisis*), isto é, uma mistura de elementos conflituais, que remontam à experiência pessoal, em que as partes se fundem, como as peças de um mosaico, para que surja algo de novo. A crise, quando enfrentada com determinação, leva a tomar decisões maduras. No contexto da perseverança e da fidelidade vocacional, a crise é um convite a deixar-se transformar humanamente para chegar à maturidade vocacional: na religiosidade (interior, espiritual, vocacional), na dimensão afetiva (âmbito das relações) e no desenvolvimento dos potenciais (âmbito das motivações).

No contexto da perseverança vocacional, os momentos de crise podem representar um ameaça à fidelidade vocacional. Em termos gerais, é possível dizer que a decisão de sair da Vida Religiosa Consagrada ou Presbiteral acontece em momentos de crise, seja existencial ou vocacional. No contexto deste capítulo, parece-nos fundamental indicar alguns pontos em que a crise afeta a escolha vocacional, entendida como um projeto a longo prazo, como perseverança, na *sequela Christi*.

No primeiro momento, a crise *confronta o modelo que orientava a vida e sustentava a vocação*. Um seminarista diocesano, que passava por um momento crise, dizia: "Quando me dei conta de que estava vivendo uma crise, percebi que todas as certezas espirituais, que sustentavam minha vocação, não me orientavam mais". Diante de

---

[12] SANAGIOTTO, Vagner, **Psicologia e formazione: la gestione della crisi nel contesto formativo**, Licenza, Università Pontificia Salesiana, Roma, 2019.

situações como essas, a gestão da crise deve ser feita dentro da esfera cognitiva, principalmente reconhecendo a existência de uma situação problemática. Em se tratando de ajuda para enfrentar a crise, o acompanhamento vocacional precisa orientar para eventos aos quais se enfatize a maturidade direcionada às motivações existenciais.

Em um segundo momento, a crise afeta a vocação na *dimensão emocional*, isto é, na sensação privilegiada de ser chamado por Deus a uma missão (dimensão interior, espiritual e vocacional). Uma irmã, que se preparava para fazer os primeiros votos, durante um retiro espiritual, compartilhava que em sua caminhada vocacional "sempre tinha sido muito convicta do chamado de Deus, porém, em alguns momentos de dificuldade com a comunidade, chegou a pensar em desistir, não conseguia encontrar motivos para seguir em frente, mesmo que tivesse aumentado os momentos de oração pessoal". Diante de situações como essas, o acompanhamento vocacional precisa ajudar o vocacionado a interpretar o problema como uma busca pela reorientação existencial e vocacional. O objetivo é que a crise ajude a amadurecer a afetividade (relacionamento comunitário, afetivo, pastoral etc.).

No terceiro momento, a crise reacende a atitude de *busca do significado vocacional*, que conduzirá à perseverança vocacional – a aderir ativamente ao chamado de Deus – ou a novos caminhos. Em nossos contextos comunitários, é muito comum ouvir comentários, tais como: "Chegou a momento em minha crise vocacional em que me senti como se estivesse em uma encruzilhada, precisava escolher um caminho. Se continuasse na crise vocacional, me faria muito mal". Diante de situações como essas, o acompanhamento vocacional precisa ajudar a esclarecer quais são os caminhos que se deslumbram diante dos olhos. Não somente isso, mas ajudar, comportamentalmente, a ser perseverante na escolha feita. O objetivo é que a crise ajude a amadurecer a esfera das motivações vocacionais.

Do momento em que se instala uma crise, seja existencial ou vocacional, ativa-se um mecanismo psicológico que exige uma *decisão*. Um religioso consagrado, depois de um longo período de dúvidas se a Vida Religiosa Consagrada era ou não sua vocação, dizia: "quando decidi sobre o que queria fazer de minha vida e de minha vocação, foi como se tirasse um peso de meus ombros". Diante dos momentos cruciais, no quais se toma uma decisão, o acompanhamento vocacional precisa orientar ao discernimento, deixando claro que a *sequela Christi* exige perseverança diante dos desafios vocacionais.

Certamente, responder às perguntas que a vida faz não é uma tarefa fácil e, muitas vezes, vem acompanhada pelo sofrimento. A crise, como nós a entendemos, tem um sentido, una ética e uma metafísica: a crise tem de fato um *como* (busca de sentido), um *porquê* (dimensão da ética) e uma *direção* além de si mesmo (dimensão metafísica, autotranscendente).[13] Tudo isso, se vivido na concretude da vida, faz-nos entender que o sofrimento nos torna perspicaz e o mundo transparente.

2.2. As reações diante das crises

O processo de decidir envolve uma interação dinâmica entre o sujeito e seu contexto. A decisão humana não se baseia apenas no conhecimento intelectual ou emocional, é algo que envolve todas as dimensões da existência no vasto tema da motivação. Para saber o que fazer nos momentos de crise e, com isso se manter perseverante, é fundamental compreender a maneira como reagimos diante dos momentos difíceis. Se olhamos para nossa história vocacional, perceberemos uma lógica orientativa, que nos guia nos momentos de dificuldade.

No âmbito geral da pesquisa e da teoria,[14] podemos distinguir quatro tipos de reações às situações de crise: 1) a reação *descentralizada*: que é guiada por situações periféricas em relação ao núcleo da personalidade; 2) a reação *superestimada*: na qual a realidade conflituante controla e regula a situação; 3) a reação *regulada*: a reação é guiada pela impulsividade, na qual a crise satisfaz parcialmente as necessidades latentes na personalidade; 4) enfim, a reação *decisiva*: é uma reação orientada a uma finalidade que considera todo o percurso vocacional e existencial.

---

[13] SANAGIOTTO; PACCIOLLA (Orgs.), **A autotranscendência na logoterapia de Viktor Frankl**.

[14] THOMAE, Hans, **Dinamica della decisione umana**, Zürich: Pas-Verlag, 1964.

Procuremos entender um pouco mais sobre as prováveis reações humanas às situações de crise. Partimos da reação que chamamos *descentralizada*. A característica dessa reação é que a crise é guiada pelas situações periféricas, com autonomia dos valores que foram alterados, manifestando-se como sintomas de que algo não está bem. Uma irmã religiosa consagrada, que é formadora desde muitos anos, dizia que reconhecia quando uma jovem está em crise "quando tinha uma mudança repentina na rotina cotidiana. Lembro-me de uma irmã que sempre era muito piedosa na oração. Aos poucos, quase ninguém mais a via na capela". Em casos como este, a pessoa que vive a crise sente que nada em particular está em jogo e que a situação é de pouca importância para sua existência. É isso que os valores reguladores da existência, quando alterados pela crise, não representam mais um problema dentro do âmbito vocacional. Em síntese, o foco não está na mudança, mas na busca de sentido diante das situações problemáticas ou das crises.

Uma segunda reação à crise a denominamos *superestimada*. A característica dessa reação é que os problemas não são abordados em seus aspectos reais. A insistência é, basicamente, na realidade conflitante. É como o exemplo do seminarista diocesano que entrou em crise vocacional depois de um conflito com o formador. Esse dizia que "a discussão com o formador, praticamente, acabou com minha caminhada vocacional", quando, na realidade, não era nada mais que uma divergência de opinião sobre como se deveria fazer uma boa homilia. A consequência é que tanto o presente quanto o futuro são problematizados, criando um estado de crise constante, no qual a crise adquire um caráter definitivo. Toda essa dinâmica tem, como pano de fundo, as experiências pessoais que alimentam o círculo vicioso da crise.

A terceira reação às crises a chamamos de *regulação impulsiva*. Tal reação tem como característica a satisfação das necessidades parciais, na qual a mudança do *status quo* é condicionada por um evento que determina a direção e o curso da decisão. Na dinâmica da crise condicionada, a resolução desta fica bloqueada para controlar um futuro imaginário. Imaginemos um vocacionado para a Vida Religiosa Consagrada que tinha dificuldade em acompanhar os estudos de filosofia. Toda vez que tinha prova na faculdade, considerava-se inferior aos outros porque tirava sempre as notas mais baixas da sala. Considerava essa dificuldade um empecilho à perseverança, estando pronto para abandonar o caminho formativo. O fato é que a relação com o futuro recai sobre um específico vínculo afetivo, em que a situação perturbadora que o sujeito vivencia, indica por onde deve orientar a vida.

Enfim, na quarta reação à crise, emerge a teoria da decisão humana, uma *reação decisiva*. Tal reação permite que o sujeito abandone a atitude "conservadora" para fazer uma reorientação existencial, inserindo-se em um novo projeto de vida. O foco da reação à crise se centraliza no cerne do problema, buscando informações claras que podem ajudar a resolver determinada situação. O que acontece nessa forma de reação à crise se manifesta tanto no comportamento exterior, ou seja, na busca de novas informações, quanto no esforço sempre renovado em esclarecer a situação em cada aspecto. Nas decisões autênticas, sempre permanece uma questão central: o que você está fazendo? Como sair desse dilema?

A crise, quando passa dos fatos confusos à busca por uma solução, abandona as tantas possibilidades para, aos poucos, centralizar em uma escolha que considere o conjunto do projeto no qual a pessoa está inserida. A principal vantagem é que se estabelece uma reconexão entre o passado, a decisão do momento presente e o futuro. A reação decisiva diante da crise, quando compreendida em sua progressividade, considera as experiências do passado (a experiência vivida) e as do presente (contexto) na busca de uma solução para a situação problemática (crise), que, por sua vez, é direcionado para o futuro. A progressividade, carregada de motivações existenciais, cria um claro distanciamento das decisões superficiais, focalizando os aspectos centralizadores das decisões, que visem perseverar em um projeto existencial.

2.3. O que fazer diante de uma crise vocacional?

Depois que entendemos a dinâmica da crise, concentramo-nos em como agir diante delas. Antes de mais nada, a crise pode ser gerida de maneira preventiva, na qual o acompanhamento personalizado ajuda a compreender quais são as características pessoais que poderão ser usadas como recurso para enfrentar as dificuldades. Propomos três condições psicológicas preventivas com as quais podemos enfrentar as crises: desenvolver a confiança em si mesmo,[15] melhorar os relacionamentos interpessoais,[16] fortalecer a conexão com um grupo de pertença (vida comunitária).[17]

Mesmo que nos formamos preventivamente, as crises não poderão ser evitadas. Como abordamos no terceiro capítulo , ser acompanhado por alguém ajuda a enfrentar as situações problemáticas sob um outro ponto de vista. Para isso, torna-se fundamental, como enfatizamos nos capítulos anteriores, a narração para alguém do que está acontecendo conosco, fazendo com que ressignifiquemos os fatos de nossa história de vida.

Podemos nos perguntar: como reagir diante das crises? Decidir em um momento de crise não é uma tarefa fácil. Talvez, o mais difícil seja perseverar nesses momentos, manter-se em um projeto de vida, entender que em qualquer percurso o discernimento (escolher, decidir, separar) faz parte da perseverança. Em outras palavras, a perseverança em momentos de crise passa pela decisão, principalmente quando é orientada para uma finalidade vocacional.

Para orientar e orientar-se em um momento de crise, é importante conhecer as várias etapas do processo de tomada de uma decisão. É, precisamente, a partir da dinâmica da decisão humana que a crise se torna uma possibilidade de amadurecimento humano e vocacional. Na dinâmica da decisão, distinguimos três momentos: o primeiro é o

---

[15] BARENCO, Paolo, Il servizio formativo dell'istituzione verso un equilibrio fra doveri, difficoltà e necessità, *in*: **L'attenzione formativa prevenire il disagio nella vita consacrata e presbiterale**, Roma: OCD, 2007. Roma: OCD, 2007.

[16] CREA, Giuseppe, **Gli altri e la formazione di sé**, Bologna: EDB, 2005.

[17] FIZZOTTI, Eugenio, **Psicologia e maturidade na vida consagrada**, São Paulo: Paulus, 2014.

da *desorientação,* que nos remete à etimologia do termo grego *krisis*, isto é, uma mistura de realidades fragmentadas que traz confusão na vida cotidiana da pessoa, na qual os vários componentes, misturados e conflituais, juntam-se para que surja algo totalmente novo.[18] O segundo momento é o da *reorientação*: a pessoa questiona sua existência com o objetivo de esclarecer possíveis caminhos futuros. O terceiro momento é o da *decisão* propriamente dita, em que se resolve a situação de crise, acrescentando certa maturidade no processo mais amplo da existência.

No estudo sobre o desenvolvimento da crise em perspectiva da perseverança vocacional, partimos do conceito de que a crise é uma experiência de vida que convida a tomar uma decisão. É importante conhecer as etapas da dinâmica da decisão humana, percurso este que conduzirá ao amadurecimento. Basicamente, o termo que caracteriza a dinâmica da decisão é *orientação*, entendido como a passagem da des-orientação à re-orientação.

O primeiro momento de uma crise se caracteriza pela *desorientação* que coloca o sujeito diante de várias possibilidades de escolha. O início de uma crise traz consigo um desafio, uma realidade subjetiva que exige uma resposta. O que transparece nesse primeiro momento é a emoção e a sensação de que o futuro está bloqueado. Dentre as diversas possibilidades que surgem como opções, a pessoa deixa de tomar uma decisão, mesmo que queira. A sensação de desorientação faz com que o sujeito se sinta impossibilitado de deixar algumas das opções, visto que, responsabilizar-se neste momento significaria arriscar-se por vias desconhecidas.

A desorientação caracteriza a situação inicial da crise que, aliás, assume um caráter vinculativo a ela. No momento inicial, a crise constitui, para a pessoa, um desafio a sua integridade; é a experiência da desorientação existencial, entendida como ausência de sentido e direção, que dificulta a compreensão de qual é o cerne do problema. Via de regra, a pessoa não sente, nesta fase, que pode decidir com plena liberdade e autonomia.

[18] SANAGIOTTO, Psicologia e formação: gestão da crise no contexto formativo.

Na segunda fase da decisão, encontramos a *reorientação*, que não se refere apenas a um conteúdo intelectual, mas, ao mesmo tempo, a uma harmonização entre as características de personalidade e a situação problemática, uma reorientação que significa a criação de um novo contexto dinamizado entre o sujeito e seu ambiente socio-relacional. Na fase da reorientação, compreender o contexto socio-relacional nos permite nomear os conteúdos da crise. Muitas vezes, observamos que a crise é vista de forma negativa e que a decisão é fonte de insatisfação. A razão para isso é que o desconhecido é uma variável decisiva para se tomar uma decisão que seja minimamente coerente com um projeto vocacional.

A terceira fase da decisão, que sinaliza o fim da indecisão, é a *resolução da crise*. A decisão não é a tomada de posição por um "eu" que prefere um caminho em vez de outro, mas é a compreensão de que uma nova fase existencial está se formando, composta por fatores iniciais, pelo acesso a informações sobre a história de vida, pelas motivações que orientam a mudança e, principalmente, pelos valores enraizados na história existencial. Na fase pós-decisão, pode haver algum tipo de conflito, à medida que se estabelece um confronto entre a decisão tomada e as opções deixadas para trás.

Tomar decisões implica assumir as consequências, inclusive conflituosas, que a decisão acarreta. Dentro do processo de tomada de decisão, é possível distinguir algumas formas diferentes de conteúdo bem específico. No contexto desse capítulo, referimo-nos à teoria de Hans Thomae, a qual indica que existem quatro tipos de conteúdo de decisão:[19]

– *Decisão calculada*: é uma decisão que vem de uma ação deliberada, baseada em reflexões prévias, ou seja, com uma conduta racionalmente planejada e orientada. Se a aplicarmos à experiência da crise, podemos dizer que é uma decisão que se alcança através de um esclarecimento progressivo e ininterrupto. Na decisão calculada, a solução para a crise advém de ter desenvolvido, internamente, os próprios ideais e de ter tido uma experiência de vida.

[19] THOMAE, **Dinamica della decisione umana**.

– *Decisão ousada*: é uma decisão que leva em consideração apenas uma das alternativas para resolver o problema. A decisão é tomada com base na incerteza à qual foi dada atenção. Se a decisão deve ser tomada em uma situação de crise, a pessoa decide intuitivamente, lançando-se plenamente em uma das alternativas que lhe são oferecidas;

– *Decisão crescente*: esta decisão vem no final de um processo de amadurecimento interior, de elaboração de certas experiências que se acumularam na vida. A característica desta decisão é que a resolução não chega até que todos os elementos envolvidos na crise tenham sido amadurecidos, tanto interna quanto externamente. Aplicando este conceito à situação de crise, pode-se dizer que a decisão tem caráter progressivo, ou seja, a pessoa busca aprofundar o conhecimento da situação até atingir certa maturidade de julgamento e segurança, para então decidir;

– *Decisão tardia*: é diferente da decisão ousada, pois se baseia na incerteza de não querer tomar uma decisão. O problema, entendido como o núcleo central que caracteriza a realidade da crise, é ampliado para poder sustentar a indecisão. A falta da transição da fase teórica para a fase de ação, faz com que a indecisão se torne um refúgio. Aplicando essa decisão à pessoa em crise, pode-se dizer que ela permanece ancorada na busca contínua de informações sobre as variáveis que compõem a crise. A decisão é tomada somente após todas as outras possibilidades terem sido deixadas de lado.

3. A perseverança vocacional: uma caminhada eclesial

Quando nos referimos à temática da formação humana no contexto da Vida Religiosa Consagrada e Presbiteral, entre as terminologias amplamente usadas no âmbito eclesial, destacamos a perseverança e a fidelidade vocacional. De fato, essas têm sido fonte de reflexão, principalmente depois do Concílio Vaticano II. Mesmo que não seja claro que perseverança e fidelidade tenham sido usadas como sinônimas, os dois termos são empregados como inseparáveis ao interno de uma mesma atitude humana e espiritual.

De maneira particular, no período do Concílio Vaticano II e imediatamente depois, a perseverança é usada como uma qualidade constitutiva da fidelidade. De fato, assim lemos na *Lumen Gentium* "(...) com sua perseverante e humilde fidelidade na mencionada consagração (...)".[20]

O objeto da fidelidade perseverante é o estado de vida que foi assumido como vocação, seja na consagração religiosa ou Presbiteral, assim como também, a castidade e o celibato requeridos para viver tal estado de vida. O valor autêntico da perseverança transparece, sobretudo, nos documentos do papa Paulo VI, dedicados ao presbiterato e à Vida Religiosa Consagrada. Nesses, o pontífice descreve claramente que a perseverança é uma graça, pela qual o presbítero ou o religioso consagrado oferece a própria vida, sendo plenamente fiel a esta oferta.

Nos documentos sucessivos, a fidelidade se refere à consagração religiosa e ao carisma, mais do que às qualidades necessárias para ser perseverante. A fidelidade é descrita como um dinamismo que possibilita o crescimento, no qual, a perseverança explica o empenho necessário para chegar a tal objetivo, seja por parte do religioso consagrado como pelo instituto de pertencimento. É sublinhada, com maior intensidade, a importância da corresponsabilidade fraterna na fidelidade ao carisma e na perseverança do religioso consagrado. Acentua-se a relação entre perseverança e fidelidade, condições necessárias para se viver com alegria a consagração religiosa. Nesse sentido, a perseverança se torna o testemunho da fidelidade de Deus à aliança estabelecida com o consagrado, antes mesmo de que este se desse conta.[21]

Nos textos do Sínodo sobre a vida consagrada, lê-se com maior frequência o uso do termo fidelidade.[22] De fato, no documento

---

[20] CONCÍLIO VATICANO II, **Lumen Gentium**, n. 46.

[21] CONGREGAZIONE PER GLI ISTITUTI DI VITA CONSACRATA E LE SOCIETÀ DI VITA APOSTOLICA, Potissimum Institutioni. Direttive sulla formazione negli istituti religiosi, *in*: **Enchiridion Vaticanum**, Bologna: EDB, 1990, v. 12 (1992), p. 1-139, n. 19.

[22] SEGRETERIA GENERAL DEL IX SINODO DEI VESCOVI, **Instrumentum Laboris "La vita consacrata e la missione nella Chiesa nel mondo" (20.05.1994)**, Bologna: EDB, 2006, n. 111.

Religiosi e promozione umana são elencadas as quatro fidelidades: a Cristo e ao Evangelho, à Igreja e a sua missão no mundo, à vida consagrada e ao carisma do instituto e, enfim, à fidelidade ao homem de nosso tempo. A fidelidade dos religiosos consagrados é colocada em correlação explícita com a necessidade de saber perseverar nas provas, através do exercício da esperança. A perseverança, entendida como fidelidade vocacional, diz respeito ao valor da autêntica *sequela Christi* e do testemunho dos religiosos consagrados diante do mundo. Tal testemunho se tornava sempre urgente, principalmente diante das dificuldades encontradas em viver a fidelidade. O dinamismo da fidelidade, o qual os religiosos consagrados são convidados a perseverar, torna-se uma eficaz oportunidade de testemunhar aos homens de nosso tempo a fidelidade a Cristo.

3.1. A *sequela Christi* é perseverante

O valor fundamental da *sequela Christi* na Vida Religiosa Consagrada é declarado nos documentos conciliares e confirmado naqueles sucessivos. A centralidade de Cristo na escolha da vida consagrada é declarada desde os primeiros números da *Perfectae Caritatis*, em que os religiosos consagrados fiéis à própria vocação são descritos como aqueles que "deixando tudo por amor de Cristo (Mc 10,28), sigam-no (Mt 19,21) como única coisa necessária (Lc 10,42), ouvindo a Sua palavra (Lc 10,39), solícitos das coisas que são d'Ele (1Cor 7,32)".[23]

Mesmo que os documentos conciliares tenham abordado a *sequela Christi* na perspectiva da perseverança, foi no contexto da sinodalidade que emergiu a estreita correlação entre o seguimento dos religiosos consagrados e a perseverança vocacional. Sendo a Vida Religiosa Consagrada testemunha essencial do mistério de Cristo e da Igreja, o religioso consagrado é, por vocação, chamado a viver o discipulado e o seguimento a Cristo como uma resposta

[23] CONCÍLIO VATICANO II, **Perfectae Caritatis: decreto do Concilio Vaticano II sobre a renovação da vida religiosa**, São Paulo: Paulinas, 1965, n. 5.

de amor que implica a total adesão a Ele por toda a vida. De fato, observamos que no *Instrumentum laboris* se sublinha a função decisiva da perseverança nos tempos de prova e de sofrimento, principalmente no manter-se fiéis à *sequela Christi*.

Foi na exortação apostólica pós-sinodal *Vita Consecrata* que o então papa João Paulo II afirmou que a autêntica perseverança na *sequela Christi* deve ser vivida pelos religiosos consagrados, em sua forma simples, cotidiana, em constante referência ao carisma fundante. Segundo a *Vita Consecrata*, a perseverança consiste em seguir o itinerário indicado nas regras e constituições do instituto religioso, no qual se fez a profissão religiosa. Tal itinerário coincide com o caminho de santidade no qual o religioso consagrado deve perseverar "através das dificuldades materiais e espirituais que marcam as vicissitudes diárias".[24]

Quando nos referimos à fidelidade e à perseverança vocacional, precisamos falar da oração, característica de todo e qualquer caminho vocacional. A oração é considerada parte fundamental de uma vida em plena união com Deus, à qual o religioso consagrado adere como um sinal de Aliança com aquele que o chama. É nisso que o religioso consagrado é chamado a perseverar, consciente de que o primeiro testemunho consiste na construção e unificação da experiência interior, espaço teológico onde se cria a intimidade com Deus.[25]

A oração assídua, necessária para perseverar na vocação, é uma condição para o religioso consagrado, mas também uma exigência para toda a comunidade. A oração em comum requer perseverança e empenho. Para isso é evidenciada uma especial relação com o Espírito Santo. De fato, o Espírito Santo sustenta o religioso consagrado em cada etapa de seu caminho vocacional, doando a paciência, a fidelidade necessária para perseverar nos tempos de cansaço e de provação, aumentando o desejo de uma intimidade

---

[24] JOÃO PAULO II, **Exortação apostólica pós-sinodal Vita Consecrata**, n. 37.

[25] SAGRADA CONGREGAÇÃO PARA OS RELIGIOSOS E INSTITUTOS SECULARES, **Religiosos e promoção humana: a dimensão contemplativa da vida religiosa**, Petrópolis: Vozes, 1981.

com Cristo. Como podemos observar, essas são condições necessárias para perseverar na oração.[26]

Foi no documento *Partir de Cristo* que se aprofundou a reflexão da função do Espírito Santo na oração e na perseverança dos religiosos consagrados. Mais precisamente, os religiosos consagrados são chamados a perseverar na abertura e na docilidade do Espírito criador, que pode gerar neles uma qualidade de amor disponível e concreto.[27]

A ação do Espírito Santo não anula a responsabilidade do religioso consagrado em empenhar-se com a escolha vocacional. Ao contrário, sua perseverança é o meio como se ativam as virtudes humanas em uma constante dinâmica de conversão. Nos documentos dedicados à formação, são indicadas as condições necessárias para a perseverança: a reta intenção, a liberdade de vontade, a idoneidade espiritual, moral e intelectual, a saúde física e psíquica, enfim, "a capacidade dos candidatos para assumir com as obrigações sacerdotais e exercer os deveres pastorais".[28]

A crescente consciência da importância da formação na perseverança do religioso consagrado encontrará na *Potissimum institutioni* sua expressão mais amadurecida. Todo o documento, que tem como fonte a Sagrada Escritura e os documentos do magistério pós-conciliar, parece querer renovar, por meio de um percurso formativo adequado, a qualidade da Vida Religiosa Consagrada e a perseverança dos religiosos consagrados.

Entres os atores da formação, o documento individualiza a importância do Espírito de Deus que sustenta o religioso consagrado, vindo ao encontro nos momentos de debilidade. Porém o vocacionado é convidado a abrir-se a duas atitudes fundamentais típicas da transformação espiritual: "a humildade que se abandona

---

[26] JOÃO PAULO II, **L'influsso dello Spirito Santo nella vita consacrata (Udienza Generale)**, Vatican, disponível em: <https://www.vatican.va/content/john-paul-ii/it/audiences/1995/documents/hf_jp-ii_aud_19950322.html>.

[27] CONGREGAÇÃO PARA OS INSTITUTOS DE VIDA CONSAGRADA E SOCIEDADES DE VIDA APOSTÓLICA, **Partir de Cristo**, n. 10.

[28] CONCILIO ECUMÊNICO VATICANO II, Decreto Optatam Totius, n. 6.

à sabedoria de Deus, à ciência e à prática do discernimento espiritual".[29] No discernimento, o documento recorda a importância de ser acompanhado por alguém, oportunidade essa que o religioso consagrado tem para se abrir às mudanças.

A ação do Espírito de Deus e o ser acompanhado por alguém não tiram do religioso consagrado a responsabilidade de ser, ele mesmo, o agente mais importante do percurso formativo: ele "tem a responsabilidade primeira de dizer 'sim' ao chamado que recebeu e de assumir todas as consequências desta resposta".[30] O dinamismo da resposta vocacional se completa com a formação contínua, onde se "verifica continuamente a própria fidelidade ao Senhor, a docilidade a seu Espírito, a atenção inteligente às circunstâncias e aos sinais dos tempos, (...) a humildade em superar os contratempos".[31]

Como podemos observar, os documentos do Magistério eclesial têm, como ponto de partida, que o seguimento de Cristo pressupõe a perseverança e a fidelidade vocacional. Para se chegar a esse objetivo, os documentos eclesiais, entre as sugestões, indicam que a oração orientada ao Espírito Santo ajuda a fazer o percurso de perseverança. Tal perspectiva espiritual não anula a responsabilidade do religioso consagrado em construir um caminho de perseverança vocacional.

De fato, o seguimento de Jesus Cristo, por meio de um carisma congregacional inspirado pelo Espírito Santo, pressupõe fidelidade e perseverança. Em se tratando de formação humana, não podemos deixar de salientar que tal seguimento é profundamente influenciado por nossa condição humana. Como sublinhamos no capítulo sobre a *história do chamado vocacional*, o chamado de Deus e a história pessoal de cada um constituem o que chamamos de história existencial. A vocação adquire novo sentido, toda vez que nos deixamos transformar pelos desafios cotidianos em perseverar no seguimento de Jesus Cristo.

---

[29] CONGREGAÇÃO PARA OS INSTITUTOS DE VIDA CONSAGRADA E SOCIEDADES DE VIDA APOSTÓLICA, **Orientações sobre a formação nos Institutos Religiosos**, São Paulo: Paulinas, 1990, n. 19.

[30] *Ibid.*, n. 29.

[31] *Ibid.*, n. 69.

3.2. A vida fraterna como espaço de cultivo da perseverança

Nos anos depois do Concílio Vaticano II, o Magistério da Igreja amadureceu e aprofundou o papel da vida fraterna na perseverança dos religiosos consagrados. Com insistência, reconheceu-se na comunidade religiosa, nas relações fraternas que se estabelecem entre seus membros, um dos pontos instituintes da *sequela Christi* dos religiosos consagrados. No Magistério conciliar, a vida em comum é o primeiro sujeito chamado a perseverar na oração.[32] Tal pressuposto tem como fim último o modelo da comunidade de Jerusalém, na qual a oração constante é indicada como exemplo de comunhão para as Congregações Religiosas e as comunidades dos religiosos consagrados. Partindo dessa indicação conciliar, o Magistério eclesial indica os instrumentos através dos quais a vida fraterna é nutrida: o Evangelho, a Eucaristia e a oração.[33]

Certamente, a Vida Religiosa Consagrada, quando é nutrida pelos instrumentos que acabamos de indicar, a faz seguir em frente em uma perspectiva espiritual. Aos poucos, emerge progressivamente o importante papel da vida em comunhão para a perseverança dos religiosos consagrados. Como primeiro exemplo de comunhão fraterna, indicada como modelo de seguimento, foi retomada a comunidade dos apóstolos que, perseverando nas dificuldades, construíram um caminho de testemunho e comunhão fraterna. A *Renovationis Causam* recorda a importância do ambiente de comunidade na formação dos jovens religiosos consagrados, principalmente na capacidade de perseverar em tal propósito.[34]

Como podemos observar, a perseverança dos religiosos consagrados cada vez mais é associada à perseverança da inteira comunidade. Esta constitui uma das condições fundamentais de um clima de fraternidade e de um autêntico testemunho evangélico, onde

---

[32] CONCÍLIO VATICANO II, **Perfectae caritatis**, n. 15.

[33] CONGREGAÇÃO PARA OS INSTITUTOS DE VIDA CONSAGRADA E SOCIEDADES DE VIDA APOSTÓLICA, **Partir de Cristo**.

[34] CONGREGAÇÃO PARA OS RELIGIOSOS E INSTITUTOS SECULARES, **Instrução sobre o Adequado Renovamento da Formação para Vida Religiosa**, São Paulo: Paulinas, 1969.

a perseverança de cada religioso consagrado dependerá sempre mais da responsabilidade de todos os membros da comunidade. O documento *Religiosos e promoção humana,* por exemplo, reafirma que a Vida Religiosa Consagrada não se opõe ao progresso da pessoa humana, mas, ao contrário, por sua natureza essa é de grande proveito. A promoção integral do ser humano, na vida consagrada, tem como ponto alto a comunhão, na qual toda a comunidade é chamada a construir, na paciência e na perseverança, a busca pela verdade.[35]

A ligação entre uma vida fraterna autenticamente evangélica e a efetiva capacidade de uma comunidade de formar os jovens religiosos consagrados, será amplamente debatida na *Potissimum institutioni*. O ponto de inspiração de tal documento é, em âmbito inspirativo, a comunidade dos apóstolos, fruto da Páscoa do senhor.[36] O documento ressalta algumas características da perseverança, tais como uma atitude de fé, o renegar a si mesmo e, enfim, a acolhida do Espírito Santo. No documento é acentuado o necessário crescimento que a Vida Religiosa Consagrada deve apresentar, como garantia de autenticidade, uma forma de perseverança, um efetivo desenvolvimento da qualidade da adesão a Deus e da comunhão fraterna.

Uma verdadeira mudança na temática da vida em comunidade foi abordada no documento *Vida fraterna em comunidade*. O documento representa uma plena maturidade na consciência do Magistério da Igreja, de que o percurso da perseverança é feito entre a vida em comunidade – fruto da comunhão e da concórdia –, e a perseverança de cada religioso consagrado é condição qualificante de uma autêntica vida fraterna. De fato, é expressamente declarada a incidência da qualidade da vida fraterna sobre a perseverança do religioso consagrado. Assim lemos: “a qualidade da vida fraterna tem também forte influência sobre a perseverança de cada

---

[35] SAGRADA CONGREGAÇÃO PARA OS RELIGIOSOS E INSTITUTOS SECULARES, **Religiosos e promoção humana: a dimensão contemplativa da vida religiosa**.

[36] CONGREGAÇÃO PARA OS INSTITUTOS DE VIDA CONSAGRADA E SOCIEDADES DE VIDA APOSTÓLICA, **Orientações sobre a formação nos Institutos Religiosos**, n. 26.

religioso consagrado. Como a medíocre qualidade da vida fraterna foi frequentemente apontada como motivação de não poucas saídas, assim a fraternidade vivida constituiu, e ainda constitui, um válido sustentáculo para a perseverança de muitos".[37]

Em particular, o documento *Vida fraterna em comunidade* recorda que a autenticidade e o testemunho da Vida Religiosa Consagrada dependem, necessariamente, da relação entre a comunidade e seus membros, isto é, "uma fraternidade sem alegria é uma fraternidade que se apaga. Muito rapidamente os membros serão tentados a procurar em outros lugares o que não podem encontrar em casa".[38]

Pouco tempo depois, já em preparação para o sínodo sobre a Vida Religiosa Consagrada, o papel da vida em comunidade é mais uma vez interpretado à luz da perseverança.[39] O papa João Paulo II, antes mesmo da publicação da *Vita Consecrata*, sublinhava a estreita ligação entre a perseverança nas comunidades religiosas e o testemunho como exemplo de tal comunhão.[40] Sobre esse valor central que foi estruturada a exortação apostólica pós-sinodal *Vita Consecrata*. Como já abordamos no tópico anterior, a perseverança vem assinalada como um caminho de santidade, no qual o carisma fundante da Congregação Religiosa, em seu dinamismo de fidelidade, oferece a seus membros as condições necessárias para perseverar na *sequela Christi*.[41]

Como podemos observar, os documentos do Magistério da Igreja partem do pressuposto de que a vida em comunidade é, em si mesma, um fator fundante de perseverança. De fato, uma vida de comunidade qualitativamente boa contribui para que seus membros

---

[37] CONGREGAÇÃO PARA OS INSTITUTOS DE VIDA CONSAGRADA E AS SOCIEDADES DE VIDA APOSTÓLICA, **A Vida Fraterna em Comunidade: congregavit nos in unum Christi amor**, São Paulo: Loyola, 1994, n. 57.

[38] *Ibid.*, n. 28.

[39] SEGRETERIA GENERAL DEL IX SINODO DEI VESCOVI, **Instrumentum Laboris "La vita consacrata e la missione nella Chiesa nel mondo" (20.05.1994)**, n. 81.

[40] JOÃO PAULO II, **La vita in comune nella luce evangelica**, Vatican, disponível em: <https://www.vatican.va/content/john-paul-ii/it/audiences/1994/documents/hf_jp-ii_aud_19941214.html>.

[41] JOÃO PAULO II, **Exortação apostólica pós-sinodal Vita Consecrata**, n. 70.

vivam a consagração religiosa a exemplo da primeira comunidade dos apóstolos. Mas temos de ser realistas e dizer que nem sempre funciona de tal modo. Em muitos casos, a vida de comunidade significa seguir horários, participar das reuniões, porém sem criar comunhão.

No cotidiano de nossas comunidades religiosas, vivenciamos muitas experiências nas quais a condição humana de seus membros representa um fator desestabilizante. Basta que pensemos em um superior que sempre cobra pontualidade, como sinônimo de respeito com a comunidade, mas não é capaz de acolher um irmão que passa por dificuldades pessoais, entre outros tantos exemplos. A tudo isso, referimo-nos para indicar que a perseverança vocacional, em se tratando de comunhão geradora de comunidade, passa pela formação humana.

Mesmo que tenhamos até agora enfatizado o papel da comunidade na perseverança na Vida Religiosa Consagrada, ultimamente o Magistério da Igreja tem dado singular importância à fraternidade presbiteral. Durante um encontro com o clero de Bolonha (Itália), um presbítero perguntou ao papa Francisco: "como se pode expressar a necessidade evangélica de fraternidade, como pode crescer em nossa vida de sacerdotes?" Eis a resposta do Papa: "o centro da questão é a fraternidade na vida dos sacerdotes. Esta fraternidade se expressa no presbitério. (...) Viver a vida diocesana, com a coragem de falar sempre com clareza e de suportar os outros (...)".[42] Em síntese, a vida comunitária ou a fraternidade presbiteral é um dos fundamentos da perseverança e da fidelidade vocacional. Além de formar espaços de encontro, tais ambientes possibilitam a partilha da vida e da vocação. Ambientes, quando são psicologicamente saudáveis, possibilitarão a partilha das dificuldades, criando "espaços de fala", de escuta e de comunhão.

[42] FRANCISCO, **Visita Pastorale a Cesena e Bologna: Incontro con i Sacerdoti, Religiosi, Seminaristi del Seminario Regionale e Diaconi Permanenti, nella Cattedrale di San Pietro**, Vatican, disponível em: <https://www.vatican.va/content/francesco/it/speeches/2017/october/documents/papa-francesco_20171001_visitapastorale-bologna-clero.html>.

4. A formação humana e a perseverança vocacional

Como enfatizamos no quarto capítulo, ser acompanhado durante um percurso formativo significa deixar-se conduzir à maturidade humana e vocacional. Desde o Concílio Vaticano II, no decreto conciliar *Optatam Totius*, nos é indicada a urgência de considerar a formação humana do futuro presbítero (acrescentamos, sem dúvidas, os religiosos consagrados). O objetivo principal é cuidar daqueles que se consagram ao serviço do reino de Deus. A formação humana atinge seu objetivo quando parte da realidade concreta da vida, espaço de interação onde a história humana e vocacional adquire contornos que caracterizam toda a existência.

Tentaremos entender como a perseverança, concebida como um projeto de vida, tem na formação humana o "terreno fértil" no qual a fidelidade à *sequela Christi* cresce e se desenvolve. Em termos gerais, a vocação à Vida Religiosa Consagrada e Presbiteral é um caminho que se realiza em uma história de vida que, entre retrocessos e avanços, setransforma em uma história vocacional. A perseverança vocacional se sobressai entre as tantas mudanças que acontecem no ciclo da vida e da vocação. As tantas mudanças na vida indicam que existe uma dinâmica para perseverar no caminho vocacional, na qual somos constantemente convidados a discernir, entre as tantas vozes, aquela que nos permite decidir pelo seguimento de Jesus.

No contexto da formação à perseverança, é preciso considerar os diferentes recursos que levam ao crescimento humano e vocacional. No contexto deste capítulo, crescer significa fazer uma viagem, um percurso de vida, no qual temos a companhia de um outro (não se cresce isolado e sozinho), uma coexistência de itinerários de conhecimento e de amor. Crescer humanamente é um processo dinâmico que envolve todos os aspectos da vida – o psicológico, o intelectual, o afetivo, o social – em um movimento que se desenvolve não apenas horizontalmente, mas também verticalmente e em profundidade.[43] Em se tratando de se deixar acompanhar no percurso de crescimento humano, o discernimento vocacional nos ajuda a crescer e perseverar em nossa vocação.

No que diz respeito à perseverança vocacional, é mais do que evidente que ela não se reduz aos momentos nos quais fazemos os votos temporários, nem muito menos no passar de uma etapa da formação à outra. A perseverança e a fidelidade vocacional se configuram como um itinerário que compreende toda caminhada vocacional. Sem dúvida, podemos dizer que na formação permanente, a vocação continua a amadurecer no confronto com os desafios típicos dessa etapa do percurso vocacional. De fato, na formação permanente administramos nosso processo de formação pessoal no enfrentamento dos desafios vindos em cada ciclo da vida e da vocação.

Como abordamos no quinto capítulo, cada um de nós tem uma história de vida e uma maneira toda particular de se colocar diante de Deus, de si mesmo, dos outros, de sua vocação, da Igreja, da comunidade religiosa. Imaginar que o sim a Deus foi dito uma vez por todas, que no percurso vocacional não haverá crise, é irreal e ingênuo. O processo de crescimento requer continuidade. Cada fase da vida exige um desafio no desenvolvimento da vocação. Abordamos essa temática no capítulo sobre o discernimento vocacional.

As pessoas chamadas por Deus têm a possibilidade de crescer, adaptando-se às mudanças que ocorrem nas várias fases da vida. A vida humana, de fato, está em constante transformação: os desafios que a vida nos coloca são enfrentados de maneira diferente a partir de nossa estrutura psicológica. Portanto, nenhuma fase da vida pode ser considerada tão segura e fervorosa que exclua a vigilância para garantir a perseverança e a fidelidade, assim como não há idade em que possa ver esgotada a maturação de uma pessoa. Por isso, a exortação *Vita Consecrata* insiste no fato de que a formação, à medida que avança, cria, no religioso consagrado,

---

[43] BARENCO, Il servizio formativo dell'istituzione verso un equilibrio fra doveri, difficoltà e necessità, p. 123.

a vontade de ser formado em conformidade com a existência. O processo de crescimento nos convida a "exercitar-se na difícil arte da unidade de vida".[44]

A perseverança vocacional é, reiteramos, um itinerário de transformação permanente, no sentido de que a plenitude vocacional nunca é alcançada de uma vez por todas, mas apenas progressivamente, através das respostas que sabemos dar aos problemas que se apresentam. A crise, muitas vezes provocada por problemas surgidos ao longo da vida, significa um convite à mudança, a uma possibilidade de crescimento: uma nova relação com Deus, consigo mesmo e com os outros. À medida que nossa existência avança, deparamo-nos com fatos e situações que têm um significado particular para nós e para o conhecimento de nós mesmos: são passagens desafiadoras e, portanto, difíceis, são apelos a olhar em frente, a superar e a crescer na identificação vocacional. Estes são os momentos que nos levam a amadurecer. Eles nos alertam que estamos diante de um ponto de virada em nossa jornada humana ou vocacional, estimulando-nos a decidir. No desenvolvimento vocacional, formar-se na perseverança significa estabelecer vínculo constante com o chamado vocacional, com a *sequela Christi*.

[44] JOÃO PAULO II, **Exortação apostólica pós-sinodal Vita Consecrata**, n. 67.

Janela interativa 12 – Fazendo uma síntese

A dimensão humana na formação à Vida Religiosa Consagrada e Presbiteral é uma "descoberta recente" dos documentos do Magistério eclesial. De fato, lemos que "sem uma oportuna formação humana, toda a formação sacerdotal [acrescentamos a Vida Religiosa Consagrada] ficaria privada de seu necessário fundamento". A vocação à Vida Religiosa Consagrada e Presbiteral é a resposta humana ao chamado de Deus. Em se tratando da tradição bíblica, o personagem bíblico que inspira minha vocação é __________________________. Os três pontos pelos quais me sinto inspirado são:

1. ____.
2. ____.
3. ____.

Entre aqueles que vivem comigo, a história vocacional de _______________ me ensina muito a como ser perseverante ao chamado de Deus. Em se tratando de história vocacional, consigo ter claro que fui chamado *porque* ____; sinto-me realizado vocacionalmente quando percebo que fui chamado *para* ____; diante da minha caminhada vocacional, sinto que meu horizonte de crescimento humano, em se tratando de futuro é ____. Como a vida, também a vocação é um percurso de altos e baixos. Tantas vezes vivi momentos de crise. Elenco alguns aprendizados que tive nesses momentos ____.

Tais situações me ajudaram a decidir que ____.

Talvez, meus desafios em perseverar vocacionalmente estejam ligados a ____.

BIBLIOGRAFIA

ALETTI, Mario; ROSSI, Germano. **L'illusione religiosa: rive e derive**. Torino: Centro scientifico, 2001.

ATKINSON, Robert. **L'intervista narrativa: raccontare la storia di sè nella ricerca formativa, organizzativa e sociale**. Milano: Raffaello Cortina, 2012.

BALDISSERA, Deolino Pedro. **Conhecer-se: um desafio**. São Paulo: Paulinas, 2015.

BALDISSERA, Deolino Pedro. **História pessoal registrada em palavras-chave**. São Paulo: Dialética, 2021.

BALTES, Paul. Theoretical propositions of life-span developmental psychology: on the dynamics between growth and decline. **Developmental Psychology**, v. 23, n. 5, p. 611-626, 1987.

BARENCO, Paolo. Il servizio formativo dell'istituzione verso un equilibrio fra doveri, difficoltà e necessità. *In*: **L'attenzione formativa prevenire il disagio nella vita consacrata e presbiterale**. Roma: OCD, 2007.

BRANCHEREAU, Louis. **De la Vocation Sacerdotale**. Paris: Vic et Amat, 1896.

BROMLEY, David. Linking social structure and the exit process in religious organizations: defectors, whistle-blowers, and apostates. **Journal for the Scientific Study of Religion**, v. 37, n. 1, p. 145-160, 1998.

BRUNER, Jerome. The narrative creation of self. *In*: **The handbook of narrative and psychotherapy: Practice, theory, and research**. Thousand Oaks: Sage Publications, 2004, p. 3-14.

CASSIANO, Giovanni. **Conferenze ai monaci**. Roma: Città nuova, 2000.

CASTILLO, José. **A humanidade de Jesus**. Petrópolis: Vozes, 2011.

CENCINI, Amadeo. **Viver reconciliados: aspectos psicológicos**. São Paulo: Paulinas, 1998.

COLAGIOVANNI, Emilio. **Crisi vere e false nel ruolo del prete oggi: studio sociologico a livello mondiale**. Roma: Città nuova, 1973.

CONCÍLIO ECUMÊNICO VATICANO II. Decreto Optatam Totius. *In*: **Documentos do Concílio Vaticano II: constituições, decretos, declarações**. Petrópolis: Vozes, 1966.

CONCÍLIO ECUMÊNICO VATICANO II. **Presbyterorum Ordinis**. São Paulo: Paulinas, 1966.

CONCÍLIO VATICANO II. **Gaudium et Spes: constituição pastoral do Concílio Vaticano II sobre a Igreja no mundo hoje**. São Paulo: Paulinas, 1971.

CONCÍLIO VATICANO II. **Lumen Gentium**. São Paulo: Paulinas, 2021.

CONCÍLIO VATICANO II. **Perfectae Caritatis: decreto do Concilio Vaticano II sobre a renovação da vida religiosa**. São Paulo: Paulinas, 1965.

CONGREGAÇÃO PARA EDUCAÇÃO CATÓLICA. Orientações para a utilização das competências psicológicas na admissão e na formação dos candidatos ao sacerdócio. **SEDOC**, v. 41, n. 332, p. 356-370, 2008.

CONGREGAÇÃO PARA O CLERO. **O dom da vocação Presbiteral**. São Paulo: Paulinas, 2017.

CONGREGAÇÃO PARA OS INSTITUTOS DE VIDA CONSAGRADA E AS SOCIEDADES DE VIDA APOSTÓLICA. **A Vida Fraterna em Comunidade: congregavit nos in unum Christi amor**. São Paulo: Loyola, 1994.

CONGREGAÇÃO PARA OS INSTITUTOS DE VIDA CONSAGRADA E SOCIEDADES DE VIDA APOSTÓLICA. **O dom da fidelidade, a alegria da perseverança**. São Paulo: Paulinas, 2020.

CONGREGAÇÃO PARA OS INSTITUTOS DE VIDA CONSAGRADA E SOCIEDADES DE VIDA APOSTÓLICA.

Orientações sobre a formação nos Institutos Religiosos. São Paulo: Paulinas, 1990.

CONGREGAÇÃO PARA OS INSTITUTOS DE VIDA CONSAGRADA E SOCIEDADES DE VIDA APOSTÓLICA. **Partir de Cristo: um renovado compromisso da Vida Consagrada**. São Paulo: Paulinas, 2002.

CONGREGAÇÃO PARA OS RELIGIOSOS E INSTITUTOS SECULARES. **Instrução sobre o Adequado Renovamento da Formação para Vida Religiosa**. São Paulo: Paulinas, 1969.

CONGREGAZIONE PER GLI ISTITUTI DI VITA CONSACRATA E LE SOCIETÀ DI VITA APOSTOLICA. Potissimum Institutioni. Direttive sulla formazione negli istituti religiosi. *In*: **Enchiridion Vaticanum**. Bologna: EDB, 1990, v. 12 (1992), p. 1-139.

CONGREGAZIONE PER L'EDUCAZIONE CATTOLICA. Ratio Fundamentalis Institutionis Sacerdotalis. *In*: **Enchiridion Vaticanum**. Bologna: EDB, 1970, v. 3 (1977), p. 1103-1217.

CONGREGAZIONE PER L'EDUCAZIONE CATTOLICA. Ratio Fundamentalis Institutionis Sacerdotalis. *In*: **Enchiridion Vaticanum (Supplementum)**. Bologna: EDB, 1985, v. 1 (1990), p. 840-975.

CREA, Giuseppe. **Gli altri e la formazione di sé**. Bologna: EDB, 2005.

CREA, Giuseppe; SANAGIOTTO, Vagner. **Aspectos psicológicos do discernimento vocacional: itinerário formativo para o discernimento das vocações**. São Paulo: Paulinas, 2022.

DEZZA, Paolo. Formazione umana e vocazione. **Seminarium**, v. 19, n. 1, p. 84-97, 1967.

ERIKSON, Erik. **Identidade: juventude e crise**. Rio de Janeiro: Guanabara, 1987.

FERNANDEZ, Víctor Manuel. La crisis cultural y las fragilidades de los sacerdotes de hoy. Estado de situación y pistas de acción. **Pastores**, n. 32, 2005. Disponível em: <https://bibliotecadigital.uca.edu.ar/repositorio/rectorado/crisis-cultural-fragilidades-sacerdotales-fernandez.pdf>.

FIZZOTTI, Eugenio. **Psicologia e maturidade na vida consagrada**. São Paulo: Paulus, 2014.

FOWLER, James. **Estágios da fé**. São Leopoldo: Sinodal, 1992.

FRANCESCO. **Udienza ai formatori del Seminario Arcivescovile di Milano nel 150° anniversario della rivista "La Scuola Cattolica"**. Vatican News. Disponível em: <https://press.vatican.va/content/salastampa/it/bollettino/pubblico/2022/06/17/0465/00956.pdf>.

FRANCISCO. **Audiência Geral de 28 de agosto de 2019**. Vatican. Disponível em: <https://www.vatican.va/content/francesco/pt/audiences/2019/documents/papa-francesco_20190828_udienza-generale.html>. Acesso em: 28 jun. 2021.

FRANCISCO. **Discurso do Papa Francisco à plenária da Congregação para o Clero**. Disponível em: <https://www.vatican.va/content/francesco/pt/speeches/2014/october/documents/papa-francesco_20141003_plenaria-congregazione-clero.html>.

FRANCISCO. **Discurso do Papa Francisco aos participantes na Plenária da Congregação para os Institutos de Vida Consagrada e as Sociedades de Vida Apostólica**. Vatican. Disponível em: <https://www.vatican.va/content/francesco/pt/speeches/2021/december/documents/20211211-plenaria-civcsva.html>.

FRANCISCO. **Discurso do Papa Francisco aos participantes no Congresso promovido pela Congregação para o Clero, por ocasião do cinquentenário dos decretos conciliares "Optatam Totius" e "Presbyterorum Ordinis"**. Vatican. Disponível em: <https://www.vatican.va/content/francesco/pt/speeches/2015/november/documents/papa-francesco_20151120_formazione-sacerdoti.html>.

FRANCISCO. **Exortação Apostólica Evangelii Gaudium**. São Paulo: Paulus, 2013.

FRANCISCO. **Santa Missa de abertura do Capítulo Geral da Ordem de Santo Agostinho**. Vatican. Disponível em: <https://www.vatican.va/content/francesco/pt/homilies/2013/documents/papa-francesco_20130828_capitolo-sant-agostino.html>. Acesso em: 28 jun. 2021.

FRANCISCO. **Visita Pastorale a Cesena e Bologna: Incontro con i Sacerdoti, Religiosi, Seminaristi del Seminario Regionale e Diaconi Permanenti, nella Cattedrale di San Pietro**. Vatican. Disponível em: <https://www.vatican.va/content/francesco/it/speeches/2017/october/documents/papa-francesco_20171001_visita-pastorale-bologna-clero.html>.

FRANKL, Viktor. Anche nel buio c'è sempre luce. **Ricerca di senso**, v. 4, n. 2, p. 152-167, 2006.

FRANKL, Viktor. **El hombre en busca del sentido último: el análisis existencial y la conciencia espiritual del ser humano**. Barcelona: Paidós Ibérica, 1999.

FRANZI, Francesco. La vocazione ecclesiastica. *In*: **Sacra Congregatio de Seminariis et Studiorum Universitatibus, L'esortazione «Menti nostrae» e i seminari**. Città del Vaticano: Typis Polyglottis Vaticanis, 1955, p. 15-16.

FRIELINGSDORF, Karl. **... Ma Dio non è così: ricerca di psicoterapia pastorale sulle immagini demoniache di Dio**. Milano: San Paolo, 1995.

HAM, Mathias. **Tarde te amei**. São Paulo: Paulinas, 2022.

ISEN, Alice; DAUBMAN, Kimberly; NOWICKI, Gary. Positive affect facilitates creative problem solving. **Journal of Personality and Social Psychology**, v. 52, n. 6, p. 1122-1131, 1987.

JOÃO PAULO II. **Código de Direito Canônico**. São Paulo: Loyola, 1983.

JOÃO PAULO II. **Exortação apostólica pós-sinodal Vita Consecrata**. São Paulo: Paulinas, 1996.

JOÃO PAULO II. **La vita in comune nella luce evangelica**. Vatican. Disponível em: <https://www.vatican.va/content/john-paul-ii/it/audiences/1994/documents/hf_jp-ii_aud_19941214.html>.

JOÃO PAULO II. **L'influsso dello Spirito Santo nella vita consacrata (Udienza Generale)**. Vatican. Disponível em: <https://www.vatican.va/content/john-paul-ii/it/audiences/1995/documents/hf_jp-ii_aud_19950322.html>.

JOÃO PAULO II. **Pastores Dabo Vobis: sobre a formação dos sacerdotes**. São Paulo: Paulinas, 1992.

LABOR, Marcello. Qualità fisiche e psichiche dei candidati al sacerdozio. *In*: **L'esortazione "Menti Nostrae" e i seminari: relazioni tenute nel III Convegno dei superiori e professori dei seminari regionali e maggiori d'Italia**. Tipografia Poliglotta Vaticana. Città del Vaticano: [s.n.], 1952, p. 77-86.

LAHITTON, Joseph. **La vocation sacerdotal: traité théorique et practique**. Paris: Gabriel Beauchesne, 1909.

LAPLANTE, A. **La formation des prêtres. Genèse et commentaire du décret conciliaire Optatam Totius**. Paris: Lethielleux, 1969.

LOMBRADI. Lineamenta di una sana pedagogia seminaristica. *In*: **L'esortazione "Menti nostrae" e i seminari**. Città del Vaticano: Typis Polyglottis Vaticanis, 1955, p. 68-69.

MAGRASSI. La ricerca di Dio. **La Scala**, v. 34, p. 37-42, 1980.

MANENTI, Alessandro. **Compreender e acompanhar a pessoa humana**. São Paulo: Editora Paulinas, 2021.

MARTINS, André. **Eis o servo fiel e prudente. A vida de São Bento. Comentário aos II diálogos de São Gregório Magno**. Ponta Grossa: Mosteiro da Ressurreição, 2020.

MASLOW, Abraham. **Verso una psicologia dell'essere**. Roma: Astrolabio, 1971.

MATTINGLY, Cheryl; LAWLOR, Mary. Learning from Stories: narrative interviewing in cross-cultural research. **Scandinavian Journal of Occupational Therapy**, v. 7, n. 1, p. 4-14, 2000.

MERGENTHALER, Erhard. The therapeutic cycles model in psychotherapy research: theory, measurement and clinical application. **Ricerche sui gruppi**, v. 5, n. 10, p. 34-40, 2000.

MIMMI. Un'accusa al clero giovane: smodato desiderio di lucro. *In*: **Sacra Congregatio de Seminariis et Studiorum Universitatibus, L'esortazione "Menti nostrae" e i seminari**. Città del Vaticano: Typis Polyglottis Vaticanis, 1955, p. 62.

MOEN, Torill. Reflections on the narrative research approach. **International Journal of Qualitative Methods**, v. 5, n. 4, p. 56-69, 2006.

MOFFITT, Kathie; SINGER, Jefferson; NELLIGAN, Denise; *et al.* Depression and memory narrative type. **Journal of Abnormal Psychology**, v. 103, n. 3, p. 581-583, 1994.

MORANO, Carlos Dominguez. **Crer depois de Freud**. São Paulo: Loyola, 2003.

PAOLO VI. Sacerdotalis Caelibatus. *In*: **Enchiridion Vaticanum**. Bologna: EDB, 1967, v. 2 (1981), p. 1186-1257.

PAULO VI. **Gravissimun Educationis**. São Paulo: Paulinas, 1966.

PEREIRA, William Cesar Castilho. **Sofrimento psíquico dos presbíteros: dor institucional**. Petrópolis: Vozes, 2012.

PIO XI. Ad Catholici Sacerdotii. *In*: **Enchiridion delle Encicliche**. Bologna: EDB, 1995, v. 5 (1922-1939), p. 960-1045.

PIO XII. Ferviente exhortacion del Sumo Pontifice a los Carmelitas Descalzos. **Ecclesia**, v. X, p. 408-409, 1951.

PIO XII. Menti Nostrae: esortazione al clero del mondo cattolico. *In*: **Discorsi e radiomessaggi di Sua Santità Pio XII**. Città del Vaticano: Tipografia Poliglotta Vaticana, 1950, v. XII, p. 529-567.

POGGIO, Barbara. **Mi racconti una storia?: il metodo narrativo nelle scienze sociali**. Roma: Carocci, 2004.

RIZZUTO, Ana Maria. **Nascimento do Deus vivo**. São Leopoldo: Sinodal, 2006.

RUBIN, David. A basic-systems approach to autobiographical memory. **Current Directions in Psychological Science**, v. 14, n. 2, p. 79-83, 2005.

RULLA, Luigi. **Antropologia da Vocação cristã**. São Paulo: Paulinas, 1987.

SACRA CONGREGATIO S. OFFICII. Monitum. **AAS 53**, v. III, n. 10-11, p. 571, 1961. (III).

SAGRADA CONGREGAÇÃO PARA OS RELIGIOSOS E INSTITUTOS SECULARES. **Religiosos e promoção humana: a dimensão contemplativa da vida religiosa**. Petrópolis: Vozes,

1981. Disponível em: <https://www.vatican.va/roman_curia/congregations/ccscrlife/documents/rc_con_ccscrlife_doc_12081980_the-contemplative-dimension-of-religious-life_po.html>.

SANAGIOTTO, Vagner. O debate teológico do século XX e o ingresso da psicologia no contexto formativo. **Stella Maris**, v. 1, n. 1, p. 25-35, 2020.

SANAGIOTTO, Vagner. O perfil das novas vocações à Vida Religiosa: entre desafios e esperanças. **Convergência**, v. 57, n. 538, p. 59-72, 2022.

SANAGIOTTO, Vagner. Psicologia e formação: gestão da crise no contexto formativo. **Convergência**, v. 54, n. 526, p. 42-49, 2019.

SANAGIOTTO, Vagner. **Psicologia e formazione: la gestione della crisi nel contesto formativo**. Licenza, Università Pontificia Salesiana, Roma, 2019.

SANAGIOTTO, Vagner. **Padres exaustos: a síndrome de burnout no âmbito eclesial brasileiro**. Petrópolis: Vozes, 2023.

SANAGIOTTO, Vagner; PACCIOLLA, Aureliano (Orgs.). **A autotranscendência na logoterapia de Viktor Frankl**. Petrópolis: Vozes, 2022.

SANAGIOTTO, Vagner; SANTIN, Wilmar. Entre tensões e escolhas: um estudo sobre as saídas na Vida Religiosa. **Revista Eclesiástica Brasileira**, 2023.

SANTOS, José Carlos dos. **Psicologia e desenvolvimento moral da pessoa**. Mariana: Dom Viçoso, 2021.

SCARVAGLIERI, Giuseppe. **La fragilità vocazionale: problemi e prospettive della perseveranza**. Leumann: ELDC, 2010.

SCILLIGO, Pio. La narrazione come fonte di informazione affidabile sul sé. **Psicologia, Psicoterapia e Salute**, v. 8, n. 2, p. 81-110, 2002.

SEGRETERIA DI STATO DEL VATICANO. Affari Ecclesiastici Straordinari in Francia.

SEGRETERIA GENERAL DEL IX SINODO DEI VESCOVI. **Instrumentum Laboris "La vita consacrata e la missione nella Chiesa nel mondo" (20.05.1994)**. Bologna: EDB, 2006.

SMORTI, Andrea. **Il sé come testo. Costruzione delle storie e sviluppo della persona**. Firenze: Gunti, 1997.
SUGARMAN, Léonie. **Psicologia del ciclo di vita: modelli teorici e strategie d'intervento**. Milano: Raffaello Cortina, 2003.
THOMAE, Hans. **Dinamica della decisione umana**. Zürich: Pas-Verlag, 1964.
TOMASSINI. Castità, requisito essenziale. *In*: **L'esortazione "Menti nostrae" e i seminari**. Città del Vaticano: Typis Polyglottis Vaticanis, 1955, p. 34-35.
URSI. La formazione all'umiltà e all'udienza. *In*: **L'esortazione "Menti nostrae" e i seminari**. Città del Vaticano: Typis Polyglottis Vaticanis, 1955, p. 51-53.
VYGOTSKY, Lev. **Mind in society: the development of higher psychological processes**. Cambridge: Harvard Press, 1981.
WINNICOTT, Donald. **O ambiente e os processos de maturação**. Porto Alegre: Artmed, 1988.
WOOD, Wendy-Jo; CONWAY, Michael. Subjective impact, meaning making, and current and recalled emotions for self-defining memories. **Journal of personality**, v. 74, n. 3, p. 811-845, 2006.
WRIGHT, John. Priestly maturity. **Seminarium**, v. 22, n. 3, p. 811-830, 1970.

LISTA DAS JANELAS INTERATIVAS

ÍNDICE